2015年主题出版重点出版物

依法治国研究系列

丛书执行主编
董彦斌

法治社会

A
LAW-BASED
SOCIETY

何勤华 ■ 主编

社会科学文献出版社
SOCIAL SCIENCES ACADEMIC PRESS (CHINA)

丛书出版前言

改革开放以来,中国既创造出经济振兴的成绩,也深化了治理方式的探索、筑基与建设。法治的兴起,是这一过程中的里程碑事件。法治是一种需求和呼应,当经济发展到一定阶段,一定要求相应的良好的法律制度来固化成果、保护主体、形塑秩序;法治是一种勇气和执念,作为对任意之治和权力之治的否弃和超越,它并不像人们所喊的口号那么容易,其刚性触及利益,其锐度触及灵魂,所以艰难而有意义。

中国法治现代化是万众的事业,应立基于中国国情,但是,社会分工和分工之后的使命感,使得法学家对法治的贡献不小。中国的法学家群体以法治为业,又以法治为梦。法学家群体曾经"虽千万人吾往矣",呼唤了法治的到来,曾经挑担牵马,助推了法治的成长,如今又不懈陈辞,翘首以盼法治的未来。

文章合为时而著。20世纪80年代,法治话语起于青蘋之末,逐步舞于松柏之下。20世纪90年代以来,法治话语层出迭现,并逐步精细化,21世纪后更呈多样化之势。法学理论有自身的逻辑,有学术的自我成长、自我演化,但其更是对实践的总结、论证、反思和促动,值得总结,值得萃选,值得温故而知新。

与世界范围内的法治话语比起来,中国的法治话语呈现三个特点。一是与较快的经济增速相适应,发展速度不慢,中国的法学院从三个到数百个,时间不过才三十来年。二是与非均衡的经济状况、法治状况相适应,法学研究水平参差不齐。三是在客观上形成了具有特殊性的表达方式，既不是中体西用，也不是西体中用。所以，法治话语在研究着法治和中国，而法治话语本身也属于有意味的研究对象。

鉴于为法治"添一把火"的考虑，又鉴于总结法治话语的考虑，还鉴于让各界检阅法治研究成果的考虑，我们组织了本套丛书。本丛书以萃选法治话语为出发点，努力呈现法治研究的优秀作品，既研究基本理论，也指向法治政府、刑事法治、商事法治等具体方面。文章千古事，得失寸心知。一篇好的文章，不怕品评，不怕批评，也值得阅读，值得传播和流传。我们努力以这样的文章作为遴选的对象，以有限的篇幅，现法治实践与理论的百种波澜。

各卷主编均系法学名家，所选作品的作者均系优秀学者。我们在此对各卷主编表示感谢，对每篇文章的作者表示感谢。我们更要对读者表示感谢。正因为关心法治并深具问题意识和国家发展情怀，作为读者的你才捧起了眼前的这本法治书卷。

目录
CONTENTS

序　言 …………………………………………… 何勤华 / 1

词　源

"法制"、"法治"、"人治"的词义分析 …………… 沈宗灵 / 3
法治社会的"法"与"治" ……………………… 严存生 / 14
法治社会中的权力和权利定位 ………………… 刘作翔 / 30

道　路

中国步入法治社会的必由之路 ………………… 张文显 / 53
法治立国的两个步骤 …………………………… 郑　戈 / 72
宪法至上：中国法治之路的灵魂 ……………… 周叶中 / 89
从政策社会到法治社会
　　——兼论政策对法制建设的消极影响 ……… 蔡定剑　刘　丹 / 111

关　系

论法治社会及其与法治国家的关系 …………… 郭道晖 / 125

法治社会中法与道德的关系及其实践把握 …………… 马长山 / 142

反 思

变法，法治建设及其本土资源 …………………… 苏 力 / 171
法治社会中法律的局限性及其矫正 ……………… 秦国荣 / 188

策 略

国家治理中的司法策略：以转型乡村为背景 ………… 栗 峥 / 213
网络公共空间治理的法治原理 …………… 秦前红 李少文 / 237
社会管理法治化论纲 ……………………………… 徐汉明 / 260
民事简易程序与法治社会的形成 ………………… 章武生 / 279

丛书后记 …………………………………………… 董彦斌 / 295

序　言

　　法治社会，作为与法治政府、法治国家一起建设、同时推进的奋斗目标，其学术讨论已经有近 30 年的历史了。法学界一些著名的学者，如沈宗灵、张文显、姜明安、刘作翔、郝铁川等对此都有专深的研究，他们对法治社会的认识也一步步地深入、丰富。对此南京师范大学的孙文恺教授曾进行了梳理，发表了很好的见解。而在推动对法治社会的研究方面，郭道晖教授的成果可以说是学术界研究法治社会心路历程的一个缩影。

　　在 90 年代中叶，郭道晖教授就对法治社会下了一个定义："法治社会，则是指全部社会生活的民主化法治化，包括社会基层群众性的民主自治，各社会组织、行业的自律，企业事业单位和社区的民主，社会意识、社会行为、社会习惯都渗透着民主的法治的精神，形成一种受社会强制力制约、由社会道德规范和社会共同体的组织规范所保障的法治文明。"[①]

　　近年来，郭道晖教授对法治社会又有了进一步的认识："所谓法治社会，是指社会的民主化、法治化、自治化。是基于实行市场经济以后'国家—社会'由一体化转型为二元化，社会主体开始拥有属于自己的物质与精神等社会资源，成为相对独立的实体，并能运用这种资源的影响力支配力即'社会权力'，去支持或监督国家权力，从而出现的权力多元化、社会化。"[②]

[①] 郭道晖：《法的时代精神》，湖南出版社，1997，第 538 页。
[②] 郭道晖：《法治新思维：法治中国与法治社会》，《社会科学战线》2014 年第 6 期。

从学术界对法治社会的分析和解读来看，随着研究的深入，目前涉及法治社会的探讨主要是在法治社会的总体框架之下，研究中国本土资源、中国传统社会与当代制度、儒家思想与公民意识、从政策社会到法治社会、法与民之关系、宗教秩序、宪法至上、机构改革与制度完善、法的局限性及其矫正、法与道德、国家治理和社会管理、政治文明、权力与权利、法律统一、舆论监督、平等就业、民事简易程序、网络公共空间治理、法治社会的人化法律、政体与法治，以及法治政府、法治国家和法治社会的关系等各个层次的问题，从而使我国对法治社会内涵的分析和解读越来越深入，越来越丰富。[①]

当然，如果一定要给法治社会下一个比较概括的定义，那么，除了上述郭道晖教授的定义之外，百度的解释应该也是可以接受的："法治社会是和人治社会相对而言的；它是指国家权力和社会关系按照明确的法律秩序运行，并且按照严格公正的司法程序协调人与人之间的关系解决社会纠纷。在法律面前人人平等，而不是依照执政者的个人喜好以及亲疏关系来决定政治、经济和社会等方面的公共事务。一个成熟的法治社会，具备精神和制度两方面的因素，即具有法治的精神和反映法治精神的制度。简约而言，法治的精神方面主要是指整个社会对法律至上地位的普遍认同和坚决的支持，养成了自觉遵守法

[①] 孙文恺教授对研究法治社会的成果进行了梳理，指出将"法治社会"几乎等同于"法治"或"法治国家"，不拘泥于"法治社会"之准确含义的论文包括季金华教授的论文《意思自治原则的成长与法治社会》（《南京师大学报》2000年第1期）、陈刚研究员的论文《法治社会与人情社会》（《社会科学》2002年第11期）、汪习根教授的论文《论法治社会权力与权利关系的理性定位》（《政治与法律》2003年第1期）、苗连营教授的论文《公民法律意识的培养与法治社会的生成》（《河南社会科学》第13卷第5期）、刘东升博士的论文《公民道德培育与法治社会实现的探析》（《辽宁大学学报（哲学社会科学版）》第32卷第2期）、都本有博士的论文《建立社会主义法治社会的几点思考》（《东北师大学报》2005年第3期）、郝铁川教授的论文《构建和谐本位的法治社会》（《学习与探索》2005年第1期）、秦国荣教授的论文《法治社会中法律的局限性及其矫正》（《法学》2005年第3期）、卓泽渊教授的论文《和谐社会与法治社会的双向构建》（《南京社会科学》2006年第3期）、杨宝国教授的论文《构建和谐社会应当首先创建法治社会》（《辽宁大学学报》第35卷第4期）等。此外，读者还可以参见本文集所收录的其他各篇作品。

律法规，并且通过法律或司法程序解决政治、经济、社会和民事等方面的纠纷的习惯和意识。在法治民主的社会中，法律和行政法规等由规范的民主程序产生和制订出来，并且其司法和执行过程通过规范的秩序受到全社会的公开监督。"这一解释虽然还存在着一些问题（本文集所收录的姜明安教授的文章指出了这一点），但将其视为学界通说基本上是可以的。

本文集由《中国法律》的董彦斌和徐志敏先生策划，是为推进和完善中国法治政府、法治国家和法治社会而做的一点学术总结和宣传工作。承《中国法律》的信任，笔者承担了《法治社会》这一卷的主编工作。本着全面推进依法治国的方略虽然已经由党的十八届四中全会做出，但要让四中全会《决定》落到实处，还要做艰巨的工作的想法，笔者欣然接受了这一任务。收集、甄别和遴选的工作是由华东政法大学2014级外国法制史专业的硕士研究生完成的。

限于编者的水平，我们在选择时可能有挂一漏万的情况，有些比较好的研究法治社会的成果没有选入，此点恳请学界朋友谅解。对于入选作品的各位作者，则表达我们诚挚的谢意。而对我们选编工作中存在的问题，也请读者批评指正，以便在再版时修正。

何勤华
于上海华东政法大学
法律文明史研究院
2015年8月15日

词　源

"法制"、"法治"、"人治"的词义分析

沈宗灵[*]

一 "法制"的三种含义

"法制"一词在我国古代就已出现。

"命有司,修法制,缮囹圄。"[①] 但在新中国成立前,法制一词较少使用。新中国成立后到"文化大革命"前,对法制一般称"革命法制"或"人民民主法制"。党的十一届三中全会后,才通称"社会主义法制"。近年来,"法制"一词,大体指以下三种含义。

第一,法律和制度,也有的仅指法律制度。这里应注意的是,在现代社会中,与中世纪不同,重要的制度通常都有相应法律规定或都在相应法律范围内发生作用,就这一意义上讲,"法律和制度"和"法律制度"这两个词组可以说基本上是同义的。但另一方面,"制度化、法律化"二词有时是有区别的,法律化固然是一种制度化,但反过来,并不是所有制度化都是法律化:例如,体现党内民主或社会组织、企事业民主管理的制度,并不属于或不一定属于法律范畴;再有,这里讲的法律和制度一般是指静态意义上的,主要指有关法律和制度的条文规定,少数是习惯法或其他惯例。

第二,动态意义上的法律,指立法、执法、司法、守法、对法律实施的监督等各个环节构成的一个系统。类似西方社会学法学家所讲的法律概念。例如美国社会学法学家庞德(R. Pound)就将法律称为

---

[*] 沈宗灵,北京大学教授,博士生导师。
[①] 《礼记·月令》。

"社会工程"①,并对法律的概念做了很广泛的解释。近年来,我国有些中青年法学工作者将系统论引入法学,将法制称为"法制系统"或"法制系统工程"等。

第三,指"依法办事"的原则,也即十一届三中全会公报中所讲的"有法可依、有法必依、执法必严、违法必究"。这一意义上的"法制",就词义而言,相当于17、18世纪以来西方国家所讲的"法治"、"法治国"等原则。

在我们日常生活中,以上三种含义有时单独使用,有时结合使用,依不同情况而定:例如,当我们讲应有"完备的法制"时,通常指第一种意义上的法制,即应制定齐全的法律、法规;当我们讲"法制建设"时,主要是第二种意义上的法制——法制系统工程,即对从立法到监督法律实施各个环节都要建设;当我们讲应"遵循法制"时,主要指第三种意义上的法制,即根据"依法办事"的原则行事。有时也可以兼指以上三种含义,例如当我们讲"加强法制"、"健全法制"等用语时,就是将法制的三种含义都包括在内。

这里还应注意,以上第三种含义,即"依法办事"这一意义上的"法制",在不同民族语言中有不同的表达法。马克思恩格斯著作在不同场合下分别使用过"法治"、"法治国"、"法制"三词。列宁在其著作中,无论是对苏维埃政权还是对资产阶级国家,都用"法制"一词。苏联法学著作一般也是这样用法。新中国成立初期,"法制"和"法治"二词在报刊上都曾使用过。但从20世纪60年代直到粉碎"四人帮",一般仅用"法制"而不用"法治"。这一现象看来也是受苏联法学影响所致。

二 历史上对"法治"和"人治"词义的不同理解

历史上关于法治和人治的争论,主要指以下三次。第一次是我国

---

① 〔美〕罗斯科·庞德:《法制史解释》,邓正来译,中国法制出版社,2003,第157页。

春秋战国时期儒法两家对这一问题的不同观点。儒家主张人治（或德治、礼治），法家主张法治。第二次指古希腊思想家柏拉图和亚里士多德在这一问题上的不同观点。前者主张人治，后者主张法治。第三次指17、18世纪资产阶级先进思想家为反对封建专制提出的有关法治的观点。

在这三次争论中，法治论者和人治论者对法治和人治二词的词义是怎样理解的？为了说明这一问题，我们需要了解双方的分歧究竟是什么。就了解法治和人治的词义而论，这些分歧大体上可概括为以下三点。

第一个主要分歧：国家治理主要依靠什么，是法律还是道德？人治论者认为，国家主要应由具有高尚道德的圣君、贤人通过道德感化来进行治理；法治论者则认为，国家主要应由掌握国家权力的人通过强制性的法律（实际上指刑法）来治理。

中国古代儒法双方的不同观点就体现了上述分歧。例如，儒家认为，"道（导）之以政，齐之以刑，民免而无耻。道之以德，齐之以礼，有耻且格"[①]，"政者，正也。子帅以正，孰敢不正"[②]。反过来，法家则认为，"圣人之治国，不能恃人之为吾善也，而用其不得为非也"，因而，应"不务德而务法"[③]。

在古希腊思想家的人治和法治之争中也体现了上述分歧。柏拉图在其代表作《理想国》中力主"贤人政治"，并主张除非哲学家成为国王，人类将永无宁日。[④] 他极为蔑视法律的作用，认为不应将许多法律条文强加于"优秀的人"，如果需要什么规则，他们自己会发现的。[⑤] 只是在他的"贤人政治"的理想国方案失败之后，他才在自己

[①] 《论语·为政》。
[②] 《论语·颜渊》。
[③] 《韩非子·显学》。
[④] 参见〔古希腊〕柏拉图《理想国》，郭斌和、张竹明译，商务印书馆，1986。
[⑤] 参见〔古希腊〕柏拉图《理想国》，郭斌和、张竹明译，商务印书馆，1986。

的晚期著作中将法律称为"第二位最好的"（second best），即退而求其次的选择。

与柏拉图相反，亚里士多德主张"法治应当优于一人之治"①。在西方历史上，这是法治论的第一个经典性论述。这里还应注意到，亚里士多德对这一问题的提法是："由最好的一人或最好的法律统治，哪一方面较为有利？"②他主张法治优于人治的一个主要论据是：法治等于神和理智的统治，而人治则使政治中混入了兽性的因素。因为一般人总不能消除兽欲，虽最好的贤人也难免有热忱，这就往往在执政时引起偏见。"法律恰恰正是免除一切情欲影响的神和理智的体现。"③同时他还主张，即使在一个以才德最高的人作为统治者的国家中，"一切政务还得以整部法律为依归，只在法律所不能包括而失其权威的问题上才可让个人运用其才智"④。另外，他为法治做辩护的论据还涉及本文下面将讨论的其他两个主要分歧。

第二个主要分歧：对人的行为的指引，应主要依靠一般性的法律规则，还是依靠针对具体情况的具体指引？人治论强调具体指引，法治论强调一般性规则。

这一分歧在中国古代儒法两家的人治、法治之争中有所体现，特别是法家强调法律的特点在于它是一种尺寸、绳墨、规矩等，即法律能作为对人的行为进行一般性指引的准则。但总的来说，儒法两家并未就一般性指引和具体指引的分歧展开明显争论。

与此不同，古希腊思想家柏拉图和亚里士多德之间在这一问题上的分歧相当突出。柏拉图反对法治的一个重要论据是：法律就像一个愚蠢的医生，不顾病人的病情而机械地开药方。然而，人类个性不同，人的行为纷繁复杂，人事变化无常，法律不可能规定适合每一特殊情况

---

① 〔古希腊〕亚里士多德：《政治学》，姚仁权译，北京出版社，2007。
② 〔古希腊〕亚里士多德：《政治学》，姚仁权译，北京出版社，2007。
③ 〔古希腊〕亚里士多德：《政治学》，姚仁权译，北京出版社，2007。
④ 〔古希腊〕亚里士多德：《政治学》，姚仁权译，北京出版社，2007。

的规则。所以"对一切人最好的事情不是法律的全权而是了解君主之术和有智慧的人的全权"①。亚里士多德在反驳上述观点时指出,"法律确实不能完备无遗,不能写定一切细节,这些原可留待人们去审议。主张法治的人并不想抹杀人们的智虑。他们就认为这种审议与其寄托一人,毋宁交给众人"②。他在《尼可马亥伦理学》一书中也进一步探讨了一般性规则和具体情况之间的关系,法律总是做出一般规定,但实际情况中又有一般规定中不可能包括的事。在这种情况下,就需要采取衡平手段纠正法律因其一般性而产生的缺陷,例如修改法律,允许执法者根据法律精神来解释法律,容许法官离开法律条文做出判决等。

第三个主要分歧:在政治制度上应实行民主还是专制?法治论者主张民主、共和(包括君主立宪),人治论者主张君主制、君主专制或寡头政治。

柏拉图主张贤人政治和哲学家国王,在政治制度上讲就是维护君主制和寡头政治。亚里士多德在主张法治优于一人之治时,也提出了拥护民主和共和制的观点。他认为,"群众比任何一人更可能作较好的裁断","多数群众也比少数人不易腐败"③。在平民政体已经兴起的情况下,一人为治的君主政体也不适宜了;在君主政体下,如果继任的后嗣是一个庸才,就必然会危害全邦,而在实行法治的情况下,就不会发生这一问题。④ 同时,平民政体意味着实行轮番制度,即同等的人互做统治者和被统治者,这也就是"以法律为治"⑤。在这里,亚里士多德已将法治和民主、共和政治制度直接联系起来了。

法治论和人治论在政治制度上的分歧主要出现在 17、18 世纪资产阶级革命时期,一些先进思想家在反封建专制时所提出的政治思想和

---

① 〔古希腊〕柏拉图:《政治家篇》,中国政法大学出版社,2003。
② 〔古希腊〕亚里士多德:《政治学》,姚仁权译,北京出版社,2007。
③ 〔古希腊〕亚里士多德:《政治学》,姚仁权译,北京出版社,2007。
④ 参见〔古希腊〕亚里士多德《政治学》,姚仁权译,北京出版社,2007。
⑤ 〔古希腊〕亚里士多德:《政治学》,姚仁权译,北京出版社,2007。

政治纲领中。在我国古代儒法两家关于法治和人治的争论中从未涉及民主与专制的分歧。因为儒法两家在政治制度上都是维护君主制或君主专制的（法家更主张严刑峻法）。因此，我们不能把我国古代法家的法治论同17、18世纪西方国家反封建专制的法治论相提并论或者把前者错误地解释为反对君主专制的君主立宪论。

还应指出，中国古代儒法两家和古希腊柏拉图和亚里士多德在人治和法治之争中都直接、明确地提出了人治和法治二词。与此不同，西方国家17、18世纪的人治和法治之争主要体现在当时一些先进思想家在抨击封建专制、等级特权并鼓吹建立君主立宪、三权分立或民主共和国等政制的同时要求法治和反对人治，而当时维护君主专制、等级特权的代表人物并没有直接、明确地提出要人治不要法治之类的口号。

17、18世纪先进思想家提倡法治也都是同他们所主张的政治制度或政治纲领密切联系的。例如，主张建立君主立宪制的英国的洛克（Locke，1632~1704）认为，立法权是最高的、不可转让的国家权力，但它也不能危害人民的生命和财产等自由权利。国家立法机关"应该以正式公布的既定的法律来进行统治，这些法律不论贫富、不论权贵和庄稼人都一视同仁，并不因特殊情况而有出入"[1]。鼓吹民主共和制的法国的卢梭（Rousseau，1712~1773）认为，"凡是实行法治的国家不论它的行政形式如何——我就称之为共和国；因为只有在这里才是公共利益在统治着，公共事物才是作数的"[2]。美国独立前夕猛烈抨击英国君主专制的潘恩（Paine，1737~1809）提出，"在专制政府中国王便是法律，同样地，在自由国家中法律便应该成为国王"[3]。

在西方国家历史上，继亚里士多德提出"法治优于人治"之后，第一个直接明确提出类似观点的是英国17世纪的思想家哈林顿

---

[1] 〔英〕洛克：《政府论》下，杨思派译，商务印书馆，1981，第88页。
[2] 〔法〕卢梭：《社会契约论》，何兆武译，商务印书馆，1982，第51页。
[3] 〔美〕托马斯·潘恩：《常识》，何兆武译，商务印书馆，1961，第54页。

(Harrington，1611~1673)。他也倾向共和制，在自己的代表作《大洋国》一书中指出，通过法律这一艺术，人类的世俗社会才能在共同权利和共同利益的基础上组织起来。根据亚里士多德和李维[①]的说法，"这就是法律的王国，而不是人的王国"[②]。

美国政治家、第二届总统约翰·亚当斯（John Adams，1735~1826）将哈林顿关于法治的思想写进1780年马萨诸塞州的宪法中，该法规定该州实行三权分立，"旨在实现法治政府而非人治政府"[③]。

从上述三个主要分歧可以看出，当时法治论者和人治论者对法治和人治赋予了多种含义。在中国古代儒法两家的争论中，人治指的是主要依靠道德高尚的圣贤通过道德感化来治理国家，法治则是指主要依靠掌握国家权力的人通过强制性的法律来治理国家。在古希腊的柏拉图和亚里士多德之争中，人治和法治的含义比较复杂。人治不仅指主要依靠道德高尚的人以道德感化手段来治理国家，而且指对人们行为的指引主要应依靠根据不同情况而定的具体指引，也还指君主或少数寡头的统治。法治则不仅指主要依靠由不受人的感情支配的法律来治理国家，而且还指对人们行为的指引主要通过一般性的规则的指引，也指民主、共和制。在17、18世纪的反封建斗争中所讲的法治主要指民主、共和制，人治则代表君主专制、等级特权等。

三　20世纪80年代中国法学界的法治和人治之争对有关词义的不同理解

在西方国家，自17、18世纪起，民主、共和制意义上的法治论取得了巨大的胜利。"要法治不要人治"、"法治政府而非人治政府"、"法律至上"等用语已成了西方流行的用语。但西方法学家对法治的

[①] 李维（Livius，前50~17年），古罗马著名史学家。
[②] 哈林顿：《大洋国》，商务印书馆，1983，第6页。
[③] 弗兰克：《初审法院》，赵承寿译，中国政法大学出版社，2007，第405页。

具体内容或原则始终众说不一。19世纪末英国宪法学家戴西（A. V. Dicey，1835~1922）曾以英国政制和法律传统为基础，提出了法治的三个著名的原则：任何人都不因从事法律不禁止的行为而受罚；任何人的法律权利和责任都应由普通法院审理；每个人的个人权利不是宪法的产物而是宪法所赖以建立的基础。但这些原则后来不断遭到反对，被认为已不符合20世纪的现实。① 20世纪五六十年代，西方法学家曾围绕法治这一主题召开过几次国际会议，但并未就法治的具体内容和原则取得一致的意见。随着"福利国家"方案的兴起，国家权力日益扩大，西方法学家中一度展开了"福利国家"与"法治"是否矛盾的争论。但这已不是"法治"和"人治"之争，因为争论双方都主张法治，分歧主要在于：一方认为福利国家意味着国家权力加强，从而危害个人自由和法治；另一方则认为福利国家、个人自由和法治三者可以相互结合。

中国法学界关于法治与人治问题的争论，② 不同于上述三次争论。首先，这一争论中一方可称为"法治论"，另一方似可称为"法治与人治结合论"（以下简称"结合论"），而不能称为"人治论"，即20世纪80年代中国法学界存在"法治论"和"结合论"之争，但不存在"法治论"和"人治论"之争。其次，这一争论同西派学者对"法治"和"人治"二词的词义有不同理解有关。为说明这点，不妨将双方基本论点简化如下。

法治论者：要法治不要人治；法治与人治是对立的；法治指以代表全国人民意志的法律为准，人治则指以个别领导人的意志为准。换一句话说，法治代表民主，人治代表专制、独裁。

结合论者认为：法治与人治不可分，二者必须结合；法律是由人

---

① 丁·阿伦：《立法至上和法治：民主和宪政主义》，《剑桥大学法律杂志》1985年第3期。
② 参见王礼明《法治与人治"不能分开"吗?》，《人民日报（海外版）》1988年9月6日；吴家麟：《法治人治不能结合》，《文摘报》1988年12月25日。

制定并由人实行的，没有人的作用，还有什么法治？换句话说，法治指依法办事，人治指要由人来制定和实施法律，必须重视人的作用。

笔者相信，双方都主张我国应加强社会主义民主和法制，也都主张我们应以代表全国人民意志的法律为准，而不以个别领导人的意志为准，都会主张法律是由人来制定和实施的，如果没有人的作用，是谈不到法治的作用的。如果以上结论能成立的话，那么我们可以说，分歧主要在于双方对法治和人治二词的词义持有不同的理解。

我们不妨再进一步探讨一下：双方对法治和人治二词词义的不同理解其根据是什么？法治论者认为法治代表民主、人治代表专制，这种理解显然直接来自西方17、18世纪对法治和人治的理解，而且这种理解迄今仍在西方流行。结合论者对法治和人治的理解，是与我国古代儒法两家争论中的一些观点有联系的。如上所述，当时儒法双方在这一问题上的主要分歧实际上可以归结为：治理国家主要依靠道德还是主要依靠法律，根据我们现在的理解，道德和法律二者对治理国家来说不可偏废，因而也就可以推论出法治和人治应该结合。而且，当时儒家还强调"徒善不足以为政，徒法不能以自行"[①]。加上秦汉以来，儒法合流、法治与人治合流的思想和实际也容易使人引申出法治与人治不可分或二者必须结合的结论。

但这里也应着重指出，20世纪80年代结合论者对法治和人治词义的理解，仅从词义讲，也不同于古代儒家对人治的理解。至少，儒家强调的是人治，强调道德在治理国家中的首要作用，而结合论者强调的是法治和人治的结合，强调法律规则和人的作用的结合，就这一意义上讲，我们也不妨认为20世纪80年代的结合论者提出了他们对法治和人治词义的另一种理解——在历史上对法治和人治词义的各种理解之外的一种理解：法治指的是依靠法律规则治理国家，人治指的是依靠人来制定和实行法律，这种意义上的法治和人治必须结合。

---

① 《孟子·离娄上》。

笔者早在1980年北京市法学会组织的一次关于法治与人治问题的讨论会上的发言中就曾提出，当时法治论者和结合论者"争论之点似乎不在法治与人治应否结合或应否只要法治而不要人治，而却在于到底什么是法治和人治"。在那一发言中，我也讲到历史上先秦思想家或近代西方思想家对人治、法治的理解都有不科学的地方，特别是后一种解释显然是与资产阶级的"法学世界观"密切联系的，因此，"在我国社会主义社会中，不宜将'法治'和'人治'作为一种口号来提倡。在我国，加强社会主义民主和法制是历史发展的必然趋势，但又需要具备一系列条件，克服重重困难和阻力。提倡几个口号（包括像要法治不要人治的口号），对我国社会主义法制的加强能起什么推动作用我是有怀疑的。"同时，我在发言中也反对当时有些人主张法治人治两个概念都不科学因而都不适宜用的简单否定态度。① 现在回顾这一发言，我觉得它表达的根本思想与本文还是一致的，但当时自己认为我们不必将法治与人治作为口号来提倡这一观点应该修正。近十年来，要法治不要人治的口号无论在我国法学界或一般舆论界已广为传播。社会上多数人已接受了这种理解：法治代表民主，人治代表专制，我们要法治而不要人治。

对用词的选择，一般地说，除非是特别不科学或不合适的，否则，我们应尊重社会上多数人的理解，这也就是尊重"约定俗成"的原则。对法治、人治二词词义的理解，就像对任何词义的理解一样，它们都是在特定历史条件下形成和发展变化的。

四 "从人治向法治转变"

"从人治向法治转变"之类的命题可以引起一些问题：例如为什么必须要从人治转向法治，"过去"存在（甚至"现在"还存在）人

---

① 《既不宜作为口号提倡，也不宜简单地否定》，载《法治与人治问题讨论集》，群众出版社，1980，第332~339页。

治的原因是什么，我们对这种现象（包括对过去或现在实行"人治"的人）又作何评价；现在为什么不能立即实现转变，为什么需要逐步转变，甚至还要从双轨制转向单轨制；等等。当然，我们可以从上文所讲的对法治论的理解出发来回答：法治代表民主，人治代表专制，因而我们要"从人治向法治转变"。但这里应注意，对我们目前来说，"要法治不要人治"可以理解为一个抽象的原则，而现在"从人治向法治转变"却是一个具体的命题，二者既有联系又有区别。"从人治向法治转变"这一命题至少包括了以下具体定义：我国在"过去"以至现在还存在着某种程度的人治，而这里讲的"过去"一般是指新中国成立以来至十一届三中全会以前的时期，甚至还可能指新中国成立以前的国内战争时期。显然我们在讲"过去"（指十一届三中全会以前甚至新中国成立以前）以至现在还存在"人治"（或某种程度的"人治"）时，对这里讲的"人治"的词义又要做进一步探讨了。

就提出"从人治向法治转变"这一命题的人来说，他们所讲的"人治"可能指以下两种含义。一种是指有的领导人由于受封建思想意识的影响，因而表现出专横、独断等不民主的思想作风。对人治的这种理解可以说是对17、18世纪关于人治、法治词义的引申。另一种是指，由于特定的历史环境，不可能有完备的法制，各级领导人不得不就各种具体问题做出决定。当然也可能是以上两种情况的交错并存。当我们在讲"从人治向法治转变"时，应该考虑到各种不同的情况：前一种情况是应该加以否定的；对后一种情况，或者不宜称为"人治"，如果要称之为"人治"，那就需要赋予另一种特定的含义，即在法制不完备或法制不受重视的情况下不得不由领导人做出决定。后一种意义上的"人治"既不同于古代儒家所讲的人治，也不同于20世纪80年代结合论者所讲的人的作用，更不能被理解为专制或专横独断。

（本文原载于《法学研究》1989年第4期）

法治社会的"法"与"治"

严存生[*]

一 "法治"的"法"

法治社会必须有法，但是，法治与法律的状态是什么关系？我们认为，法治的最本质的特点是法律具有至上的权威地位，而这一地位的获得，意味着法治社会的法律必须是良法。

（一）法治之法为什么必须是良法

西方有一种形式法治观，认为法治所说的只是法律适用的问题，与法律本身无关，法治只是要求人们严格地按照法律办事，做到了这一点就会产生法治或符合法治的要求。而我们知道，虽然大部分的法律作为一种公认的行为准则是值得人们尊重和遵守的，但这说的只是一种应然状态，由于实际上存在的法律是由具体的人制定的，他们不可能完全按照法律的原理进行立法和司法工作，而是加进了自己的愿望和目的，这就使实际上存在的法律往往在某种程度上背离了法的属性和目的，所以历史上存在的法律并不都是好的，有些还是很恶劣的。基于此，人们把历史上的法律区分为良法和恶法。恶法并不要求人们尊重和遵守，它们也不可能在社会中享有至上的权威，这意味着只有存在良法的社会才可能产生法治。

（二）什么是良法

首先要指出的是，良和恶是一种价值判断，而不是事实判断，所

---

[*] 严存生，西北政法学院教授。

以它回答的不是法律的正确与否、科学与否的问题,而是好与坏、美与丑的问题。这个问题的论域可分为广、狭二义。从狭义上说,良法主要回答的是某一实在法是否具有道德性或正义性的问题;从广义上说,某一法律的好与不好还有个合理性的问题。

1. 法的合道德性是指法律与人们公认的政治理想和价值观念是否相一致

人与其他存在物的区别主要在于其社会性,即人必须生活在一起,有共同的生存空间、共同的理想与追求,这一理想和追求的具体内容是随着时代的变化而变化的,但有一个确定不移的目标,即所在群体的成员能够和谐地生活在一起,从而使该群体得以迅速发展和不断壮大。这一具有永恒性的价值目标就是一般所说的正义。而人对正义的认识于内心所形成的观念以及为实现这些观念而进行的活动所具有的不同于动物行为的属性,就叫道德性。道德性的显著特点是行为者的利他动机,即其行为不仅为了自己而且是为了使所在群体更长久地存在和发展。人内心对正义的坚信和对其行为道德性的不断追求,是人区别于动物的显著特点,也是人类文明与进步的精神动力。正因为如此,一个社会的政治法律制度必须追求和体现这些价值目标,它们也就成为该政治法律制度的实体或实质内容。因此,对实际上存在的法律必须加以区分,必须进行道德性评价。这种评价可以分为两个方面。

其一,是看它所追求的目标是不是符合正义,这叫实体正义或实质正义、实体道德性或实质道德性评价。它应该从以下几方面来把握:(1)法律应反映所在社会人们的共识或符合公认的价值观念,即体现公意,不应做出与所在社会传统文化观念不一致的规定;(2)法律的目的是维护公共利益,而不是维护一部分人的私利;(3)法律应保护人权,应对所在社会人们所享有的基本权利做出明确规定,并竭力维护,不应以"为了保护多数人的利益"或"少数服从多数"为借口侵犯少数人的基本权利;(4)法律的规定应符合国情、民情,应与时俱进，追求事实上的平等，做到合法、合情、合理。

其二，是法律的形式正义或形式道德性评价，即对法律自身及其运行过程是不是符合公认的道德观念的评价。笔者认为，法律应具有以下属性。（1）公开性。这包括两个方面：其一，法律应予公布并通过各种途径广为宣传，要使所有的社会成员能够知晓法律的要求，对因各种原因不知法而犯法者，应予以宽大处理；其二，法律的运行过程特别是审判活动，应尽量公开进行或具有透明度，以便于群众监督。（2）可行性，即法律不应要求人们做在当时社会条件下做不到的事情，在特殊情况下出现了难以执行法律的事例应允许不执行或暂缓执行法律。（3）稳定性，即法律的变化不能过快过大，不能朝令夕改。（4）普遍性，即法律的内容应具有抽象性，法律对人们行为的规定不能太具体，它只应规定行为的模式，应给人们的选择留下余地。（5）确定性或明确性，即法律应用清楚明白的语言规范人的行为，防止执行时在理解上发生争议。（6）合逻辑性，即法律的内容应保持逻辑上的统一，法律规定之间不能自相矛盾。（7）平等性，即适用法律应贯彻法律面前人人平等的原则。（8）一致性，这是平等性对执法者自身要求的一种引申。它要求执法者应言行一致，以身作则。

2. 法的合理性是从另一角度对法律进行价值判断

所谓实质合理性又叫价值合理性，指的是法律内容的"科学性"，即能符合所在社会的实际需要，能产生理想的社会效果。这与上面所说的合道德性有某种内在关系，因为合理之理包括人伦之理，即公认的道德观念，但是二者在角度上是有差异的。从法律与政治道德的关系来看，合道德性强调了它们之间的联系，而合理性强调了法的客观性、科学性和法律的相对独立性，其反对把法律完全变为政治斗争的工具，而要求法律及执法者都能够超脱于政治斗争之外，在"价值"上具有中立性。法治社会法律的这一特点被昂格尔叫做法律的"自治性",① 也就是"法律的相对独立性"。我们认为这一点是法治社会的法律的一大特点和优点,它使法律及"法律人"群体具有更大的权威性,从而不变为政治斗争的附庸,并能为解决政治问题寻找到一种新的和更文明的方式。另外,实质合理性的要求也使法律在实际运行中不至于陷于形式主义的泥坑和截然孤立的状态,能与社会保持某种联系,能及时地回应社会的变化,能够寻找到法与情、理融为一体的方式,使法律变得更灵活、更有人情味。形式合理性主要回答了四个问题:其一是完整性,即法律所涉及的内容应能覆盖社会的各个方面,或能组成一个完整的体系;其二是合逻辑性,即法律作为一个体系,结构应是严谨的,用语应是精确的;其三是可行性或可操作性,即法律规定应科学合理、具体明确,从而使人们能准确地预测和安排自己的行为;其四是有效性,即法律能给人们带来有益的社会效果,能提高人们行为的效率,能节省行为的成本和减少不必要的损失。另外,形式合理性还可以从法律的外在形式或效力渊源上得到印证,它回答的是一个国家的法律形式是不是具有多样性,各种形式的法律在配置上是否合理的问题。

(三) 良法怎样获得

对这一问题有两种对立的回答。一种观点认为,法律非人的自觉活动的产物,它是在社会发展中自发产生的,是个人之间在相互交往中逐渐形成的,哈耶克所持的就是这一观点。另一种观点认为,法律来自人的有意识的活动,是由人制定出来的,是人的理性活动的产物,法国启蒙运动的思想家大都持此观点。如果法律是由人制定出来的,那么进一步的问题是,法律是由谁制定出来的?对此也有两种不同的回答:一种认为法律是靠神明或贤达们昭示的,或是由社会精英们制

---

① 昂格尔:《现代社会中的法律》,吴玉章、周汉华译,中国政法大学出版社,1994,第46~47页。昂格尔认为法治社会法律的自治性表现在内容、机构、方法和职业四个方面,即法律在内容上与政治、道德相分离,法律机构与其他国家机关相分离,法律有自己独立的一套方法和有一个以法律为业的职业群体。

定的；另一种认为法律来自群众，是他们在充分协商的基础上通过签订社会契约的办法获得的。不过后一种观点在具体思路上并不统一，归纳起来大约有两种思路。

一种思路是以人性"恶"为出发点，认为人都是自私的，但私与公并不是截然对立的，公只是私中的共同部分，所以公正不等于无私，相反，只有每个人都充分地认识到自己的利益，并坚决地捍卫自己的利益，才能制定出公正的规则。正如卢梭所说："把我们和社体联结在一起的约定之所以成为义务，就是因为它们是相互的；并且它们的性质是这样的。即在履行这些约定时，人们不可能只是为了别人效劳而不是同时也在为自己效劳。如果不是因为没有一个人不是把每个人这个词当成他自己，并且在为全体投票时所想到的只是自己本人的话，公意又何以能总是公正的呢？而所有的人又何以能总是希望他们之中的每个人都幸福呢？这一点就证明了，权利平等及其所产生的正义乃是出自每个人对自己的偏私，因而也就是出自人的天性。"①

另一种思路认为，公和私是彻底对立的，只有彻底抛弃私之后才能求得公。美国哲学家罗尔斯就是这一思路的代表。他在论证正义原则时，首先假设了一个原初状态（Original Position）。在这一状态里，人们对自己一无所知，处于一种"无知之幕"的背后，通过社会契约的途径为社会制定组织原则。他认为只有在这种状态里才能找到真正的正义原则。他说，"原初状态是这样定义的：它是一种其间所达到的任何契约都是公平的状态，是一种各方在其中都是作为道德的人的平等代表、选择的结果不受偶然因素或社会力量的相对平衡所决定的状态。这样，作为公平的正义从一开始就能使用纯粹程序正义的观念"，这是因为，"正义的原则是在一种无知之幕（Veil of Ignorance）后被选择的。这可以保证任何人在原则的选择中都

---

① 卢梭：《社会契约论》，何兆武译，商务印书馆，1980，第42页。

不会因自然的机遇或社会环境中的偶然因素得益或受害"。①

显然,以上两种思路是截然不同的,它们的主要分歧有两点。其一,以什么作为判断法律好与坏的标准?是其内容的科学性或正确性,即符合规律性,还是看其是否得人心,是否符合当时当地人民的愿望与要求,即与公认的价值观念相一致。而后一种,由于社会之复杂,存在着各种人之间的利益上的对立和冲突,所以要统一大家的意见,使制定出来的规则符合每个人的愿望与要求,实际上不太可能做到。因而西方的功利主义者提出了"大多数人的最大利益"的标准,认为只要能给社会中的大多数人带来最大好处就是好的。其二,法律获得的途径是什么?是通过理性还是经验,是由精英们关起门来制定,还是必须经过广大社会成员的协商产生?实际的情况是,任何时候法律的产生都离不开少数精英的参与和理性思维活动,但这种理性思维活动要以广大群众长期积累的丰富经验为基础。

在这个基础上我们来思考法治社会的法律从何而来。我们认为,法治社会的法律是良法,而良法一定是体现公意和保护公益之法,是全体社会成员集体智慧的结晶,真正好的法律必须来自社会,必须有广大社会成员的参与,必须建立在广大社会成员平等自愿的基础上。从此出发,法治社会法律的产生应遵循以下原则。

其一,自律原则。人类社会的规则从是否由遵守者自己制定的角度可分为自律和他律两种。显然,人治社会的法律都是一种他律,而法治社会的法律既然是公意的体现和集体智慧的结晶,那么它就是由遵守者为了共同的利益而制定的,就不是一种他律,而具有自律的属性。这也是法治社会的法律得到普遍遵守的内在根据。

其二,平等参与原则。这是由上一原则所引申出来的一个程序性原则,它从程序上解决了如何实现规则的自律的问题,即使所有的社会成员有机会平等地参与规则的制定过程,这一原则强调两点:一是

---

① 罗尔斯:《正义论》,何怀宏等译,中国社会科学出版社,1988,第115、211页。

参与权，二是平等权。

其三，协商一致原则。法治社会的法律应体现公意，但我们知道社会是复杂的，它是由各种各样的人组成的，而他们的意志要达到统一显然只能通过协商的办法，而且必须坚持协商一致的原则。

其四，尊重人权原则。这是为应用以上原则所画的底线，即不管通过什么办法所得出的决定都不能侵犯社会成员的基本权利，特别是弱势群体的基本权利。因为立法过程实际上是各种社会群体的博弈过程，而博弈是以实力为后盾的，这就可能使弱势群体违心地接受侵犯其基本权利的决定。要避免这种结果，就要通过尊重人权原则对这种可能性予以限制，从而使法律的内容与当代文明观念保持一致。

二 "法治"的"治"

（一）法律主治与人民主权

英国著名的法治论者戴雪在论述法治问题时曾提出了两个相关的命题，即"巴力门主权"和"法律主治"。他为什么同时提出两个命题，并把两者放在一起？这是因为，这两个命题有一种内在的关系：法律主治必须以巴力门主权为前提，而当时英国的"巴力门"即国会是在与王权的斗争中产生的，是由"人民"的代表组成的，所以巴力门主权就意味着人民主权；巴力门是立法机关，法律自它而出，所以"巴力门主权"又意味着法律由人民而立，法律必须体现人民的意愿，即公意。这就是说，并非任何有"法律"的社会都会产生"法治"，而只有由人民而立和表达公意的法律才能作为法治之依据，"法律主治"所说的实际上是按照人民的意愿而治。因此，"巴力门主权"和"法律主治"这两个命题所说的都是人民的权力问题，二者的差异只在于"巴力门主权"所说的是权力的归属问题，"法律主治"所说的是权力的使用问题。"法律主治"是落实"人民主权"的最可靠的保障。

（二）法治之治的性质和特点

1. 法治非一种统治，而为一种对社会的管理

人类社会之治可以分为两类：其一是统治型，其二是管理型。它们的主要区别在于：（1）治者与被治者的地位是否平等和固定不变；（2）治之目的是为公还是为私；（3）治理的主要方法是压制还是说服。显然，法治之治不是统治，而是管理。亚里士多德在论述法治与人治的区别时就清楚地指出这一点。他说，人治是主人之治，法治是平等人之间的治理，是对自愿臣民的统治，是根据臣民的同意进行统治，是为了公众利益的统治，是臣民自愿守法的统治。①

2. 法治是一种自治而非他治

社会治理依被治者是否参与治理可分为他治与自治两类。除了治理的目的是为公还是为私以外，二者最主要的区别就在于被治者是否参与治理过程及其参与的程度。自治型社会的最大特点是社会公众有机会参加社会的管理活动，特别是参与管理规则的制定活动。这也就是说，在这种社会里，人人都可能是治者，也可能是被治者，没有人只是治者而不是被治者。与此相反，他治型社会治者与被治者则有严格的区分，治者只治民不治己，被治者是被严格地限制在治理活动之外的。显然，法治社会是典型的自治型社会，因为这一社会通过民主的途径立法，在选定国家公务人员时也遵循民主和公平原则，从而使所有的人都有机会参与社会规则的制定和国家的管理活动。另外，自

---

① 亚里士多德认为，"法治"是与"人治"相对而言的。"人治"是"主人之治"，而法治是"平等的自由人之治"，是"对自愿的臣民的统治"，这种统治有以下几个特点。（1）它是为了公众利益的统治。（2）"最高治权"在公民全体之手，寄托于"公民团体"。它表现为决定国家大事的"权力实际上寄托于公审法庭或议事会或群众的整体"，因此它"把公民大会、议事会或法庭所由组成的平民群众的权力置于那些贤良所任的职司之上"。（3）以法律为最高权威。亚里士多德说："法律应在任何方面受到尊重而保持无上的权威，执政人员和公民团体只应在法律（通则）所不及的'个别'事例上有所抉择，两者都不应该侵犯法律。"其又说："最后的裁判权应寄托于正式制定的法律。只是所有的规约总不能概括世事的万变，个人的权力或个人联合组成的权力，只应在法律所不及的时候，方才应用它来发号施令，作为补助。"（4）其统治建立在臣民自愿守法上，而不是仅仅依靠武力。亚里士多德：《政治学》，吴寿彭译，商务印书馆，1983，第129、147、192页。

治还表现在法治社会实行分级治理,各地区、各种社会组织,特别是基层社会组织享有充分的治权,国家权力所及的只是它们无力解决的问题。

3. 法治是一种善治

法治是一种管理型治理、自治型治理,这种治理不是为了治理者的私利,而是为了社会公众的福利,它允许所有的人参与治理的过程,从而能充分地尊重所有的社会成员,调动他们参与社会治理的积极性。这意味着这种治理中压制、限制的成分最少,那么,这种治理显然就是人类历史中最好的治理,即是一种善治。

据俞可平先生介绍,"良治"(Good Governance)是西方20世纪90年代提出的概念,又叫"元治理"(Mate Governance)、"健全的治理"、"有效的治理"。它近似于我国古代的"善政",指的是"严明的法度、清廉的官员、很高的行政效率、良好的行政服务"。当然,这里所指的仅是国家的治理,从更广的意义上说,善治就是指公共利益最大化的社会管理过程。善治的本质特征就在于它是政府与公民对公共生活的合作管理,是政治国家与公民社会的一种新颖关系,是两者的最佳状态。俞可平先生在综合各家的观点后,认为可以把善治归纳为以下六个要素或特点:(1)合法性(Legitimacy)。它指的是社会秩序和权威被自觉认可和服从的性质和状态。合法性越大,善治的程度越高。取得和增大合法性的主要途径是尽可能增加公民的共识和政治认同感。(2)透明性(Transparency)。它指的是政治信息的公开性。每一个公民都有权获得与自己利益相关的政府政策的信息,包括立法活动、政策制定、法律条款、政策实施、行政预算、公共开支以及其他有关的政治信息。透明性要求上述政治信息能够及时通过各种媒体为公民所知,以便公民能够有效地参与公共决策过程,并且对公共管理过程实施有效的监督。透明的程度愈高,善治的程度也愈高。(3)责任性(Accountability)。它指的人们应对自己的行为负责。在公共管理中，它意味着管理人员及管理机构由于其承担的职务而必须履行一定的职能和义务。公众尤其是公职人员和管理机构的责任性越大，表明善治的程度越高。在这里，善治要求运用法律和道义的双重手段，增大个人及机构的责任感。（4）法治（Rule of Law）。法治与人治相对立，它规范公民的行为，更制约政府的行为。法治是善治的基本要求，没有健全的法制，没有对法律的充分尊重，没有建立在法律之上的社会秩序，就没有善治。（5）回应性（Responsiveness）。这一点与上述责任性密切相关，从某种意义上说是责任性的延伸。它的基本意义是，公共管理人员和管理机构必须对公民的要求做出及时的和负责的反应，不得无故拖延或没有下文。在必要时还应当定期地、主动地向公民征询意见、解释政策和回答问题。回应性越大，善治的程度越高。（6）有效性（Effectiveness）。这主要指管理的效率。它有两方面的基本含义：一是管理机构设置合理，管理程序科学，管理活动灵活；二是最大限度地降低管理成本。善治的程度越高，管理的有效性就越高。[1] 从俞可平先生对善治观念的介绍和论述中可以看出，法治与善治之间有着某种内在的关系。这表现在以下几个方面：

第一，法治社会最符合善治的要求，或者说是最理想的善治。因为法治社会是缘法而治，而理想的法治社会的法律是通过民主的程序制定的，是群众智慧的结晶，它所体现的是该社会人们的共同价值观念和政治道德信念，因而是普遍正义和抽象道德原则的具体化，具有最大的权威性；加上法律能精确地规范社会生活的方方面面，又能以社会权力保障它的贯彻落实，所以以法律为主来治理社会才能达到比较理想的善治目的。

第二，法治是善治的一个重要构成元素，法律是善治最主要的手段，因而离开了法治就不可能达到善治。这是因为，人治社会有许多难以克服的弱点，如决策的随意性、非民主性和不统一性，没有一套

---

[1] 参见俞可平主编《治理与善治》，社会科学文献出版社，2000，第8~10页。

稳定的能体现民意的权威性的规章制度，从而使人们的行为基本上无章可循等，这就使建立社会秩序的治理活动困难很大，效率很低。

第三，善治是一种自治性程度很高的治理，而只有在法治社会里才能真正实现这种自治。法治社会的法从理想的意义上是已达成的社会共识，因而它凝结着全体人民的共同意愿。既然如此，法治社会之治实际上就是按照自己的意志来治理，因为公意不过是个人意志中的共同部分。

第四，法治也是衡量善治的一个重要标准。衡量一个社会的治理是否为善可能会有许多标准：如效率或功利标准，即看其治理是否有成效，是否达到国富民强；再如安全标准，即看社会秩序是否良好，国家安全有没有保障；等等。但这些标准都不如法治，因为它们所反映的只是治理的一个方面或表层状态，而法治所衡量的则是全方位的和深层次的情况。因为法治所要解决的是社会秩序的合法性和权威性的问题，只有从根本上解决这一问题，才能取得经济的繁荣和社会的安定。

（三）法治社会用什么来治

1. 法治社会主要用法来治，但不唯法为治

任何社会的治理都是一个综合性的社会工程，这意味着社会的治理不仅从治者来说是多元的，而且从治之工具和手段来说也是多元的。从已有的社会来看，社会的治理所需要的东西大体有势、法、德（礼）和术。所谓"势"即权势、地位，包括治者所掌握的实力和在社会中所拥有的名位，如所掌握的经济实力、军事实力、所拥有的科学技术知识和在社会中的名望和地位；所谓"术"指使用这些东西的技术，包括战略策略思想和实际运用的技巧、方法；所谓"德"，狭义上指"德治"，指治者的品性和用道德教化的办法来治理社会，即以身作则，以自己的人格魅力感化人，以说服启发的方法教育人，以树立和表彰典型的办法指引人。广义上"德"包括"礼"，即社会的伦理观念及由其产生的风俗礼仪，它主要依靠社会舆论和各种社会组织的力量来实施和贯彻落实；所谓"法"，即由社会的公共权力机构所制定和

维持的行为规范，它主要表现为社会的正式规章制度，它以明确的准则告诫人，以赏罚的办法规范人。时至今日，这四种治理手段仍然缺一不可，各类社会的差别只在于以哪一种为主或侧重于用哪一种。在这四者中无疑德和法是治中用得最多的，其中德是治之根本，法是治之关键。

由于德与法的密切关系，德治与法治并不是截然不同的两种治，而是互相渗透和相辅相成的，真正的法治包含着德治，或者说必须以德治为基础。这表现在三个方面。其一，法治之法必须具备道德性，即必须追求正义和必须遵照公认的道德原则来制定和实施，不具有道德性的法即"恶"法，"恶"法产生不了法治。其二，法治作为一种文明的社会秩序，所追求的并不仅仅在于人们的按章办事，更根本的是在于良好社会风貌的形成，而良好的社会风貌已超出狭义的法律秩序的范围，其形成也不是仅仅靠法律所能办到的，它更多的是依赖于道德教化。其三，法治社会在于法律的良好运行，而法律的良好运行，如法律的制定、执行和遵守，都离不开有良好道德素质的人，只有他们才能制定出良好的法律，并忠实地遵守法律，灵活地执行法律，否则，不仅不可能产生好的法律，即使是有了好的法律也会流于形式，或变成牟取私利的工具。由此看来，德是法治社会中各种治之工具中最基础性的东西，没有了它，良法无法产生，更不能发挥其在治国中应发挥的作用，还会使法律，包括其他治之工具，如"势"和"术"，被用于邪恶的目的。

2. 法治社会用什么形式的法来治

法治要用法，从历史上看，法的形式很多，有成文法（或制定法），也有习惯法、判例法，还有"学理法"或"学术法"（即由法学家研究发现并阐述的法的原理或原则）等。历来的法治论者在谈到依法治国时都强调严格遵照成文法而治，有些法治原则，如"法无明文规定者不为罪"，也是由此而来。但我们绝不能由此得出法治就是唯成文法而治的结论。因为我们发现，许多著名的法治论者，在强调依照成文法办事的同时也明确地指出了法还有其他形式，并针对成文法的局限性指出法官自由裁量权存在的必要性；有些法学家倡导法官有补充成文法的自由；还有些学者则批评那些主张把法治理解为按照规则办事的观点，认为依法办事更重要的是按照法的原则或法的精神办事。而那些实行判例法的国家则增加了"遵照先例"的法治原则。由此看来，我们对法治要做灵活的理解，不能理解为只是按成文法办事或按规则办事，而应理解为按法的精神办事。法国法学家惹尼认为，法官判案可以依照下列顺序寻找法律：有成文法则依成文法，法官不能随意地解释或变更已有的法律规定；无成文法或其已明显过时时，则依习惯法，这时习惯就是次于立法的法律渊源之一；在缺少立法和习惯的情况下，"权威"和"传统"就开始发挥法的作用。所谓"权威"包括法律理论和司法判决，而如果这种"权威"经过长时期的延续而历史悠久的话，就变成了"传统"。当"权威"和"传统"作为判决理由不够充分时，法官可以通过"自由的科学发现"，即自己的研究发现法律或寻找事物之理。但是这一研究必须是科学的，它应该搜集"客观数据"，探索"人类社会的事物的本性"等。[①]

由于法在本质上是集体的决定，它表达的是公意，维护的是公益，所以依法办事就是要防止个人的武断，就是要充分尊重已表现为法律形式的群众的智慧和经验，坚决依照已有的法律规定办事；但如果已有的规定明显不合理，或出现了新的社会问题，则应遵循法的精神、通过法律所允许的途径和方式来解决，绝不能凭自己的情感或直觉去处理。在这一情况下，公益至上原则、民主原则、尊重当事人意思自治等原则都会帮助我们寻找到合适的法律，给所处理的案件以比较合理的解决。

3. 法治中人的有为与无为

法治社会之治离不开人，人不但有作用，而且有巨大和关键的作

---

① 吕世伦主编《现代西方法学流派》上，中国大百科全书出版社，1999，第19~21页。

用。法治社会的法律要在充分发挥所有人智慧和才能的基础才能产生，而且其制定和实施也离不开人的活动，特别是"法律人"的活动，要充分地发挥立法者和执法者的积极性和主动性，正确地理解、阐述和把握法的精神，并把它落实在社会之中。法治与人治的差别不在于是否允许个人发挥作用，而在于：其一，是允许所有的人都发挥作用，还是只允许一部分人发挥作用并允许他们压制其他人；其二，是否要对个人的活动进行限制，即限制在法律的范围内，以使其合理化和制度化，从而能使社会上所有人的活动变得有序和可预测，也防止握有权力的人假公济私和滥用权力。由此看来，法治社会并不是要把法律作为主体，而把人作为客体或把人作为一种工具、中介，恰好相反，在法治社会里人仍然是主体，法律仍然是一种实现其目的的工具；所不同的只是，它不再只是以一部分人的愿望为目的，而是以所有社会成员的共同愿望为目的，它要尊重所有的人，保护他们的基本人权。在法治社会人的有为问题中争议较大的是公职人员的自由裁量权问题。有些论者认为法治原则只是要求执法者的行为在形式上符合已有的法律规定，而不管这一规范是否有悖于情理。这种对法治的理解后来被称为"形式法治论"，受到许多人的批判，他们认为，法律所追求的社会正义是真正的正义，即不仅合乎法律规定，而且合乎事理，能被广大社会成员所接受，能给当事人和社会带来好的效果。显然，要做到这一点，执法人员就必须体察民情和了解民意，就必须与时俱进，及时地处理已发生的社会纠纷。这就是说，如果已有的法律规定有缺陷或已明显过时，执法者不但有权而且有责任通过法律所允许的途径或使用"法律解释"的办法，根据法的精神及时地对其职责范围内的事做出决定和进行处理。这样做并不违背法治原则，反而正是法治精神所要求的，否则就达不到法律所追求的目的，执法者也就不能忠实地完成他应尽的社会职责。这意味着执法者有权超出现有法律去处理他应处理的事项，只要这一处理符合法的精神和法的程序，能够给当事者和社会带来好处。法治原则所禁止的只是执法者超出其法定职权和违反法律精神以及借执法之便而牟取私利的行为。

（四）法治社会治谁和谁来治

1. 治谁

法治社会的治者和被治者是相对的，可以说人人既是治者又是被治者。法治社会与人治社会的被治者一个很大的不同是，它不再强调普通老百姓是被治者，而是强调实施治理活动的政府官吏也是被治者。因为法治社会里作为治之工具的法律在理论上是普通老百姓制定的，这意味着普通老百姓用法律来治理政府官吏。当今社会被人们强调的一个观念——法治政府或依法行政，所说的就是这个意思。它强调的是用法治官，将他们的行为纳入法律的轨道，不允许他们从事法律所没有规定的事务。

2. 谁来治

法治社会中，人人在名义上都是治者，但这只是一种可能，并不是一种现实，任何社会实际从事治理活动的都不可能是社会上的所有人，而只可能是其中的一部分，区别只在于是哪一部分。人治社会从事治理活动的是因血缘关系而产生的君主或通过考试等途径而挑选出来的官吏，他们并不需要专门的知识，特别是专门的法律知识；而法治社会从事治理活动的人需要专门的法律知识和法律素质，即以法律为业的"法律人"。从这个意义上可以说，法治就是"法律人"之治。[①] 在法治社会里，由于法律的至上权威地位，因而作为人格化的法律和法律活的代言人的"法律人"，特别是法官，在

---

① 孙笑侠教授在《法学研究》2001年第1期上发表的《法学家的技能和伦理》一文中，在论述法治社会中人的因素时，提出"法治乃法律人之治"的观点，从法律职业的角度来解释法治的含义。他认为，法律职业共同体中的成员即法律人或法学家是法治活动中人的因素的主体，是法治的主要推动力。法律人之治，意味着由法律人从事司法工作，只有法律职业共同体才有机会决定司法中的问题，由法律人进入律师和法务市场操作法律机器，提供法律服务，引导经济生活，法律人之治也意味着部分法律人进入政府参与行政活动，社会纠纷的最终评判权由法律职业共同体掌握。

从事治理活动时自然也就享有了更高的地位。西方某些国家的情况已充分地说明了这一点。这些国家（如美国），最高法院的大法官受到了特别的尊重，他们不仅可以审查立法机关所制定的法案，弹劾最高的行政首脑，而且可以处理用其他办法难以解决的重大政治问题。如在总统选举中，如果发生了用其他办法难以解决的争议，最高法院的法官就可以通过司法裁决的办法来解决。人们诙谐地称之为"由法官选总统"。不过，我们不能说法治社会就是"法律人之治"，因为他们毕竟只是社会的一部分，而且从法治社会以民主为前提的角度来说，法治社会本质上是"民治"社会，所以只有作为法律主人的人民才是真正的治者，而"法律人"不过是人民的代言者或"公仆"而已。

综上所述，法治社会的"法"和"治"有其特定的含义，因此，我们在进行法治国家建设时，不能用一般社会对"法"和"治"的观念去要求自己，即不能只追求一般的"法"（即使是数量巨大的法），也不是只追求一般的"治"（特别是统治意义上的治），而应该追求法治社会所特有的"法"和"治"，即"良法"和"善治"，也就是应追求正义性的法、合理性的法和作为管理、自治的善治，并且还应该把追求良法和善治有机地结合起来，以良法作为善治的前提，以善治作为法治的目标。这样，才能使我国的法治国家建设迅速地步入正轨。

（本文原载于《比较法研究》2005年第6期）

法治社会中的权力和权利定位

刘作翔[*]

一 从几件与公民权利有关的事例[①]谈起

事例一：1995年12月，浙江医科大学做出一则决定，从1996年起该校不招收吸烟学生，其理由是，吸烟是当今世界公认的三大不良生活习惯之一，为保护公共洁净的环境和人类健康，应该积极提倡不吸烟，而培养健康卫士的医学院校更应带个头。[②] 这一消息被国内几家有影响的文摘报纸转载。[③] 此后，1996年初在北京召开的第十届世界烟草和健康大会发出了《在全国医学院校开展禁烟活动的倡议》，倡议从1996年开始医学院校不再招收吸烟的学生。[④]

做出上述决定的决策者可能并没有意识到，虽然这一决定的愿望是良好的，积极提倡不吸烟的理由也是充分的，但这一决定的实质性内容——不招收吸烟学生——却是同宪法赋予公民的受教育权利相冲突的，因为它以吸烟这一不良生活习惯为由剥夺了这一类公民的受教育权。[⑤] 值得深思的是，对这一决定，国内新闻媒介、舆论及有关公民权利维护保障机构至今尚未做出反应。

概括地讲，这一决定带来了以下一些法律问题：（1）当对一种有

---

[*] 刘作翔，西北政法学院教授。
[①] 本文之所以用"事例"而没用"案例"，是因为有些事件还未成为案件。
[②] 参见《健康报》1995年12月13日。
[③] 参见《报刊文摘》1995年12月18日；《文摘周报》1995年12月18日。
[④] 参见《光明日报》1996年2月23日。
[⑤] 关于对这一决定反映的法律问题的详尽分析，请见笔者的评论文章《神圣的宪法权利与"社会公德"的冲突》，《法学》1996年第3期。

违"社会公德"的行为进行法律性制裁但这一制裁却又同宪法权利相冲突时，是维护宪法权利，还是为维护"社会公德"而剥夺宪法权利；（2）一个教育事业单位有无权力做出与宪法权利相冲突的决定，事业单位乃至行政机关的法定权限有哪些；（3）当一个行政的或非行政的决定明显地同宪法权利相冲突时，由哪一级哪一个权力部门对此进行宪法审查和纠正；等等。

事例二：谯菲与其丈夫张德智是中国石油工程建设公司职工。1993年底，张德智向公司提出辞职，公司对其进行挽留，并阐明职工调动、辞职的有关规定："男性职工申请辞职，如系双职工，夫妇二人应一并提出申请，方可按程序办理。"1994年1月21日，公司又发出《关于职工调动（辞职）补充规定的通知》，规定申请调出（辞职）的职工，如系双职工，夫妇双方应同时调出，三个月后不调出公司的，停发工资，收回住房。1994年7月4日，谯菲接到单位通知，说1994年3月24日公司已同意张德智辞职，同时限令她三个月内调离公司并交回住房。公司自1994年7月5日起不再安排谯菲的工作，1994年7月15日起停发她的工资和各种待遇。

面对这种突如其来的厄运，谯菲开始向劳动部、全国妇联、全国总工会、公司上级主管部门等单位反映情况。在与单位调解未果后，谯菲于1995年2月底向北京市西城区劳动争议仲裁委员会申请仲裁，仲裁委员会以公司依据内部规章制度做出对张、谯的处理决定并无不妥之处为由，裁决谯菲败诉。谯对仲裁不服，于1995年7月13日起诉至北京市西城区人民法院，西城区人民法院于1995年8月30日做出一审判决，认为"被告根据本企业特殊性，为了稳定队伍，加强管理制定的规章制度，符合国家的法律、政策，予以维护"。谯认为被告不按规定批准张的辞职是违法的，在男职工辞职后对同单位女职工采取的株连行为是违反国家劳动法律和劳动管理政策的，故对西城区人民法院的判决不服，于1995年9月11日上诉至北京市第一中级人民法院。① 北京市第一中级人民法院二审判决：中国石油工程建设公司应张德智的请求将其妻谯菲由四川接收到该公司工作，张德智辞职时曾书面保证其妻三个月后将调离该公司。该公司依张德智的书面保证及该公司的有关规定所做出的对谯菲按自动离职处理的决定，是建立在双方权利义务一致的基础上的决定，该决定没有违背国家有关法律政策，不构成株连。谯菲要求撤销该公司对其的处理决定，理由不足，法院不予支持。

对此案的判决结果，有关方面发表了看法：谯菲的律师指出，判决书对劳动争议的关键问题之一即企业所做的"夫妇双方男方辞职，女方也须一同调离或辞职"规定的合法性避而不谈，而完全依据其夫张德智的书面保证做出判决，其性质与丈夫立字据即可卖妻无异。劳动部劳动关系司劳动争议处表示：中油建公司有关职工辞职的规定及补充规定不合法，部分违反了劳动部68号文件，一个与国家政策相抵触的规章，在诉讼中不能作为法律依据。北京市高级人民法院的两位女法官听取了谯菲一案审理过程后表示，从法律上来讲，此案判决确有与现行法律相违背的地方，但在市场经济条件下对此类争议也还有争论，并告知谯菲，对终审判决不服可向终审法院再申诉。②

这是一个比较典型的案例，并且此类事例在全国并不鲜见。此案暴露出的问题是：该企业做出的这种"夫妇双方应同时调出"的规定明显地同宪法权利、劳动法、妇女权益保障法等相冲突，这样的企业规章竟能够连续得到劳动争议仲裁委员会和一审法院、二审法院的支持。法院的判决理由中所提到的企业制定的这种"规章制度符合国家的法律、政策，予以维护"，认为企业的决定"没有违背国家的有关法律政策"。这其中的"国家法律、政策"指的是什么样的法律和政策？人民法院在对企业规章制度进行司法审查时，依据什么标准来进

---

① 参见《中国经济时报》1995年10月17日；《中国妇女报》1995年10月18日。
② 参见《中国妇女报》1996年4月8日。

行？企业在行使企业自主权时，如果制定的规章制度同宪法、法律相冲突时，怎么办？企业自主权的行使是否可以超越国家法律？丈夫是否可以代替妻子处置其劳动权，丈夫的书面保证对妻子有无效力？

事例三：比起上一案例中的谯菲，上海希尔顿酒店原员工王芳就幸运得多，她通过法律诉讼争回了自己的应有权利。王芳原就职于上海希尔顿酒店，后离开了该酒店，应聘于另外一家公司，恰巧这家公司的办公地点就在她原就职的希尔顿酒店内。当她欲前往公司上班而踏进该酒店时却遭到该酒店的拒绝。该酒店在其《员工手册》第9条中规定，辞职员工，6个月内不得以任何理由进入酒店。这一规定显然侵犯了员工的合法权利，与我国法律相悖。而她新应聘的公司要求她在规定的期限内上班，如不能前来上班，应聘将失效。在这种情况下，被逼无奈的王芳诉至上海静安区人民法院，指控该酒店侵犯了她的人身权利。在经过一段时间的审理之后。静安区人民法院对此案做出一审判决：希尔顿酒店应排除对王芳进入该酒店的妨碍。此案审判长吴裕华认为，"希尔顿"违法之处是它限制了当事人的劳动就业权，其《员工手册》第9条应该取消。

王芳的胜诉，是公民运用法律维护自身合法权利的一个案例，也是司法机关运用国家司法权力维护公民合法权利的一件典型案件。此案审理的首要前提便是对希尔顿酒店《员工手册》第9条的规定进行司法审查，只有在对此规定做出肯定或否定的司法评价后，才能进而对该酒店的行为做出裁决。问题的实质在于：究竟根据什么来对此（即《员工手册》第9条）进行司法评价？是根据国家宪法、法律及其他法律性文件，还是根据别的什么标准？在这种评价过程中，行使司法权的法官们的法治意识就不像人们平时所理解的那样抽象和不可捉摸，而是实实在在的直接影响案件公正、合理、合法裁决的重要因素。

事例四：1995年初，广西南宁市二轻医院职工要求成立工会，并通过院党支部书记请示市总工会组织部，组织部答复"有80%以上的职工申请，就打报告来"。但此一合乎宪法权利的合理要求却遭到该医院院长及轻工局局长、书记的反对。他们召开大会轮流对广大职工进行指责，并当众宣布：职工们要求成立的工会，是要"取消共产党的领导"、"是非法组织"、要"坚决取缔"。职工们对此不服，派代表一次次到上级有关领导部门反映，奔波呼号近一年，医院的上级领导、南宁市二轻局就是不批准。①

职工要求成立工会，既是宪法权利，又符合工会法，但竟被这些手里拥有权力的人视为"非法"，并扣上"取消共产党的领导"的政治帽子。这样的权力掌有者连基本的政治素质和法律意识都不具备。这样的权力掌有者虽然在我们社会中不占多数，但他们对公民权利的享有和实现却构成了极大的威胁。

由以上这样一些个别的、具体的事例，使我思考到更广阔范围的问题。如果以主体的属性来分析，中国有12亿多的人口，每一个人都是一个私权利主体，除了法律判决的那些被剥夺政治权利的极少数人外，都享有宪法和法律赋予的应当享有的不可剥夺的法律权利；同时，中国又有从中央到基层不计其数的公权力主体和更不计其数的虽不是公权力主体、但又拥有某些权力的"准公权力主体"②（如企业、事业单位，社会团体，民间自治组织等），这些公权力主体及"准公权力主体"每日、每月、每年要做出不计其数的涉及公民权利的决策，这些决策会直接或间接地影响公民权利的实现。毫无疑问，就总体来讲，

---

① 参见《工人日报》1996年1月18日。
② "准公权力主体"是本文作者的一个概括，意指那些虽不具有权力属性、但却在实际事务中拥有某些权力、扮演着权力人角色的主体。新颁布的《行政处罚法》第17条规定了"法律、法规授权的具有管理公共事务职能的组织可以在法定授权范围内实施行政处罚"；第18条规定了"行政处罚权委托制度"，第19条又具体规定了"受委托组织必须符合以下条件：（一）依法成立的管理公共事务的事业组织；（二）具有熟悉有关法律、法规、规章和业务的工作人员"。这意味着将有一些管理公共事务的事业组织，经过"行政委托"后，拥有部分行政处罚权，也即拥有部分公权力。当然，委托权有着严格的法定条件和限制。

社会主义政治权力的本质属性决定了大多数权力性决策为公民权利的充分实现提供了保障，否则的话，社会主义社会的人民主权原则和为人民服务的本质属性便荡然无存；但我们也应清醒地看到，也有相当数量的权力决策和行为同宪法权利是相冲突的，是有悖于人民利益和人民权利的实现的，为人民所痛恶的充斥于社会中的"土政策"的大量存在就是例证。这就使得我们不得不去认真考察一下，在我们社会中，究竟有多少权力性决策和行为是同宪法权利相吻合的，又有多少权力性决策和行为是同宪法权利相冲突的。这实在是一个需要法学界、法律界认真思考研究的问题。此外，每一个公权力主体及"准公权力主体"行使权力的法定合理界限是什么？有没有？有哪些？当出现公权力侵犯私权利的现象时，怎么办？公民的私权利如何保障？如何实现？当一个公民的行为没有法定授权时，如何对此做出法律评判？这些也就是本文下面想探讨的主题，即法治社会中公权力和私权力[①]的合理定位问题。

二　法治社会中私权利的定位

中国在实现现代化的进程中，面临着多重的艰巨任务：经济的调整发展，生产力水平的极大提高，政治的高度民主化，人民文化素质和生活水平的极大提高，等等，而这一切，都离不开法治在其中的运作。法治在实现现代化的进程中也同样承担着多重任务。仅对公权力（国家权力）而言，法治就承担着双重任务。一方面，它承担着对公权力[②]的授予任务，即授权功能。而这一点，目前为学术界所忽略，学术界在研究法治问题时大多强调的是法治对权力的另一重任务，即对权力的限制、制约和监督。我认为，要全面地认识法治与权力的关

[①] 本文采用的"公权力"概念，同权力、国家权力、公共权力是同等概念，而"私权利"则是指公民个体的权利和行为。

[②] 这里的公权力（国家权力）是一个概称，具体可分解为立法权、司法权、行政权、军事权、监督权等。

系，或法治与权力的定位，就应该从授权和限权两个方面去把握，它们两者同等重要，缺一不可。

（一）权力授予

首先，权力只有授予，才能行使。虽然有权力就有腐败，但权力并非万恶之源。权力现象从古至今的客观存在，说明人类社会需要权力，权力也是人类组织成社会的重要手段之一。社会、国家和法律的产生、存在和发展，本身就表征着权力的客观属性，它不以人们的主观意志为转移。从某些意义上讲，权力也是伴随人类文明发展历程而不断演化的文明形态之一。因此，我们不能因有权力就有腐败这一权力现象的可能性和现实性，就将权力看作一切罪恶的根源，因而疏于对权力现象进行科学考察。

其次，虽然权力只有授予（也即只有取得）才能行使，但从人类社会自古至今权力现象的发展演变看，权力的取得形式和来源多种多样，有所谓"神授权力"、"天授权力"、"君授权力"、"世袭权力"，也有以篡位、政变、暴力、掠夺等方式取得权力的。这是权力取得形式和来源的非法治状态，也是古代社会和中世纪社会权力为恶的因由和表征。近代以来，随着资产阶级民主、自由、人权、平等等观念的传播，天赋人权、人民主权、人民赋权、人民委托等思想深入人心，权力来自人民、取得于人民成为权力取得的主要形态。这是一种历史的进步，也是权力观念和权力取得形式和来源的一大历史性飞跃。现代社会继承了这一反映历史进步的文化遗产，并使之更加完备化、完善化、民主化、法治化。因此，现代法治社会在权力问题上所要解决的首要问题就是权力来源和取得形式的合法性问题，其中包括两层内涵：一是从实质要件上讲，权力必须来自于人民，取得于人民，受托于人民，服务于人民，这一实质要件的深层本质是人民利益，其权力形态是人民主权；二是从形式要件上讲：一切权利的取得必须由法律予以规定和确认，即法定授权，它否认、排除和摒弃以其他各种非法治方式取得的权力,即权力法定的唯一性和排他性。上述实质要件解决了权力的本质问题,而形式要件则解决了权力取得的方式问题,只有权力来自于人民,取得于法律,才能说它具备了合法性,因而才具有法定效力。

再次,从授权与限权的相互关系看,授权是限权的前提。没有授权,权力来源的合法化问题得不到解决,就根本无法对它进行限制,试想,专制社会的状态下,怎么可能对权力进行限制?专制社会从根本上缺乏限制权力的社会条件。限权只是民主社会中才会具有的权力约束机制。另外,即使一种权力具备了某种实质的和形式的合法性,但如果授权不明确,模糊,限权也缺乏法定依据。因为当一种权力其界限不明确时,就无法对它进行限制,也无法判定权力主体是否有滥用权力或越权行为。现实生活中之所以出现滥用权力、越权等权力腐化行为,其原因之一就是有些权力的法定权限不明确,存在许多权力漏洞,为权力腐化行为提供了方便。

最后,从权力机制和权力主体的权力意识来讲,理论上的逻辑是:当国家法律在授予某一权力主体权力时,就预示着同时也对该权力主体提出了受约束的范围。因为当一定范围的权力授予明确后,法律就告知权力主体只能在该权力范围内行使权力,超越该权力规定的范围,便是越权,这样,便于权力主体明确自身的职责和权限,以便更好地履行法定权力和职能。

从以上分析可以看出,授权对实现法治至关重要。权力由国家法律授予和确认,可以解决权力的合法来源和取得问题,也可以排除其他非法治的权力获取途径,这是法治社会对权力的第一要求。否则,权力来源多元化既不符合法治之要求,更给整个社会造成权力紊乱的恶果,影响整个社会组织结构的正常有序运转,危害极大。

(二) 权力限制

前文提到,有权力就会有腐败,这既是权力现象存在的一种可能性，又是为实践所证明的权力现象在人类社会中存在的一种现实性。因此，对权力进行限制就成为法治的另一重要任务。

法治社会为什么要限制权力？西方思想家及当代中国的理论界已经对此进行了大量的较为充分的阐释。概括地讲，因为权力客观上存在着易腐性、扩张性以及对权利的侵犯性，因此要对权力进行限制和约束。本文第一部分所列举的有些事例，就是公权力侵犯私权利的例证。虽然其中有些主体并不具有公权力属性，但在客观上却充当着公权力的角色，对公民合法的、宪法所赋予的神圣的受教育权、劳动权、人身自由权、结社权、行为自由权等造成侵害。权力侵犯权利只是权力扩张的表现之一，权力扩张还有着更为广泛的表现形式。现代社会，权力的腐败和扩张主要表现为以公权力牟私利。市场经济社会中，私利（个人利益）应该受到保护，但私利的获得应通过正当的、合法的途径。用公权力去寻求和获取私利，有违公权力的本质属性和目的。这不仅在社会主义社会，就是在资本主义社会也是为其法治所否定的。

由于权力存在着以上诸种特性，因此必须对权力进行限制和约束，这也是民主法治社会的要义之一。法治对权力的制约，可以体现在以下几个层面：

第一，立法明示。首先，法律要以明确的规范，确认各权力主体行使权力的职能、范围，即权力法定原则。法律所规定和确认的各权力主体行使权力的职能和范围，是各权力主体行使权力的法定依据。在法治社会中，任何公权力的行使和运用，都应有法律上的依据，没有法律依据的公权力行为，都不得视为有法律效力之行为。公权力职能和权限范围的确定，是对权力进行制约的前提，也是判定其权力行为合法性的标准。其次，立法要以明确的语言，对权力行使规定一些限制性条款，仅有授权，而没有限制性条款，权力主体就会任意扩大权力的自由裁量范围，因而导致滥用权力、越权行为发生。再次，立法要尽量减少权力真空、权力漏洞。因为权力真空、权力漏洞的存在，会给权力滥用、扩权、越权造成可乘之机，也缺乏制裁依据。最后，要以立法方式对权力行使规定法律责任条款，尤其是对滥用权力、越权、扩权等行为，要有明确的责任承担规定，使权力行使者预先可以明确自己行为的后果。责任制度是对权力制约的有效机制之一。[①]

第二，司法校正。司法是实现法治的一道重要闸门和忠实卫士，是对不公正、不合理、不合法行为的一种校正机制，也是对公权力的一种制约机制。一切公权力行为，在不发生诉讼的情况下，一般可理解为被权力对象所接受或赞同（当然不发生诉讼并不意味着公权力行为具有完全的正当性和合法性，这其中也掩藏着比较复杂的情况，比如或因为来自公权力的强盛和重压，或因为权力对象的软弱，权利意识的淡薄和不发达，诉讼机制的不健全等，即使存在不正当和不合法的侵权现象，权力对象也难以提出诉讼）。但一旦提交诉讼，司法就承担着对公权力行为或"准公权力行为"的法律评价任务，肯定或否定，赞同或反对，任由司法做出裁断。这时，司法对于维护法治举足轻重，尤其是当涉及有关公民权利的诉讼时，司法的裁决结果会直接导致公民权利能否受到保障。像本文第一部分所列举的事例二"丈夫辞职妻子也要随之调走"一案，司法判决竟以支持企业明显地违反劳动法和妇女权益保障法的规章制度为最终结果，这样一个判决结果使公民的合法权利失去了最后一道保护屏障，更增加了权利实现的难度。这样一个结果明显地背离了司法对于公权力行为的制约功能和对公民合法权利的保护功能。但"王芳诉希尔顿酒店侵权"一案的审理结果，明显同前案不同，它以司法判决的形式，保护了公民的合法劳动权和人身自由权，撤销了同国家法律明显相悖的企业自制规章，维护了法制的尊严，充分显示了司法对于维护法治、保护公民权利、校正权力失范行为的功能和作用。

---

① 关于责任制约机制，详见刘作翔《廉政与权力制约的法律思考》，《法学研究》1991年第5期。

第三，宪法审查。宪法是根本大法，是一切公权力行使的最高依据。当任一公权力主体行使职权时，除了依其法定职权外，还要看其决策和行为是否同宪法条款发生冲突，这是宪法意识在权力行为中的直接体现。有些公权力主体，其权力行为可能符合法定授权，有法律上的授权依据和范围，但其行为内容则可能同宪法条款发生冲突，因而做出一些同宪法条款、内容、精神相悖的决策或行为，其原因在于缺乏"宪法至上"意识，而"宪法至上"是法治的第一要义。

这里还有比较复杂的因素需要分析。当一个权力性决策和行为的内容是指向那些既违反社会道德又违反法律精神的行为时，人们一般会持赞成态度而不去怀疑它；但当一项决策和行为的内容同社会道德和文明进步相吻合，却同法律原则和宪法权利相冲突时，这就增加了人们对此做出正确判断和评价的难度。比如像浙江医科大学做出的"不招收吸烟学生"的决定，从决策者的动机和愿望来讲，无疑是良好的，并且也符合社会文明和进步的要求，但它却在没有国家立法的情况下，剥夺了某一类公民的受教育权，明显地同宪法赋予的公民权利相冲突，限制了有这种不良生活习惯的人进入医学院学习的机会和权利，从而使这一批人的受教育权不能得到实现。而法治社会不能因某类人有不良的生活习惯，就剥夺这类人的基本权利，这是有违法治精神的。当笔者将此一事例交由一些法学同仁和研究生讨论时，有的提出，如果由国家教委或卫生部做出这一决定，那它应是合法的，有效力的；有的认为这是一种很好的尝试，它可以推动中国的禁烟运动；有的认为这一决策代表了一种文明和进步；也有的指出，这是一个针对不特定对象（人）的有普遍适用性的决定，它同公民的受教育权相冲突，等等。可见，不同的人在此问题认识上的差异非常大。[①] 法学界人士的认识尚且如此，何况一般人乎？假使像有的人提出的，由国家教委和卫生部做出此规定，那它只不过具备了形式上的法定授权，

[①] 对此事例存在着较大的争议和不同的看法。本文的观点只代表作者个人的看法。

但其内容同样要接受宪法审查，同宪法精神、权利相对照，看有无冲突和抵触之处。

这倒不是说，法律不保护文明，不支持进步，而是因为法律从其历史本性上讲，是历史阶段性的产物。社会道德规范在某种程序上可能相对超越于社会发展阶段而提出一些更高的要求，但法律则不能。法律只能保护一定历史阶段上的文明和进步，而不可能超越特定历史发展阶段去保护所有为社会道德所倡导、所超越的文明要求，倡导的东西并不一定就是对其反面必须进行法律禁止、法律制裁的东西，尤其是涉及社会道德领域的事物。在我们的社会中，有许多为道德所倡导的事物，但这些事物并不一定能全部纳入法律的调整领域。这就是法律的特有属性，也是法律同道德之间既相互适应，又相对保持距离的内在辩证关系。法律在总体上同道德相适应，但在某些方面它又相对独立于道德要求，尤其是对那些为社会道德所倡导，但又暂未被现行法律所明文禁止的公民个人行为，法律无法做出调整，因为那属道德性规范调整的范畴。如果硬要通过某些权力性决策和行为，对此类行为进行法律性惩罚，就可能触撞现行法律，最终可能造成现行法制秩序的破坏，其结果会适得其反。文明和进步总是渐进的，每个社会不可能跨越它的文明发展历程，去提出一些在各发展阶段暂不可能实现的要求，至少法律文明是如此。

法治要求所有权力性决策者和行为者在做出决策和履行职权时具备宪法意识，但现实生活中不可能完全做到这一点，由于我们国家民主宪政历史较短，整个社会的宪政意识淡薄、不发达，加之宪法缺乏刚性规范，尤其是对违宪制裁尚未形成有效的制度设计等，现象中总是有同宪法、法律相冲突、相抵触的权力性决策和行为存在，这不仅在我国，就是在任何一个国家和政体下都难以避免。那么，针对如此之多的权力性决策和行为，怎么办？本文前面提到，对于提出诉讼的，通过司法裁决进行校正是一个重要途径，但诉讼机制的运用，一般是针对具体的权力行为,同时又表现为个案,所以,依赖司法校正虽是非常重要的,但作用却是有限的。对于大量的涉及普遍性的一类人或一群人的抽象性权力决策,诉讼机制就显得无能为力。这时就要借助于另外一种权力校正和制约机制,即宪法审查。宪法审查也是对公权力进行制约的一个不可缺少的重要机制。所谓宪法审查,就是在国家权力机关中,设立专门的审查机构,对涉及公民权利及其他重大事项的权力性决策和行为,按照宪法进行审查。对于合宪的、合法的,则肯定它,承认它;对不合宪、不合法的,则否定它,撤销它。通过这样一个宪法审查机制,可以否决或撤销那些同宪法、法律相冲突的权力性决策和行为,以维护宪法、法制的权威和效力。

以上无论是对权力授予的分析,还是对权力限制的分析,可以总括为如下一项法治原则:对公权力,凡法无明文规定(授权)的,不得行之,即在法治社会中,对一切公权力主体,都要求贯彻权力法定、权力合法性的法治原则。这一原则具体指的是:权力来源(取得)的合法化,权力运行的合法化,权力制约的合法化。自由裁量应限制在尽可能小的范围,并且,自由裁量也要符合合宪性、合法性的法治要求,也同样要接受宪法审查和司法校正。这条原则不仅应适用于所有的公权力主体,也应适用于那些虽不属于公权力主体、但又拥有一定权力的企业、事业单位和社会团体及民间自治组织。这条原则不仅应体现在立法中,更应作为司法裁决、宪法审查、法律监督的标准和依据。这就是法治社会中对权力的定位。

(三)程序化原则

以上所谈的法治社会对权力所承担的两重任务,即权力授予和权力限制,都是从法治原则的角度提出的要求,尚未解决权力授予和权力限制的法制机制问题,即程序化问题。在法治社会中,要实现权力法定,权力制约,就必须使其建立在程序化的基础上。具体来说,就是权力授予必须程序化,权力限制也必须程序化,舍此,将无法实现法治社会对权力承担的任务和法治原则的贯彻落实。

1. 权力授予必须程序化

前文提到，要实现法治，首先必须解决权力授予的合法性问题，即在法治社会中，一切公权力的取得和享有，都必须从法律中获得其来源，由国家法律授予和确认，即权力法定原则。这一原则排斥一切非法治的权力取得方式和途径，这就是权力法定的唯一性。

公权力是一个总括，它可以具体分解为立法权、司法权、行政权、军事权、监督权等，其中每一项权力又可再分解为一些子权力，如立法权可分解为中央立法权和地方立法权，司法权可分解为检察权和审判权，行政权可分解为侦查权、监察权、审计权、税收权等许多权力，因此，公权力是一个权力层级体系。那么，如此复杂多样的权力体系的授予，从中如何体现程序化原则？我认为，从法治原则出发，就国家基本权力[①]形态来讲，权力授予的程序化具体表现为宪法赋权原则，即国家的基本权力的确认以及由哪一个国家机关享有和行使，要由宪法——国家根本大法来确认，因为宪法确认的过程也是程序化原则贯彻的过程。并且，就基本权力形态来讲，也只能由宪法来确认，而不能由其他基本法律和个别法来确认，因为它涉及国家权力类型的设计和权力结构的构建，这是宪法不可让渡的职能和权限。[②]

同时，一个社会的权力体系也不是一成不变的，而是处于不断变化之中，这种变化的深层根源是社会运动的结果以及由社会运动所带来的社会关系的变化。要适应不断流变的社会关系有时需要产生新的权力类型，使该社会的权力体系增加新的内容。如果这种新的权力类型属于基本权力，那仍然要经过宪法程序，即通过修宪程序加以确认。

---

① 这里所说的"基本权力"，是指一个国家和社会中不可或缺的权力，现代国家的基本权力一般指立法权、司法权、行政权、军事权等，监督权应属立法权的派生权，但因监督权在现代国家和社会中的重要性，它也有上升为基本权力的趋向。

② 宪法是民意的最高和最集中的体现，人民主权、人民权利等原则主要是通过宪法制定过程而得以体现和实现的。

现代社会的权力流变，一般是后一种形态，这也恰恰是权力授予应予关注的重点。基本权力形态一般处于稳定状态，当然也有个别例外。

现代社会引起争议较大，产生问题较多的是权力授予的另一种形式，即权力委托问题，包括立法权委托、行政权委托，甚至在个别地方，竟出现了司法权委托（笔者认为司法权委托是反法治的）。委托权的出现，同社会事务的日趋繁杂有关，这也反映了一种由集权向分权的发展趋势。而这一趋势又同社会的日益民主化相联系。从理论上讲，笔者认为委托权是一种"有限的权力授予"，它的有限性表现在：（1）它的权力不是法定的，而是受委托的；（2）它只能由有法定委托权的权力主体来委托，而不是任一权力主体都有委托权，即委托权法定原则；① （3）接受委托的权力主体只能在受委托的事项、权限范围内行使权力，而不能越出该委托范围；（4）权力责任的双重承担，即受委托者和委托者（主体）双方都要承担由权力行使带来的责任后果。以上几点说明，委托权是一种"有限的权力授予"，它不同于前面所说的"法定的权力授予"。这里要强调两点：（1）委托权的取得、授予要经过法定程序，主要是立法程序，即由立法来确认哪一种权力需要委托，哪一种权力主体可以行使委托权，哪一种组织可以接受委托，接受委托的主体需要具备何种法定条件，委托权行使的法定事项、权限、范围是什么，等等；（2）受托权的行使也要符合法定程序，主要是执行程序，即一个组织获得受托权后，根据什么样的执行程序去行使受托权。受托权行使中最大的问题是越权，而程序化原则有助于防止和制止这一弊端。

2. 权力限制也必须程序化

人们在研究权力制约问题时，注意的焦点一般放在对权力制约的法理说明和分析论证上，而忽略了对权力制约的程序性研究。事实上，权力制约必须注重程序化原则。提出权力制约的程序化，并不是束缚

---

① 参见《行政诉讼法》第17、18、19条之规定。

人们的手脚,也不是对权力的放纵,而是为更有效地实现权力制约而提出的法治要求。忽略程序,制约就没有效力,也没有效率。在严格的法治意义上,权力制约是一种法制机制,而并不简单的是一种政治方式。只有将权力制约纳入法制轨道,才能避免制约的任意性、人为性、随意性和无效性,提高制约的法定性、制度性、经常性和有效性。

权力制约必须程序化,并不意味着要有一部统一的权力制约程序法典,这在实际上是不可能做到的。程序化是一个原则,这一原则要体现在具体的制约机制中。根据本文对权力限制从法治的高度划定的几个层面,即立法明示、司法校正、宪法审查,权力制约的程序化也就具体地体现在这几个制约机制中。就立法明示来讲,权力法定要明示,要符合立法程序;就司法校正来讲,权力制约要遵循司法程序。这两方面都需进一步完善已有的程序规则和要求。宪法审查在我国是一个全新的问题,目前在我国尚缺乏宪法审查的程序性规则,但它对于纠正和否决、撤销权力失范行为又非常重要。因此,应加大此方面的研究力度和制度建设。就大的方面来讲,宪法审查涉及审查案的提出,审查机构的确定,审查程序的运作,审查结果的效力,审查结果的执行、监督,对审查结果的复议、申诉,等等。当然,这一切的首要前提是宪法审查权的确立,只有在完成了对这一实体权力的确认之后,才能谈得上随之而来的审查程序问题。

总之,无论是权力授予,还是权力限制,都必须坚持程序化原则,使其建立在有效的程序基础上,才能真正实现法治原则所要求的权力法定、合法性和对权力的有效制约等原则。

三 法治社会中私权利的定位

"私权利"这一概念不是指私利,只因它具有私人(个人)性质,因此被称为私权利,以和公权力相对应。

一般而言,法治社会中,私权利也应由法律予以规定和确认。权利意味着一种享有、占有、使用。对于法律已经明确授予的权利范围，私权利主体去享有它，使用它，实现它，这是毋庸置疑的，也是法治国家和法治社会所力争实现的目标之一。这不是我们讨论的重点。我们想讨论的重点是，对于法律没有明确授予也没有明确禁止的私权利主体的行为，法治应持何种态度？是支持，还是反对；是容忍、默许，还是制裁、惩罚？这些问题都不是可以简单做答的，其中包含着比较复杂的情况和因素。

从法理学的一般理论来讲，权利总是伴随着社会的整体发展和进步而逐步扩大和增多。社会越发展，越进步，公民享有权利的范围、内容也就越广泛和越丰富。社会主义社会将为公民提供越来越多的权利享有和权利实现的机会和条件。但在发展过程中，权利又总是受着各种因素的制约，用马克思的话讲，"权利决不能超出社会的经济结构以及由经济结构制约的社会的文化发展"①，因此，即使在法治社会中，再完善、再健全的法律也不可能规定和确认所有的私权利种类，一是主客观条件不允许，二是法制技术达不到。但是，在现实生活中，又往往会出现法律既未明文授权，也未明文禁止的个人行为，对这些个人行为如何进行法律评价，是法治社会要解决的一大难题。

欲解决这一问题，我认为首先应确立一个法治原则，也即法治社会中对私权利的定位，然后用这一原则去分析、评价、判断具体的个人行为。西方从近代以来锤炼出了一条自由主义的法律原则，即"法不禁止便自由"，并将它奉为金科玉律。这一原则在西方资本主义自由主义社会里，可能还行得通，但若将它搬到我国来，便存在着重大缺陷和漏洞：如前所述，在私权利领域，法未禁止的行为很多，如果认为这些行为都是自由的，那么自由的便是合法的，这无疑同我们的法律价值取向和社会道德规范相悖，也不符合法治追求的目的。因此，必须对这一原则进行改造。我认为，在法治社会中，对私权利行为，

---

① 《马克思恩格斯选集》第3卷，人民出版社，1995，第305页。

应确立这样一条法治原则：对私权利，凡法未明文禁止（限制）的，不得惩之。需要强调说明的是，这条原则中所讲的"惩"是指"法律惩罚"，它并不排除其他社会规范的惩罚。这条原则可以解决以下几个层面的问题：

第一，这条原则强调对此类行为，不能施以法律惩罚（包括各种法律惩罚措施）。因为在一个法治社会中，要对一种行为进行法律惩罚，必须要有法律上的充分依据，也即惩罚法定原则，道德评价不能代替法律评价，这是法治社会必须恪守的一条法治原则，否则，会破坏法治。这样做，也有益于保护公民权利，特别是可以防止公权力对私权利的随意侵害，使公权力循着法制轨道运行。

第二，这条原则对法未禁止的行为不施行法律惩罚，并不意味着认可它是自由的，是法律允许的行为，因为这条原则并没有对此类行为做出合法或违法的法律评价，意即此类行为不属于法律调整的领域。

第三，这条原则对此类行为不进行法律评价和不施行法律惩罚，但并不排除对其进行道德评价和其他社会规范的评价及采取相应的惩罚措施，如对那些虽未被法律所禁止，但却违反社会道德规范的行为可以采用道德惩罚的方式，或对那些虽未被法律所禁止但却违反国家政策、政纪的行为可以采取行政措施、纪律措施等惩罚手段，意即虽然法律不能调整，但不排除用道德、政策、纪律等去调整，使这类行为回归到其应当归属的规范领域。

第四，这条原则并不影响新的权利性规范的确立和禁止性规范的增减，因而它具有永久的适应性。即当一种行为被法律明文确立为权利性行为规范时，它自然就成为法律保护的权利；同样，当一种行为被法律确定为禁止性行为规范时，它就自然地成为对该行为进行法律惩罚的依据；而当一种被禁止的行为被从法律中删除时，它就变成了不得为法律惩罚之行为。

由此可见，这条原则既可充分地保护公民合法的（指合乎法律精神和价值取向）权利和行为，防止公权力随意侵犯私权利，维护法治，又可保留对那些虽未被法律所禁止、但又违反社会道德的行为采用非法律惩罚措施的余地，并且能够适应不断变化的社会生活和法律发展状况，是一条有利于处理法治与权利关系的法治原则，有利于法治的实现。

这条原则还包含着这样一个意蕴：当我们大力倡导法治、实现法治、视法治为一种非常重要的治国方略的同时，我们也应保持一个清醒的认识，即法律也有其调整的局限性和有限性，有一些领域是法律所无法或暂无法涉及的领域，应该留给其他社会规范去调整。保留这样的调整空间，发挥多种社会规范的调整功能和作用，更有利于法治的实现，而不是相反。

近期读商务印书馆出版的《世界医学史》，忽然发现医学与法学颇有不少相似或可比之处。例如，二者都是人类最古老的实用学科（另一门学科是神学，在我们这里已不时兴，姑且不论），与我们的日常生活联系紧密。医学旨在治疗人体，法学注重管束行为。意大利波伦亚学院乃世界最古老的大学，其中医学、法学比翼齐飞。医学家们埋头诠释希波克拉底的著述，法学家们则精心研究查士丁尼的法典。直到今天，对于医生和法律家的训练和管理仍有相近之处：实习课是法学院也是医学院的重要课程；病例分析与案例分析一样是锻炼分析与解决问题能力的有效途径；开业执照是医生也是律师行业必须获取的，在许多国家，医生与律师是两种高收入职业，与之相适应，培养这二者的医学教授和法学教授薪水也比他们其他专业的同事要高……

上述种种多半是西方的情况，中国似乎略有不同。在这儿，现代型的医学与法学均属舶来品，但显然西医跟西方法律比起来地位要稳固得多，"文化大革命"时大学医学系和法学系命运的鲜明反差就说明了这一点。还有一事至今通行无碍却颇令人疑惑：许多未学过法律的复转军人来到法院充任法官，可是为什么国家不把他们安置到医院充任医生呢？

（本文原载于《法学研究》1996 年第 4 期）

道　路

中国步入法治社会的必由之路

张文显[*]

改革和发展的大潮已把中国推上了法治社会的发展轨道。法治社会的基本标志是：经济、政治和社会生活的基本方面均纳入法律的轨道，接受法律的调控和治理，而法律是建筑在尊重人类的人格、尊严、自由、合理愿望、进取精神和财产权利的基础之上；法律具有至上的地位和最高的权威，国家中的一切权力均根源于法律，而且要依法行使；公民在法律面前一律平等，不因性别、种族、肤色、语言和信仰及其他情况而在权利和义务上有差别；凡是法律没有禁止的，都是准许的，每个人只要其行为不侵犯别人的自由，不超越法定的界限，就有权按照自己的意志活动；公民的人身和财产权利非经正当的法律程序和充足理由不受剥夺，一切非法的侵害（不管是来自个人或国家）都能得到公正、合理、及时的补偿。党的十一届三中全会以来，各界学者围绕着中国社会如何实现法治展开了认真的探索，提出了许多设想。本文拟从实现法治的决定因素是商品经济的充分发展这一思路出发，就此论题略抒管见。

一　商品经济是法治的经济基础

法治是以商品经济为基础的。纵观法治的历史，法治总是与商品经济相关，而与自给自足的自然经济和以国家垄断为内容的产品经济

---

[*] 张文显，曾任吉林大学法学院教授、院长，现为中华司法研究会副会长。

无缘。法治的实现程度取决于商品经济的发展程度。

对任何一种经济形态来说，规则都是一个不可缺少的要素。不过，商品经济与自然经济和产品经济这三种不同的经济形态所需要并由它们各自所决定的法律规则，在量（范围、数量）的方面和质（性质、特征）的方面都是有显著差别的。量的差别反映出社会生活规则化、法律化的程度，质的区别则使法治与专制泾渭分明。

在量的方面，商品经济形态比自然经济形态和产品经济形态更需要法律规则。这是因为，首先，商品经济是与社会分工相联系的、为交换而进行生产的经济活动。商品交换是在由于分工而互相分离和独立化，同时又更加相互依赖的生产者之间进行的。为了使商品交换有秩序有成效地进行，从而满足商品生产者彼此的需要，必须有共同遵守的既定法律规则。其次，商品经济的存在意味着对具体的劳动产品具有独立的经济利益并计较这种经济利益的不同的经济主体的出现和分化，从而意味着利益的交叉和冲突是现实的或潜在的。为了确认在互相交叉和冲突的利益之间，哪个（哪些）是应当受到尊重和保护的正当利益，也需要有法律规则。再次，由于种种原因，商品交换过程中不可避免地会发生纠纷，因而也需要通过公认的权威性规则加以解决。在商品交换不是经常性行为的地方，人们在交换实践中自发形成的习惯就可以起到调整利益冲突和排解纠纷的作用。但是，当交换成为人们的生产目的和职业，并且是在大规模的市场上与众多的陌生人进行交换时，就只有设立专门的权威机关大量地制定和适用法律规则，才能满足商品生产和商品交换对规则的需要。

而在自然经济条件下，每个人、每个经济组织（家庭、庄园、村社）做着差不多同样的事情。他们既是生产者又是消费者，劳动产品不离开他们的手，各经济组织之间几乎不存在"有机的连带关系"——以劳动分工和专业化为基础的社会成员之间的依存关系。在以这种经济形态为基础的社会中，人们对各种社会关系的调整，主要依靠的是血亲关系、宗法关系、共同感受、习惯传统、宗教戒律和道德禁令，而对复杂的法律规则则需求甚少。在产品经济体制下，政治和经济融为一体，经济成为政治的附庸，生产者没有独立的经营权，生产者之间实际上不发生横向主体关系，有的只是与上级和政府的纵向隶属关系，生产者之间的经济联系不是由法律调整，而是由政府决定。政府则主要依据行政权力关系、行政命令、等级职位安排、红头文件来配置资源、协调关系，法律在行政管理中的作用是微乎其微的。

从法律的进化看，法律规则量的变化是与商品生产和商品交换的发展成正比的：商品生产越是发达，人们越是相互依赖，商品交换的规模越大，频率越高，法律规则的数量就越多，覆盖面就越广；商品生产和交换萎缩，权利和义务趋于简单，法律规则的数量就相应地减少。在古代社会，除了个别国家和地区（如古罗马和中世纪地中海沿岸的一些城市）曾经有过比较发达的商品经济和相应的比较完备的法律制度以外，自给自足的自然经济始终占统治地位，所以，在总体上，古代国家缺乏法律发达的客观基础。封建社会后期，随着生产力的发展，一方面农业中出现了许多新的部门，另一方面更多的家庭手工业从农业中分离出来成为专门性的行业，因而发展了社会分工。15世纪末至17世纪的地理大发现和随之而来的世界市场的形成，更大大促进了社会分工的进一步发展。社会分工的扩大为商品经济的发展提供了前提条件，并促进了封建社会向资本主义社会的转变。资本主义制度确立后，随着工业化的发展，新的生产部门和行业不断涌现，工业、农业、商业内部的分工迅速发展，商品经济也就在这一基础上取代了自然经济成为社会经济的基本形式，并逐步覆盖社会经济生活的一切领域。资本主义商品经济的发展使社会对法律规则的需要达到空前的程度，从而推动了资本主义商法、民法的形成和发展，实现了经济领域的法治。资本主义商品经济的发展还导致经济和政治的分离，即经济和政治的二元化：生产资料所有者（他们也是国家权力的真正所有者）不直接行使国家的政治权力，而是由他们的政治代表以社会的名义来行使政治权力。这种权力的持有和权力的行使之间的分离可能引起政治失控：政治权力不是按照权力所有者的整体意志，而是凭着权力行使者的意志和情绪而运行，甚至政治权力在运行中发生异变，出现权力的行使不利于权力所有者或者偏袒部分所有者的情况。为了防止政治失控和异变，宪法被创造出来了。宪法庄严地宣布公民"天赋的"权利和自由不可剥夺，严格地规定国家代议机关、行政机关、司法机关及其他国家机关的职权范围和行使职权的程序，同时还确立了有效的监督体系和制约机制。在宪法出现之后，行政法、各类程序法、公务员法等也被创制出来，于是，社会的政治生活领域也实现了法治。

在质的方面，商品经济形态与自然经济形态、产品经济形态在其各自所需要并由它们各自所决定的规则方面有着根本的区别。

第一，商品经济形态所需要和决定的法律规则是以权利为本位的。商品经济是一种交换经济。商品交换的首要前提是商品交换者（法人或自然人）必须是独立的和自主的，能够以自己的名义让渡产品和购买商品，转让权利和获得权利。这就要求确立交换者的权利能力。商品交换的另一个前提是交换者必须对所要交换的物品有明确的、专一的、可以自由处置的所有权，即交换者必须相互承认对方是交换物的所有者。这就需要建立财产权利体系，明确财产的归属，禁止他人对财产的非法侵占，允许所有者依法对财产进行自由处分。所以，商品经济所需要并由它决定的法律规则体系的逻辑起点是权利主体制度和所有权制度。

而自然经济形态和产品经济形态下的规则则是以义务为本位的。自然经济，无论是以一家一户为单位还是以封建庄园、村社为单位，其生产的目的都不是为了交换而主要是为了满足自身的需要，因而它是一种封闭的经济。在这种经济关系中，由血亲关系或延伸的血亲关系所决定而处于支配地位的家长、封建主是生产和消费的决定者，其他成员则是作为附庸而存在的。这种关系通过家长、封建主及其政治代表制定的家规、族法、王法等规则表现出来，这些规则要求人们履行各种各样的义务，这些义务的内容又只是服从——子从父，妻从夫，民从官，臣从君。产品经济虽然不是直接为着满足生产者自身的需要而进行的，但是生产者的生产活动是在政府和上级预先做出的指令下进行的，生产者没有自己的独立身份、独立意志和独立的经营权益。他们的活动是消极的、被动的。这种关系表现在行政机关的管理活动中，是一种权威（权力）与服从的关系。

第二，在商品经济形态所需要和决定的法律规则体系中，主体的权利和义务是对等的。商品交换本质上是以商品的价值为标准的等价交换，而商品的价值是由包含在商品中的社会必要劳动时间所决定的。不管商品生产者的主客观条件有何不同，也不管商品所有者的社会地位如何，他们的产品都必须放到社会必要劳动时间这个社会的天平上来计量。商品交换又是一种互利行为。在交换过程中，每个商品所有者都是一方面实现自己商品的价值，另一方面又获得他人商品的使用价值，占有别人商品的手段只能是让渡自己的商品。因此，由价值规律和平等交换原则所决定的商品交换主体之间的法律关系，必然是权利和义务对等的关系：主体享有权利就必须承担义务，反之，承担义务的同时也享有相应的权利；主体之间的权利和义务互为内容，并且是等量的。

而在自然经济形态和产品经济形态各自所需要和决定的规则体系中，则不存在这种权利和义务的对等性。在自然经济条件下，规则出自家长、封建主、君主，因而不可能有权利和义务的对等性，这是不言而喻的。在产品经济体制下，就其实质来说，规则也不可能具有权利和义务的对等性，因为这里的规则实际上是居高临下的长官意志的体现，是贯彻长官意图的工具，其目的和作用是把权威—服从关系固定化。

第三，商品经济形态中的法律规则具有非人格性。所谓"非人格性"，就是法国启蒙思想家卢梭所说的"对象的普遍性"。它"只考虑臣民的共同体以及抽象的行为，而绝不考虑个别的人以及个别的行为"①。它可以规定各种权利，却不能把权利赋予某个人；它可以用来制裁人，但却不能单独对个别的人进行特别的处治。任何针对某个个别角色发出的指令，均不能成为一条法律规则。法律规则的"非人格性"意味着法律面前人人平等。以商品经济为基础的法律规则之所以具有非人格性，原因在于它是商品生产者及其政治代表互相竞争、互相妥协、评价优选的结果，而不是某一高高在上的主体单方制定的。与此相反，在自然经济和产品经济条件下，"规则"是由家长、封建主或行政长官制定的，他们自己是当事人，又是"立法者"和"法官"，因而往往是因人立法，因人改制，依人判案，也就不可避免地使法律规则具有人格性，而缺乏普遍性或一般性。

第四，商品经济形态下的法律规则具有确定性、连续性和稳定性。商品交换者的平等地位决定了商品交换的过程是：商品交换者首先通过讨价还价确定一个一致同意的条件，然后据此交换商品。为了减少每次交换的谈判费用和交换风险，商品交换者最终必然要求把商定的条件制定为对同类交换行为具有约束力的法律规则，而一旦这种规则被制定出来，任何人、任何组织非经其他当事人的同意，都不得随意更改（随意更改也是无效的）。因此，导源于商品经济"内在规律"的法律规则就具有确定性、连续性和稳定性等特征。相反，在自然经济和产品经济体制下，规则的制定和废除，权利义务的确定和变动，往往是单边单向的行为，而不是双边双向的行为，不仅没有严格的程序，而且规则制定者的意志和情绪还可能是反复无常、捉摸不定的。这样的规则在逻辑上就不可避免地带有任意性和动荡性，由此必然使

---

① 〔法〕卢梭：《社会契约论》，商务印书馆，1980，第50页。

立法成为"有势力而胆大妄为的投机家手中的专利事业，社会上比较勤奋而消息不通的那一部分人的圈套"①。

第五，商品经济形态下的法律规则具有社会动员作用和催化效应。商品经济的存在和发展需要公平竞争，这就要求法律规则承认并保护个人的物质利益，鼓励人们通过正当竞争而获利。因为实现自我利益是人类最一般、最基本的心理特征和行为动机，从某种程度上说，正是为实现自我利益，人们才不断地改进技术，提高自己的生产能力，降低消耗，增加产值，才不顾疲劳，甚至冒着巨大的风险从事经营。商品经济社会的法律规则不仅承认这一现实，赋予人们逐利的正当权利，而且还相应地承认优胜劣汰，准许、鼓励和保护社会资源及财产权利从低效益利用向高效益利用流动，以便最大限度地创造价值。贫困和富裕之间的双向流动，使富有者不敢安于现状，因循守旧，贫困者有望可寄，有机可乘；社会职位、权力、荣誉的流动，使职位、权力和荣誉对所有的人开放。这种对竞争的承认、鼓励和保护既创造了效率和平等，也推动了民主和法治。而自然经济形态和产品经济形态下的规则则压抑竞争，更不准许自由、平等和公开的竞争。以自然经济为基础的社会以宗法维系，"严等差，贵秩序"，使每个人终生依附于自己的家长和长官，束缚于既有的社会地位和阶层。以产品经济为主导的社会则人为地取消了竞争，不给人们自由竞争的机会和权利。

总之，商品经济形态需要大量的从私法到公法的规则，这些规则构成一个复杂的整体。它们是法治的量的基础。商品经济形态需要和决定的法律规则所具有的权利本位性、权利和义务对等性、非人格性、确定性、连续性、稳定性以及社会动员作用和催化效应，构成了法治的质的规定性。我们需要并为之努力的，正是这种法治，而这种法治也只能在商品经济社会中才能出现。

---

① 参见〔美〕汉密尔顿等《联邦党人文集》，商务印书馆，1980，第230页。

二　商品经济孕育的社会意识是法治的文化基础

法治需以民主和法治的社会意识作为其文化基础，而唯有商品经济才能孕育出民主和法治的社会意识。

在人类文明史的各个发展阶段，都有个别先进的思想家产生并表达过民主和法治思想。但是，作为一种根深叶茂的社会意识，民主和法治意识只能产生于商品经济发达的社会。商品经济所孕育的民主和法治意识，主要包含以下几个观念。

1. 社会契约观念

梅因认为，社会进步的过程就是从身份社会到契约社会转变的过程。契约是商品经济的产物，是随着交换行为在时间上、空间上的分离而逐步发展起来的、据以进行财产权利转移和劳务交换的形式和程序。由于契约具有平等、自愿、互利、互相制约的特点，因此它能够减少交换过程中的不确定、不安全因素，增加交换效益。在发达的商品经济条件下，契约是商品交换的基本形式。随着商品经济的发展和契约形式的普遍化，契约的思想和逻辑渗透到社会生活和社会意识的各个领域。社会契约观念就是契约的思想和逻辑在政治和法律领域的表现。社会契约论是资产阶级民主和法治理论的逻辑起点。社会契约论主要有下述基本观点：国家产生于社会契约，国家的根本任务和目的应当是保障每个缔约者的人身和财富；法律是基于全体社会成员的协商而制定的契约，而不是依靠权力强加于人的命令；合法的政府和权力源自契约（法律），政府权力只能在契约（法律）的范围内行使，未经人民（缔约者）的同意，不能行使强制权力；公民守法的道德基础在于公民是契约的当事人，有履行诺言的道德义务；公民对国家和法律的服从是以取得国家和法律的保护相交换的，如果公民的人身和财产得不到国家和法律的保护，公民可以收回对国家和法律的承认和服从。

"社会契约"显然是一种理论上的假定而不是经验事实,但同时也应该看到,人类产生社会契约这种观念,是有其现实基础的。这种现实基础就是商品经济的充分发展和契约的普遍化。社会契约论在历史上粉碎了"君权神授论"、"法自神意论",为资产阶级革命的发生,资本主义民主和法治的建立奠定了思想理论基础。在当代,社会契约论则发挥着一方面防范政府越权和滥用权力,另一方面约束公民使其依法办事的作用。一个国家的公民、政党、政府具有社会契约的观念,对于这个国家民主和法治的文化基础建设是绝对必要的。

2. 政治市场观念

市场是商品交换存在和发展的条件,是商品经济的中枢。市场以竞争为机制调节商品生产经营者之间的关系,完善的市场机制可以保证和促进效益、公平和法治。首先,市场机制一方面激发生产经营者追逐物质利益的动力,使他们根据市场信息安排生产,向社会提供低成本、高利润的产品,从而增加收入和社会财富,另一方面促进资源从低效益利用向高效益利用流动。其次,市场是受价值规律支配的,因而它能够保证公平竞争和机会均等。最后,市场机制能够带来法治局面,因为商品所有者只有按照既定的法律规则才能顺利地进行商品交换。

由于市场能够保证效益、公平和法治,所以,人们很自然地想到不仅要有经济市场,而且必须有政治市场,并利用政治市场维护经济市场。政治市场是不同的政治主体为实现一定的利益而影响国家权力的结构,它与经济市场有类似的特征和功能。首先,政治市场的主体也是多元的(这是由利益的多样性和差别性所决定的)。在政治市场上参与交换和竞争的有各种政治主体,他们相互间处于多重关系的网络之中。政治资源(政治权力、权利、政治信息、政治利益等)是按照冲突、竞合等不断改变着的形式在主体间进行分配的。主体的多元化是建立法治的先决条件:一方面,政治上的多元化要求民主和法治;

另一方面，不同政治主体（利益群体）之间的自由竞争、互相制约和合作，是实现法治的保证。其次，交换是维护和改善政治关系的普遍形式。交换是以相互转移权利、提供服务和相互影响为特征的交互行动。在政治市场上，通过交换，主体相互让渡政治资源，使政治资源的配置最优化，价值得以极大化。同时，因为交换是自愿进行的，政治产品（政策、法律等）是可以选择的，承受政策、法律影响的人，有权指定或更换替他们制定政策、法律的决策人，因此就有助于提高政治主体对政策、法律的认同度，实现政治的稳定和发展。最后，法律是政治市场的基础。在政治市场上，权力的运行和操作是按照既定的法律规则进行的。由于各政治主体的地位处于不断的流动之中，今天的法律、政策供给者（决策人），明天可能是法律、政策的消费者（承受人），今天是官员，明天可能是平民，此时此地处于社会等级的顶端，彼时彼地可能处于社会的最底层，因此就必然要求各政治主体不论强弱一律按照既定的法律活动。可见，政治市场观念在实现法治中有着重要作用。

3. 思想市场观念

在发达的商品经济社会，人们必然要求建立和维护思想市场。思想市场发挥着和经济市场、政治市场相似的功能。首先，思想市场保证每个人都有形成（生产）和传播（出售）思想的权利和平等机会。这些权利包括：形成和坚持某种信念和观点的权利，通过演说、文学、艺术、音乐、图像、符号等沟通媒介传播和接收思想的权利，保持沉默的权利，听取别人关于政治、法律、经济、文化、历史、哲学等的观点和关于事实的陈述评论的权利，获取情报的权利，采取集体行动共同表达思想的权利（如集会、游行、示威、请愿的权利）。任何个人或集团都无权也不可能长期垄断思想，搞舆论一律化和意识形态霸权——只许自己有形成和传播思想的权利，不许别人形成、坚持和传播思想，或者把人们置于除了官方或某个权威人士认定的标准思想外一无所知的状态。其次，思想市场是鉴定思想的"价值"（真理性）和"使用价值"（实用性）的最高、最公平的权威。只有让各种意见和观点在思想市场上不受限制地表达出来，让它们在公众面前进行自由而公平的争鸣，并毫无例外地接受社会实践的检验，服从"优胜劣汰、适者生存"的规律，代表科学和理性并有益于社会的思想精华才能够击败谬误和不合时代潮流的陈腐观念而坚持下来和传播开去。最后，思想市场最能有效地传递政治信息，从而增加政治的透明度和开放性，并为舆论监督提供机会。这有助于增强公民的议政意识和参政督政能力，保证政治的民主和廉洁性，保证法律活动的公正性和国务活动的合法性。

4. 主体意识

商品交换的前提是交换双方必须有独立的人格和地位，即摆脱了人身占有或人身依附，能够自我做主，并对自己的行为负责。与这种交换关系中的独立人格相适应，商品生产经营者有较强的主体意识。这种主体意识表现在政治和法律生活中，就是公民意识。富有公民意识的人能够明确地意识到自己是政治市场的参与者，自己享有与别人同样的权利，负有与别人同样的政治义务。这种人需要法治，法治社会更需要这种人。

在简单商品经济社会，具有独立人格从而有可能具有主体意识的人在人口中的比例是相当有限的。例如，在简单商品经济最发达的古罗马，起初只有主人和家长是独立主体，后来才扩大到全体自由民（只占人口的少数）。到了资本主义社会，商品经济取得了统治地位，人际关系也商品关系化，谁都是商品的所有者，连一贫如洗的工人也是自己劳动力商品的所有者，这种权利主体的普遍化使得主体意识在全社会树立起来了。

5. 权利观念

梅因曾经说过："权利这个用语不是古典的，但法律学有这个观念,应该归功于罗马法。"① 我们可以顺着梅因的思路,进一步提出:权利观念的出现应该归因于罗马时代发达的简单商品经济。

根据人类学、历史学的研究,原始社会是人类不知道权利为何物的社会。正如恩格斯所说:"在氏族制度内部,还没有权利和义务的分别;参加公共事务,实行血族复仇或为此接受赎罪,究竟是权利还是义务这种问题,对印第安人来说是不存在的;在印第安人看来,这种问题正如吃饭、睡觉、打猎究竟是权利还是义务的问题一样荒谬。"② 到了原始社会后期,出现了剩余产品和交换,因而出现了"我的"、"你的"、"他的"之类的观念。这就是最初的权利主张和权利观念。随着生产力的进一步发展以及私有制的出现和交换的扩大,人们的权利主张和权利观念日趋明显和强烈。到罗马共和国中后期,商品生产以及与之相适应的商业已很发达。在此基础上出现了以人权、物权、债权、诉讼权等为基本构成要素的权利体系和比较强烈的权利观念。在商品经济高度发达的资本主义社会,人们的权利观念达到了空前的程度。经济生活中形成的权利观念,随着民法原则被宪法权威转化为民主和法治的普遍原则,进而渗透到整个社会生活中。于是,权利主张压倒一切,把权利看作"护身符"、"政治王牌"、"开路灯"的观念深入人心。权利观念特别是个体权利观念的普及和强化,必然要求制定严密的法律规则,承认正当的权利主张,使之上升为不可侵犯的权利,要求建立健全法律机构,制裁侵权行为,保护合法权利。社会成员这种普遍的、强烈的权利意识,是形成法治社会的重要条件。

6. 平等、自由观念

平等和自由是民主和法治的重要标志,民主和法治社会之所以生气勃勃,很大程度上是由于普遍、广泛的平等和自由观念。平等和自由观念以及平等和自由的法定权利同样导源于商品经济。马克思说得

---

① 梅因:《古代法》,商务印书馆,1959,第102页。
② 参见《马克思恩格斯选集》第4卷,人民出版社,1995,第159页。

好,"商品是天生的民主派和平等派",①"平等和自由不仅在以交换价值为基础的交换中受到尊重,而且交换价值的交换是一切平等和自由的生产的、现实的基础。作为纯粹观念,平等和自由仅仅是交换价值的交换的一种理想化的表现;作为在法律的、政治的、社会的关系上发展了的东西,平等和自由不过是另一次方的这种基础而已。"②

三 以商品经济关系为内容的民法是法治的真正法律基础

从商品经济是法治的决定性因素这一思路出发,我们发现:以商品经济关系为内容的民法是法治的真正法律基础。

第一,法治精神是在民法原则的基础上形成的。现代民法是以商品经济关系为内容的法律部门,其核心是人权、所有权和平等权,而人权、所有权和平等权是法律权利体系的基础、主干,是现代公民权利的原型。民法的指导原则是:承认商品生产经营者都享有人身自由权,享有占有、使用和让渡财产的权利和契约自由(经济上的行为一概依照当事人的自由意志才能成立);承认商品生产者的人格平等、机会均等、权利和义务均等,即所有的人有同样的权利能力,经济资源和市场对所有的人开放,每个人都能够根据其能力获得提高和发展,根据自己的才能和条件自由竞争,在商品交换关系中,每个人享有的权利和承担的义务是相互的,成正比例的;承认过错是归责的基本依据。这些原则构成了法治社会的立法基础。宪法中公民基本权利和义务平等的规定,例如婚姻法中夫妻平等、男女平等、家长子女人格平等的规定,刑法中罚当其罪(罪责相适应)的规定,行政法中公民与政府平起平坐的原则,政府不得在不予"公正补偿"的条件下征用私人财产的规定,诉讼法关于诉讼各方在法律和程序面前一律平等的规定,等等,可以说都是民法自由平等原则的升华。不仅民法的原

---

① 《马克思恩格斯全集》第44卷,人民出版社,2001,第104页。
② 《马克思恩格斯全集》第30卷,人民出版社,1995,第199页

则构成了其他法律部门的基础，而且民法中的许多制度也成为现代法治的依据或参照，例如，作为现代民主和法治重要结构的代议制或代表制，显然是参照或照搬了民法中的委托代理制度的原理。因而法国著名法学家勒内·达维德说，法的其他部门是从民法出发，较迟或较不完备地发展起来的。[①]

第二，民法最充分地体现了现代法治的价值。现代法治的基本价值在于通过确认和分配权利和义务，为公民的生产（包括物质生产和精神生产）和生活（包括家庭生活、社会生活、文化生活、政治生活和经济生活）提供平等的便利和保护，以保障人的自由、尊严和发展，促进经济增长、社会公平、社会秩序和社会进步。民法的原则和功能最充分地体现了法治的这些价值。民法直接产生于商品生产者的利益需求和权利主张，它的起点和终点都不是惩罚（虽然它包含着惩罚的因素），而是通过划定自然人和法人的权利及其界限，明确主体的权利能力和行为能力，规定生产和交换的一般条件以及对违约和侵权的补救措施，保护人们的正当权利和利益，使人们可以无顾虑地、有合理期望地、尽其所能地进行创造财富的活动。正由于民法体现了现代法治的价值，因此它的存在和实施，能够弱化或消除避罪远罚的传统法律心理，冲击以刑为主的法律规则体系和法律组织系统，唤起人们对法律的信任、需要和依赖。而亿万人民对法律的信任、需要和依赖，是厉行法治、实现社会生活和社会关系法治化最强大的动力。

第三，民法所调整的是人们的经济活动和经济关系，这一功能使民法界于经济基础和上层建筑之间。由于经济活动是人类最广泛、最基本的社会活动，经济关系是人类社会中最根本的、具有决定作用的社会关系，所以，民法在整个法律体系中也就具有基础性的地位和决定的作用。从另一角度看，只有在社会经济活动和经济关系领域实行了充分的法律调整，而非单纯的行政命令或超经济的强制，才有可能

---

① 参见〔法〕达维德《当代主要法律体系》，上海译文出版社，1984，第25页。

在竖立其上的政治生活和文化生活领域实行法治。由此，我们可以进一步推断，有无一个独立的、完备的民法部门，民法是否被尊重和贯彻实行，是衡量一个社会法治程度的重要标准。

第四，从法治的历史看，法治是资产阶级首先搞起来的，而资产阶级法治又开始于罗马私法的复兴，并且是随着民法传统的形成而发展起来的。通常，人们说宪法是母法、根本大法，因而是法治社会的法律基础。其实，如果我们着眼于法的精神，而不是法的形式效力，从法的经济分析入手，而不是从法本身的分析入手，就会看到，宪法意识产生于商品经济，法治传统来源于民法和民法传统。民法传统中的权利神圣观念和契约自由精神构成了人权保障、有限政府、以法治国的文化源泉。宪法不过是以根本大法的形式对民法原则的确认、移植、转化和升华。

法治的历史也充分说明，没有民法和民法传统的社会，要实行法治是极其困难的，甚至是不可能的，而在民法完备、民法原则已成为公认的社会生活标准的社会，要想彻底废除法治，实行独裁和人治，也是极其困难、不可能长久的。例如，在我国，自19世纪末到中华人民共和国成立，变法维新运动屡遭失败，"钦定的"或"公决的"宪法都未曾付诸实施。产生这种现象的很重要的一个原因就在于我国缺乏民法传统，民法精神尚未深入人心。所以，我国的法制建设要特别强调民事立法和民事司法，注重民法精神的培养。当然，从根本上说，这有赖于商品经济的充分发展。

四 发展商品经济，开辟走向法治社会的通道

在中华民族的历史上，由于生产力长期发展缓慢，社会分工不发达，加上以血缘关系为纽带的宗法关系和封建等级特权的束缚，还由于垄断社会意识形态的儒学鄙视商人以及历代统治者采取"抑商"政策，商品经济在我国封建社会一直没有得到蓬勃发展，一家一户、男

耕女织、自给自足的自然经济始终占主导地位。自然经济造成了生产者之间的互相隔离，而不是互相依赖和互相交往，使他们不能形成一股政治力量，形成一个阶级。"他们不能代表自己，一定要别人来代表他们。他们的代表一定要同时是他们的主宰，是高高站在他们上面的权威，是不受限制的政府权力，这种权力保护他们不受其他阶级侵犯，并从上面赐给他们雨水和阳光。所以，归根到底，小农的政治影响表现为行政权支配社会。"① 因此，自然经济是专制制度的基础。自然经济还是产生依附观念、等级观念、人治思想、政治冷漠、个人崇拜、家长作风、官僚主义等一系列与民主和法治格格不入的社会心理和社会观念的土壤。此外，由于自然经济的封闭性、单一性和自足性，人们习惯于把家庭、家族内部的伦理规范泛化为经济、政治和社会生活的一般原则，用以处理与外人、国家和社会的关系。如同处理家庭内部的关系一样，他们不要求什么权利，要的只是和睦相处与和谐。"他们对于任何自身基本权利的被剥夺、被蹂躏的事实很少从法的角度去考虑其是非"，② 充其量不过是求助"清官大老爷"伸张正义。这些都是中国封建专制制度长期存在的根本原因。

1984 年 10 月《中共中央关于经济体制改革的决定》明确指出，社会主义经济是有计划的商品经济，商品经济是我国经济发展和社会发展不可逾越的阶段。这是对社会主义理论的伟大发展。它不仅指明了经济体制改革的方向，也为法学研究和法制建设开启了新的思路：发展商品经济是我国步入法治社会的必由之路。

社会主义商品经济的充分发展将开辟通向法治的道路，并在诸多方面推动我国社会步入法治时代。

第一，它将推进政企分开。政企分开后，企业将要求明确产权关系，完善合同法和侵权法，确立企业法人资格。这将推动我国民事立

---

① 《马克思恩格斯文集》第 1 卷，人民出版社，2012，第 763 页。
② 王亚南：《中国官僚政治研究》，中国社会科学出版社，1981，第 45 页。

法的完善。另外，政企分开后，一方面要求政府管理经济的权力及相关的权力法律化、制度化，政府只能在法定职权范围内按照法定的程序和方式行使管理权和监督权；另一方面要求转变政府管理经济行为及相关行为的方式，从直接管理转变为间接管理，从以行政手段为主转向以法律手段为主，从行政命令转向行政合同。这又将大大促进行政立法和依法行政。由于在全部国家权力中，行政权力最庞大，也最容易滥用，所以在行政管理领域厉行法治，就意味着国家权力的运行被纳入到法律的轨道。

第二，它将打破与高度集权的产品经济体制相依为命的政治权力垄断。高度垄断的、绝对的、不受制约的权力是民主和法治的最大威胁。随着商品经济的发展和经济领域权力的泛化，政治权力高度垄断的局面也将被分权制度——政企分权、党政分权、中央与地方分权、国家机构内部分权所取代。分权加上各种权力之间的制约，是民主和法治的有力保障。

第三，它将释放出一种巨大力量，保证既定规则高于人格化权力，即法大于权。"权大于法"、"律外有法"、"以言代法"这种封建社会遗留下来的痼疾，是我国走向法治的历史障碍。这种历史障碍仅靠"批判的武器"是清除不掉的，只有商品经济的"超级大炮"才能摧毁它。

第四，它将造就出宏大的企业家队伍，给法治造成坚实的社会政治基础。法治理想不可能在以小生产者为基础或虽是大生产者但没有独立人格和自主权利的社会中实现，只能在以企业家（包括工业企业家、农业企业家、商业企业家、交通运输业企业家等）为中坚力量和政治基础的社会中得到实现，因为企业家是商品经济人格化的集中代表，是封建主义政治传统的天然反对派。他们最务实求新，最希望法律成为社会活动的标准。我国近几年已经涌现出一批优秀的企业家，商品经济的发展将培养和锻炼出更多的企业家。

第五，它将把人们从"耻于言利"的思想束缚中解放出来，使人们更加关心切身利益，关心私人权利的任何变动，更加关心配置自然资源、分配社会产品、调整权利和义务结构的政治和法律程序，因而将强化公民参与政治和法律程序的意识，从而推动政治立法，完善我国的政治法体系。

第六，它将促进法律社会化，即人在法律方面的社会化。社会化是个人习得技能和社会规范，从"生物人"发展成为"社会人"，以适应社会生活的过程。在商品经济大发展的时代，每个人都被置于市场之中，能够给人以指点、帮助和保护的，已不是超经济的行政权力，而是法律这种既定的规则。在这样的时代，法律不仅成为人们的行为模式，而且是人们生存和发展的必备知识和技能，习得法律已成为人的社会化的组成部分，每个人将不得不像学习劳动技能、生活经验、道德规范那样学习法律，培养认知、评价和运用法律的能力，提高法律文化素质。

第七，它将摧毁产品经济、自然经济、半自然经济，使专制主义、国家本位、官本位、义务本位、宗法观念、个人迷信、人治思想等封建政治法律传统失去其赖以存在的经济基础，使主体意识、权利意识、契约精神、竞争意识、平等观念、社会责任感、法治观念等在全社会生根开花。同时，它也将促使我们尽快扬弃以产品经济为依托，以"阶级斗争论"、"规则模式论"、"义务本位论"为基调的法学理论，实现法学科学化、现代化，以使其在中国人民走向法治时代的进程中发挥应有的助推作用。

第八，它将推动我国生产和经营的国际化，扩大我国与其他国家在经济上、文化上和政治上的交往，从而扩大我国与其他国家的法律交流以及参与国际法律秩序的范围，使我国在摄取外来法律文化精华的过程中加速法制建设和法制现代化，加速从人治到法治的转轨。

总之，法治与商品经济有着内在的联系，只有把实现社会主义法治的战略放在经济体制改革和商品经济的发展这个基点上，我国才能逐渐步入法治社会。同时，法治和商品经济也是相辅相成、互相促进的，它们必须同步发展，即法律保障、引导和推动商品经济，商品经济培植法治所需的观念、理论，提供形成法治所必需的社会条件。

（本文原载于《中国社会科学》1989年第2期）

法治立国的两个步骤

郑 戈[*]

引 言

说起法治事业，中国也是有一本陈年旧账的。吊诡的是，关于人治、法治之优劣的前两场大辩论，都发生在列国竞逐、战乱频仍的失序时期。第一场是在春秋战国时代，[①]法家之崇法治（含义是以法律来治理百姓），目的在于富国强兵，实现统一天下的霸业。第二场是在清末民初，立宪派诸君鼓吹法治，意在救亡图存，助华夏重生于弱肉强食的社会达尔文主义之林。显然，这两次思想交锋中，支持法治者都赋予了法律它不可能完成的任务。

"法律是使人类行为服从于规则之治的事业"[②]，它适宜于在一个外患消弭、内乱止息的和平环境中实现权力与权利之间的良性互动以及符合正义原则的社会秩序之养成。古典共和主义的近代奠基者马基雅维利一方面在《君主论》中讲授阴险狡诈的帝王术，试图帮助佛罗伦萨摆脱罗马教廷和法国的侵扰；另一方面又在《论提图斯·李维的

---

[*] 郑戈，上海交通大学凯原法学院教授、博士生导师。
[①] 法治主义在我国起自春秋战国时期一说，源自梁任公。他在《法治主义之发生》一文中写道："当我国法治主义之兴，萌芽于春秋之初，而大盛于战国之末。其实与之对峙者有四：曰放任主义，曰人治主义，曰礼治主义，曰势治主义。而四者皆不足以救时弊，于是法治主义应运而兴焉。"（《梁启超全集》第1卷，《开明专制论》，北京出版社，1999，第1269页）当代学者李贵连教授也持这种观点，请参阅他所著的《法治是什么？从贵族法治到民主法治》，广西师范大学出版社，2013。
[②] 〔美〕朗·富勒：《法律的道德性》，郑戈译，商务印书馆，2005，第124~125页。

前十书》中演绎共和国中公民自治的技艺。这种论说结构可说是极具深意的。这种深意被他本人在《兵法》一书中一语道破了："国之大事，在法与戎。"法律与国家能力（包括军事实力）是相辅相成的。只有在一个有能力保护自己疆土和国民的国家，实现法治之下的国内公正秩序才是可能的。

在我国，传统社会中君权的正当性来自于"天命"，而"天命所归"的证据则是实际掌握政权：无论是"继承大统"，还是"革故鼎新"。虽然有"汤武革命，顺乎天而应乎人"[①]、"天视自我民视，天听自我民听"[②]这样的民本思想之萌芽，但这种民本主义是一种未被制度化的民本观念。在日常政治中，官民、军民之间缺乏有效的沟通和互动渠道，直到民怨积累日厚，乃至揭竿而起之时，观民心、知天意的"宪法时刻"方才来临。而这时旧王朝往往大势已去，新建立的王朝又重复前朝的治理方式，如此循环往复，以致陷入所谓"历史的周期率"。

1945年7月抗战胜利前夕，国民参政会参政员黄炎培应邀赴延安考察。其间他与毛泽东进行了数十小时的长谈，这场史称"窑洞对"的谈话因以下这段关于"历史周期率"的对答而载入史册：

黄炎培："我生六十多年，耳闻的不说，所亲眼见到的，真所谓'其兴也淳焉，其亡也忽焉'，一人，一家，一团体，一地方，乃至一国，不少单位都没能跳出这周期率的支配力。大凡初时聚精会神，没有一事不用心，没有一人不卖力，也许那时艰难困苦，只有从万死中觅取一生。继而环境渐渐好转了，精神也就渐渐放下了。有的因为历时长久，自然地惰性发作，由少数演为多数，到风气养成，虽有大力，

[①] 《周易》，郭彧译注，中华书局，2006，第258页。
[②] 参见〔汉〕孔安国传，〔唐〕孔颖达疏《尚书正义》，北京大学出版社，1999，第277页。值得注意的是，以上两句引文都是用来正当化西歧周族取代殷商的政权更迭的。由于儒家创始人孔子十分推崇周礼周制，所以围绕周因何灭商而代之这一主题的论述，主导着中国自汉代"罢黜百家，独尊儒术"以来的政治哲学。

无法扭转,并且无法补救。也有因为区域一步步扩大了,它的扩大,有的出于自然发展,有的为功业欲所驱使,强求发展,到干部人才渐见竭蹶、艰于应付的时候,环境到越发复杂起来了,控制力不免趋于薄弱了。一部历史,'政怠宦成'的也有,'人亡政息'的也有,'求荣取辱'的也有。总之,没有能跳出这周期率。中共诸君从过去到现在,我略略了解的,就是希望找出一条新路,来跳出这周期率的支配。"①

毛泽东答:"我们已经找到新路,我们能跳出这周期率。这条新路就是民主:只有让人民来监督政府,政府才不敢松懈;只有人人起来负责,才不会人亡政息。"②

毛泽东确实认真对待了他所理解的民主。他一生一直致力于推进群众路线,反对官僚主义。毛泽东及其他中国共产党第一代领导人带领中国人民所实现的建国伟业,为今日实现法治中国奠定了一个坚实的基础。法治立国的两个步骤,其实就是:先以强有力的先进政党整合社会力量,实现国家的独立和统一,改造中国社会,完成现代化转型;再用法治给这种强力套上缰绳,使它不至于异化为与人民为敌的力量,并使"国家的一切权力属于人民"这一庄严的宪法承诺真正落到实处,且走上法治化的稳健道路。

一 法治立国的第一个步骤:立国

我国的立宪先贤们也早就认识到了国权稳固与法治昌明之间的次第关系。康有为和梁启超在光绪年间鼓吹法治,呼吁引进西方的议会民主制度。梁启超在 1904 年出版的《中国法理学发达史论》中写道:"法治主义,为今日救时唯一之主义;立法事业,为今日存国最急之

---

① 黄炎培:《延安归来》,上海书店,1945,第 64~65 页。
② 中共中央文献研究室编《十六大以来重要文献选编》(上),中央文献出版社,2005,第 144 页。

事业。稍有识者，皆能知之。"① 但在经历了立宪失败、革命兴起、走向共和、军阀割据等历史变故之后，立宪派都转而强调稳固国家主权的首要性。在1913年的《拟中华民国宪法草案》中，康子开篇即哀叹："中国危迫甚矣！非空文之宪法所能救也。"② 他开出的药方是逆"主权在民"这一"国际标准"而行的"主权在国"。当然，这个国不再是"家天下"的专制之国，而是"天下为公"的共和国。为此康子写道："宪法何为而立也？为敌人主专制其国而立也，为去人主私有其国而立也，为安国家而官明其职、人得其所而立也。"③ 但"天下为公"并不意味着人人可以瓜分（清帝逊位之后，中国出现的正是这种群雄逐鹿、瓜分天下的局面），而是主权统一于国家，人民经由法律途径参政议政。④

先于时代的思想总是无处安放自身的。康子心目中可以再造秩序、传承文明的统一国家，久久未能建立。虽则民国时代的第一部宪法《中华民国临时约法》已然确立了主权在民、民主选举、权利保障、司法独立等原则，但这些原则空具表象，无处落实。孙中山本人哀叹："是故当满清之世，予之主张革命也，犹能日起有功，进行不已；惟自民国成立之日，予之主张建设，反致半筹莫展，一败涂地。"⑤ 究其原因，乃是因为先要有现代社会，才能有现代法治。一个尚未完成社会改造的传统小农经济社会，是不可能有现代政治制度生存的土壤的。但要完成社会改造，又需要有一个能够外御强敌、内安秩序的政权。孙中山本人逐渐意识到了这一点，他的解决方案是以一个能够带领中国社会完成社会改造、实现社会进步的先进分子组成的政党（也就是他领导的1924年按列宁主义原则改组之后的国民党）

---

① 《梁启超全集》第5卷，北京出版社，1999，第1255页。
② 《康有为全集》第10卷，姜义华、张荣华编校，中国人民大学出版社，2006，第38页。
③ 《康有为全集》第10卷，姜义华、张荣华编校，中国人民大学出版社，2006，第38页。
④ 关于清末民初的"主权在国论"，章永乐博士有很精彩的总结和论述，参见他所著的《旧邦新造：1911～1917》，北京大学出版社，2011，尤其是其中的第3章。
⑤ 参见孙中山《建国方略》，中国长安出版社，2011，第2～3页。

来夺取国家政权,并建立"党国"①,经过"军政"和"训政"两个阶段后,最终再还政于民,实现"宪政"。在他起草的《国民政府建国大纲》中,他写道:

"五、建设之程序分为三期:一曰军政时期,二曰训政时期,三曰宪政时期。

六、在军政时期,一切制度系隶于军政之下。政府一面用兵力以扫除国内之障碍,一面宣传主义开化全国之人心,而促进国家之统一。

⋯⋯⋯⋯

二十五、宪法颁布之日,即为宪政告成之时,而全国国民则依宪法行全国大选举。国民政府则于选举完毕之后三个月解职,而授政于民选之政府,是为建国之大功告成。"②

可以看出,孙中山的建国思路到这时已变得十分清晰,其要有三:(1)中国不能采用西方式的自由主义宪政,而要强调用"主义"来启蒙和开化民心民智;(2)社会改造和政权统一不能用法律来实现,而必须借助超法律的军事行动;(3)建国是实现宪政的前提,而"党国"("国民政府")是建国并为实现法治-宪政创造条件的政治力量。中国共产党虽与国民党在许多方面有根本不同,但两者都"以俄为师",一个完成了改造,一个实现了建党。经过东征、北伐并于1927年在南京成立名义上的中国唯一合法政府之后,国民党始终未能在事实上实现中国的统一。国民党所统治的范围与其说是全国,不如说是"国统区"。到了1948年,梁漱溟先生在《中国政治问题研究》中仍沉痛地说:"老秩序早被推翻,但新秩序却建造不成。现在情形落于一种'秩序饥荒'时代,至今所以还要谈建国,正为此。"③

---

① 关于国民党"党国"观念及相应组织形态的发生史,请参阅王奇生《党员、党权与党争:1924~1949年中国国民党的组织形态》,上海书店出版社,2003,第150~199页。
② 孙中山:《国民政府建国大纲》,载《孙中山全集》第9卷,中华书局,1986,第126~129页。
③ 参见梁漱溟《中国政治问题研究》,载《梁漱溟全集》第6卷,山东人民出版社,2005,第769页。

新中国的建立为"建国问题"给出了答案,为此梁先生在 1950～1951 年写作了《中国建国之路》(未完稿),充分肯定了中国共产党实现"全国统一,国权树立"的功劳。尤其是,他看到了新中国成立后人与人之间的关系以及人的精神风貌的变化:"人与人之间关系的空前变更,每人自己精神上心理上空前的变更。抬起头来,站起身来,并且会组织起来办事情。"①

建国是实现法治的必要条件,但却不是充分条件。法律有赖一个强有力的政权来加以确立和施行,但一个强有力的政权却未必选择确立和实施法律之治。经历数千年未有之大变局的中国,其向现代法治国家的转型更是必然经历许多迂回曲折。实际上,纸面上的现代法律自清末修法以降就逐步建立起来了,到 20 世纪 40 年代已形成一套以《六法全书》为核心比较完备的体系。但新中国的建立恰恰是以破除这个"旧法统"为先声的。

从现实政治的角度来看,这很好理解。当法律被一个已经在战场上被打败的政权作为谈判筹码,试图用它来束缚胜利者手脚的时候,斗志昂扬地准备破旧立新的新政权领导人当然会不屑一顾。1949 年元旦,已经输掉辽沈战役、在淮海战役和平津战役中败局已定的蒋介石发表《新年文告》,以"不中断法统"、"不违反宪法"等 5 项条件作为国共和谈的前提。毛泽东针锋相对地连续发表《论战犯求和》和《关于时局的声明》,指出蒋介石的目的是要"确保中国反动阶级的反动政府的统治地位,确保这个阶级和政府的'法统'不致中断",并将"废除伪宪法"和"废除伪法统"作为国共和谈 8 项条件中的第 2、3 条。随着人民解放军的节节胜利,谈判议题当然很快烟消云散。1949 年 2 月,中共中央发布《关于废除国民党六法全书与确定解放区司法原则的指示》,揭开了废除"旧法统"的序幕。为新中国奠定宪

---

① 参见梁漱溟《参加土改时一次发言草稿》,载《梁漱溟全集》第 6 卷,山东人民出版社,2005,第 852 页。

法基础的《共同纲领》，更在第 17 条明确规定："废除国民党反动政府一切压迫人民的法律、法令和司法制度，制定保护人民的法律、法令，建立人民司法制度"。

法治的发生和发展在很大程度上有赖于现代司法机构和司法制度的建立与健全。在"秩序饥荒"的时代，以审慎、理性为品格的健全司法制度当然无法确立起来。在"敢教日月换新天"的大规模社会改造时代，法治也无法站稳脚跟。另一方面，在缺乏法律传统和"法律贵族"阶层的环境中，新中国成立初期的人们当然无法意识到法律对于确立和巩固权威所具有的神奇功用。这一点与法律的权威早在封建时代就逐渐确立，"法律贵族"们参与了近代民族国家兴起过程的欧美有很大区别。

随着国权的稳固和国力的提升，中国亟须走上法治立国的常规政治轨道，以实现国家的长治久安和人民的安居乐业。这种以能力强大的威权政府来推进的法治化，从历史经验看比较容易取得成功，前提是执政者认识到法治的价值并全力推进法治事业，哪怕最后会导致自身的权力受限制。比如英国建立普通法体系的过程，正是强势君主亨利二世强化王权的过程。Common Law 的更准确译名应该是共同法，而不是普通法，因为它是指整个英格兰共同适用的法律，与领主庄园适用的封建习惯法针锋相对。通过在伦敦设立若干王室法院并安排王室法院法官在全国巡回审案，一套遵循先例的统一法律体系得以在英国发展起来。从这个意义上讲，英国是以司法促进国家法制统一并巩固中央集权的典范，也是法治先于民主且引领民主稳健发展的例子。

法律和司法的角色取决于一个社会的政治文化和权威结构。如果一个社会有尊重法律和法律人的传统，则司法机关可以成为首要的被赋予正当性的机构，在强化权威的同时为它披上正义和理性的外衣。反之，如果一个社会不具备这样的传统，它便丧失了一项十分重要的正当性资源。权威如果需要不时借助于赤裸裸的暴力，必然丧失正当性。明智的做法是乘权威尚未出现严重的正当性亏空的时候，全力培育司法的公信力和社会认同度。虽然这样会在一定程度上限制政治权威的专断权力，但却可以使这种权力理性化和常规化，因而更加稳固。换句话说，以理性化的法律作为主要治理手段的社会是最稳定的社会，而这种社会一定是以相对独立和公正的司法机构来确保法律的有效实施的。

二 法治立国的中间阶段：经济发展与社会改造

尽管本文开篇处采梁任公之说，提及我国自春秋始便有"法治主义"，但此种法治非现代社会一体通行、既规范人民之行为又约束政府权力之法治，而是帮助君主管理臣民的法治。这种法治实为法制，是一种自上而下的权力投射，而不能体现人人平等的现代政治价值。

这样的法制在中国可谓源远流长。比如，史书记载，宋仁宗庆历三年（公元1043年），枢密副使富弼奏言："臣历观自古帝王理天下，未有不以法制为首务。法制立，然后万事有经，而治道可必。"① 如果光看这段话，就会认为中国自古便有法制，而此种法制与今日之法制并无二致。但我们如果把它放在当时的社会经济条件（以家庭为生产单位和基础社会治理单位的小农经济）和政治结构（皇帝专断于上，群臣辅弼左右，百姓仰赖皇恩）中来理解，就会明白这里的法制不过是成系统的典章律令。比如在另一个场合，范仲淹和富弼奏兴邦十策，一曰明黜陟（即今日之绩效考评制度），二曰抑侥幸（即避免官职世袭，为真正的人才创造上升空间），三曰精贡举（即完善人才推荐、选拔机制），四曰择官长（即完善地方行政长官的组织考核和选任机制），五曰均公田（即在一定程度上平均地权，使人民能够安居乐业），六曰厚农桑（即国家采取政策激励农业和家庭手工业的发展），七曰修武备（即发展军事、巩固国防），八曰减徭役（即减轻人民负

---

① 〔宋〕李焘：《续资治通鉴长编》第11册，第139～153卷，中华书局，1985，第3455页。

担),九曰覃恩信(即朝廷通过存恤孤寡、赈灾救急等措施赢得民心),十曰重命令(即"慎乃出令,令出惟行",一方面发布法令要小心谨慎,另一方面法令一旦颁布就要严格执行)。实际上,"法制"只是十策中的最后一策,属于"重命令"的范畴。①

这种古典善治理念直到今天在我国仍很盛行。不仅许多群众不明白现代"法治"意味着什么,就连许多学者和官员也认同这样一种观点:"让呆子们去争论法治和法制吧,管理得好的政府就是良好的政府"。比如,著名政治学家王绍光教授近年来一直致力于阐发中国传统社会的"政道"论,认为这是比西方"政体"论更高明的政治理论。他认为中国政道论的主要特点也是优点在于重实质、轻形式。在王道/霸道二分的政道论中,王道政治因为能够为老百姓带来实际的福祉而得到拥护。② 换句话说,中国所需要的不是民主制,而是明主制,不是法治,而是治法。这种观点很有代表性,也是我国在迈向法治的道路上始终踟蹰不前的社会心理原因。

小农经济是中国数千年的主要经济形态。在这种经济形态中,家庭-家族不仅是自然的生育和教养单位,也是生产单位、基础社会组织和基层政治组织。族长和家长是基层的统治者,甚至掌握着刑责之权。国家是掌握了政权的"天子"的家,其统治方式是父权的扩大与延伸,正如师服所言:"吾闻国家之立也,本大而末小,是以能固。固天子建国,诸侯立家,卿置侧室,大夫有贰宗,士有隶子弟,庶人、工、商,各有分亲,皆有等衰。是以民服事其上,而下无觊觎。"③ 中国自身始终未能走出这种父权主义的治理模式,未能自生自发地变成一个适合用法治来约束政治权威、确立政治义务的个人本位的社会。直到清末以来被迫打开国门,在外力胁迫下才走上了近代化/现代化

---

① 参见〔宋〕李焘《续资治通鉴长编》第11册,第139~153卷,中华书局,1985,第3431~3444页。
② 参见王绍光《政体重要,还是政道重要》,《民主与科学》2011年第4期。
③ 杨伯峻:《春秋左传注》第1册,中华书局,1981,第94页。

这条不归路。在哲学家李猛看来：传统社会的政治生活，首先意味着成员间借助世代之间的权威关系构成了一种具有传统性格的世代共同体。正是在这种传统意义上的政治共同体中，家庭关系才不仅仅是政治生活的教育环节，而且是政治关系真正得以构成的关键因素。这样一个以世代关系为基础的政治共同体，是通过家庭关系将其世代链条自然地联系起来的，任何政治权威与政治义务，都不只是个体作为孤立的存在而自由建立的形式关系，而是基于自然、习俗或者法律的拟制等方式形成的，具有伦理情感色彩的人身纽带。[①]

这种在前现代社会普遍存在的政治权威和政治义务产生方式，在西方随着工业革命和城市化的进程早已烟消云散。而在我国，却是新中国成立后的大规模土地改革、社会运动和有计划推进的产业革命，才导致如今崇尚个人自由的时代的到来。人心已变，制度也必须相应调整，才不至于丧失正当性。

梁漱溟先生早就看到了经济社会发展与政治、法律发展之间的关系。在1953年9月11日的政协扩大会议上，他讲到："各位亦许知[道]我作乡村建设运动，此即不单[是]政治改造，而认[为]经济政治分不开。改造社会我有这样一想法：中国政治改造一定随经济改造而完成；经济进一步，政治进一步，循环推进。"[②]

这种观点与当代影响很大的"经修正的现代化理论"不谋而合。因格哈特和魏尔泽尔根据对六大洲的81个社会（占全球人口85%）所做的长达20年（1981~2001）的"价值调查"（Value Survey）得出结论说：对于现代化和经济发展与文化变迁之间的关系，马克思和韦伯所提出的理论都没错，但需要放到一个动态的时间序列中加以整合。在前工业社会，由于生产力水平较低，人们忙于为生存而劳碌，

[①] 参见李猛《自然状态与家庭》，《北京大学学报（哲学社会科学版）》2013年第5期。
[②] 梁漱溟：《1953年9月11日政协扩大会议上的发言草稿》，载《梁漱溟全集》第7卷，山东人民出版社，2009，第3页。

对文化价值的自我选择能力和自我选择空间都很小,所以根深蒂固的传统价值会主导人们的生活。这些传统价值包括父权家长主义、等级森严的社会结构以及君权神授观念。在工业化社会,由于社会分工、大规模生产和复杂化社会组织的需要,理性化—世俗化价值逐渐取代了传统价值,而理性化—世俗化价值与专制或威权政府是兼容的,因为工业化要求集体规训和整齐划一的生活方式,比如福特式流水线作业及其在官僚体制中的对应物。到了后工业社会,由于生存安全已经不再成为人们所操心的事情,自我表达价值逐渐取代理性世俗价值,人们开始追求多样化的生活方式,民主、价值多元和自由会成为主流的政治诉求,在这个阶段,以人为本的发展会取代单纯的经济发展成为主流的发展模式。在这一宏观叙事框架中,对文化的理解可以分两个维度:一个维度是以传统价值和世俗理性价值为两极,另一个维度是以生存价值和自我表达价值为两极。从这两个维度来看,发展与法治之间的关系有规律可循。尽管一个社会的文化遗产会发生持续的作用,但社会经济发展会以可预见的方式改变一个社会在这两个价值维度上的位置:随着劳动力从农业向工业的转移,人们的世界观倾向于从看重传统价值朝看重世俗理性价值的方向转移;此后,随着劳动力从工业向服务业的转移,第二轮价值转换发生了,对生存价值的强调被对自我表达价值的侧重所代替。[1]

这种理论为我们分析法治在中国的未来提供了一个很好的框架。体制问题和人口素质问题这些在公共讨论中不断被提到但从未被有逻辑地关联起来的因素,在这里可以找到因果相关性。前现代社会的经济社会条件塑造了前现代的自我意识被淹没的人,这种人与父权主义的专制相互适应。现代化过程中的社会强调理性化的生产组织方式和社会安排方式,个人虽然从大家族的纽带中挣脱了出来,却被卷入了

---

[1] See Ronald Inglehart and Christian Welzel, *Modernization, Cultural Change and Democracy: The Human Development Sequence*, Cambridge University Press, 2006, p. 6.

按科学、理性的原则组织起来的工作单位和社会组织，这个时期的相应治理方式是法制，其中的核心环节是依法行政。只有当现代化过程基本完成、一个社会已经变成现代社会的时候，另一种强调个性化的生活方式、强调自由和权利的政治文化才会兴起，而这种政治文化是适合法治生长的土壤。

新中国的第一部正式宪法即1954年宪法，其描述了这种渐进地通过经济社会发展来实现实质的社会平等、福利保障和权利实现的过程。例如，"五四宪法"第91至94条分别规定：国家通过有计划的发展，逐步扩大劳动就业，改善劳动条件和工资待遇，以保证公民享受这种劳动权；国家规定工人和职员的工作时间和休假制度，逐步扩充劳动者休息和修养的物质条件，以保证劳动者享受休息权；国家举办社会保险、社会救济和群众性卫生事业，并且逐步扩大这些设施，以保证劳动者享受物质帮助权；国家设立并且逐步扩大各种学校和其他文化教育机关，以保证公民享受受教育的权利。[①]

如今，人们普遍认为，这种规划和表述发展过程的语言不宜在宪法和法律中出现。法律是用来固定已经取得的发展成果并确认人们在已有的社会资源中享有何种份额的，因此权利不应被法律表述为一种期权。1982年制定的现行宪法反映了这种观念，其抽象地规定了劳动者的权利和义务、休息的权利、得到国家和社会物质帮助的权利以及受教育权等，仿佛这些权利可以一步到位。从帮助我们理解中国社会发展和法治进程的角度来说，"五四宪法"更能帮助我们澄清思路，明确方向。

三　法治立国的第二个步骤：法治

新中国成立后的头30年，大规模的社会改造运动使得法治议题未能被排上议事日程，其最终导致的悲剧性教训，在十一届六中全会通

[①] "五四宪法"的文本请参见王培英《中国宪法文献通编》，中国民主法制出版社，2004。

过的《关于建国以来党的若干重大历史问题的决议》中已经得到总结:"种种历史原因又使我们没有能把党内民主和国家政治社会生活的民主加以制度化、法律化,或者虽然制定了法律,却没有应有的权威。"

如今,中国共产党试图实现自身的转型,将自己的角色从革命党转换为执政党。而法治作为在现代社会实现长治久安的不二选择,自然成了政治改革(实际上是宪制改革)的主旋律。其实,依法治国的主导方向自改革开放初期确立后就没有改变过,只是中间颇多曲折。1999年的宪法修正案在第5条中增加了法治条款,明确规定:"中华人民共和国实行依法治国,建设社会主义法治国家"。在十八届四中全会承前启后,确认法治立国的方略之际,澄清某些思想误区、在一些最基本的问题上形成共识是极有必要的。

法治本身是一个政治概念,而不是一个法律概念,它涉及的是一个政权如何看待及应用法律的问题。在奥地利法哲学家凯尔森的"纯粹法"体系中,从宪法到判决中的最具体规则,都与道德和政治严格区分,但作为整个法律体系之基石的"基础规范"却是一种"预设",其也是一个社会的政治共识或主导性政治态度。[1]

在没有经过政治力量主导的、暴力推进的移风易俗和社会改造的国家,表面上看来历史上的大规模暴力事件较少,更符合人权和法治的要求。但在这些国家中,法律面前人人平等的法治首要原则往往流于空文,在现实中很难落实。比如,印度社会根深蒂固的种姓制度在现代化过程中没有受到国家权力的有意识破坏,以至于法律上的形式平等在这个严重等级化的社会中显得漂浮和虚无。正如一些学者在研究印度刑法时所指出的那样,非法是由法律决定的。非法行为以及对其后果的法律救济都由法律来界定和供给。基于社会—经济发展的方向与类型,以及由此促动的社会变迁,一个国家的统治者—立法者决

---

[1] See Hans Kelsen, *Pure Theory of Law*, University of California Press, 1981.

定着法律会宣布何种类型的行为是非法的，缺乏政治参与的权利和机会的人群有可能会被"法治"放逐到"持久非法（perpetual illegality）"[1]的境地。

在经历了新中国成立后头 30 年翻天覆地的社会改造和后 30 多年的高速经济发展之后，如今，中国已经具备了实现法治的社会经济条件。法治在当下是唯一可行的治国之策，其原因很多，这里择要谈三点。

（一）法治使我们获得免于恐惧的自由

在罗伯特·博尔特的著名剧作《不朽之人》（*A Man for All Seasons*）中，针对家人和朋友放弃法律形式、直接诉诸"实体正义"来惩罚坏人的主张，托马斯·莫尔说道：我们只有在法律之林所拱卫的环境中才能安全地生活，哪怕这个森林有时会给恶魔提供藏身之所，因为，如果你为了消灭恶魔而砍倒了这片树林，"这时恶魔转身扑向你，你朝哪儿躲"？[2]这种由非法状态造成的恐惧，相信许多老百姓都深有体会。

（二）法治可以巩固经济社会发展的成果，确保平等，纠正偏差

法律上的形式平等与人民生活状况的实质不平等之间的矛盾，即使在成熟的法治社会也难以避免。法律能够发挥的最大作用在于确保机会平等，使人们有可能通过教育、努力工作或正当的市场投机，来改善自己的状况。另一方面，法律也可以确保经济不平等不会直接转化为政治和法律上的不平等，比如通过选举制度使穷人也能有自己的政治代言人，通过法律援助制度使司法程序显得大致公平，通过一视同仁的执法标准使得富人不敢为所欲为。通过这些制度性安排，钱与权之间有了一道人为设置的鸿沟，富裕阶层或权力阶层不至于全方位

---

[1] See Ram, Mohan, "Civil Rights Situation in India", in A. R. Desai (ed.), *Violation of Democratic Rights in India*, 1986, p. 93.

[2] See Robert Bolt, *A Man for All Seasons*, Bloomsbury, 1960, p. 42.

占先，将穷人和弱势群体逼向绝路。

（三）法治是实现社会和谐与政治稳定的可靠保障，是走出越维稳越不稳怪圈的唯一方法

在"稳定压倒一切"的时代，群众表达自己利益诉求的集体行为往往被简单地理解为破坏社会稳定。越是法治健全的社会，有组织的示威、游行、请愿活动就越是常见，并且不会演变为"打、砸、抢、烧"等毁坏公私财物、破坏社会秩序的恶性事件。反之，在一个民怨没有正常渠道可以宣泄和疏导的社会，群体性事件很容易失控。

经济增长不可能自行解决分配不公的问题，而且往往会加重分配不公。如果政府以实现社会公平的名义来"劫富济贫"，就会给官员增加腐败的机会。用法治保障的市场经济和廉洁政府，是实现共同富裕的前提。正如吴邦国所言，我国的社会主义法律体系已经形成，各个领域基本上都已经有法可依。而公正司法和严格执法则成了目前需要解决的紧迫问题。在这个方面，学者们比较强调的是一定程度上的司法独立和执法中立。但司法渠道的敞开和畅通其实是一个更紧要的前提。如今广泛存在的立案难和强制调解使许多当事人对司法机关失去信心，转而诉诸法外手段，这是造成社会不稳定的重要因素之一。

另外，政府也不应当把什么问题都往自己身上扛。揽的事儿越多，越会成为矛盾的焦点。政府的主要功能不外乎制定法律和政策并确保其贯彻实施。一个稳定的社会，一定需要发达的社会中介机构、完善的社会服务体系以及健全的公民社会组织。公民社会的发育，也有赖于健全的法治环境。

结　语

一些有影响的学者通过摊薄民主和法制的内涵而人为地将两者建构为相互冲突的制度安排。他们一方面用精英主义的法治（读作法律人之治）来讽刺平民主义的民主（读作暴民做主），另一方面又用"民主"来嘲讽"重形式、轻实质"的法治。实际上，如果我们把法治理解为使政府和人民的行为都服从于规则之治的事业，则民主也早已被纳入到这一事业的版图之中。当代成熟民主社会的民主实践不再是鼓励人民"超越法律"，而是引导人民依循法律、参与政治并监督政府。

一些知识精英将法治理解为一套"治理技术"，而没有考虑到法治对"治理者"本身的驯化和约束。这种工具主义的法律观符合传统法家的治理理念，却与现代法理型社会的观念类型格格不入。实际上，法治不仅关系到如何去"治理"社会，更关系到治理社会的权力如何获得正当性，并形成稳固的权威。古希腊史学家希罗多德曾这样描述人类社会的政治现实："强者为所能为，弱者受所必受"。此后的政治哲学传统一直围绕着如何使权力向善这一核心问题而展开。经过无数次试错之后，现代文明世界普遍接受了法律对权力的约束和引导。当"治人"者与"治于人"者之间发生纠纷的时候，一个中立的裁断者，一套事先确立的规则，一种对双方而言都体现公平的程序，都是法治的题中应有之义。

有趣的是，当法治在中国尚处于鸿蒙初开状态的时候，一些学者就照搬了西方后工业化、后现代社会的问题意识和批判话语。他们虚构出在我国政法实践中未曾出现过的"律法中心主义"和"法院中心主义"图景，并将社会团结瓦解、道德滑坡、"核心价值观"缺失等问题归咎于这一虚构图景。实际上，律法中心主义（或"法条主义"）和"法院中心主义"是西方社会（尤其是美国）一批具有批判精神的法律学者对其本国法秩序状态所做的概括。笔者把这些社会称为"后法治社会"。在这些社会，法制之网早已铸就，司法权日益扩张，法律职业人士主导着国家的公共话语。众所周知的事实是，我国所面临的问题截然不同。将这些"后法制社会"的概念套用到中国，基本上错置了问题意识。需要承认的是，法治不是包治百病的万能药，只是比其他的替代方案更稳妥、更经得起考验而已。

我国在政治现代化的道路上已走过了一个多世纪。辛亥革命推翻了旧王朝，打开了走向共和的大门；新文化运动瓦解了旧礼教，赋予人民自由；毛时代的土地改革和移风易俗冲破了旧等级秩序，实现了人人平等；改革开放激发了人民的创造力，导致了中国的经济腾飞。这些代价惨痛的成果，如果没有法治作为保障，都会轻易流失。如今，我们又站在了一个紧要的历史关头。国本已固，法治当行。

(本文原载于《国家检察官学院学报》2015年第1期)

宪法至上：中国法治之路的灵魂

周叶中[*]

法治，是现代国家的基本特征。尽管中国共产党十一届三中全会标志着中国法制建设走向了一个崭新时期，但这十几年来的中国法治之路却叫人欢喜叫人忧。[①] 如果说日趋完备的法律体系和日益健全的法律制度正在中国现代化建设的过程中发挥着重要作用的话，那么中国的法治之路也只能说刚刚开始，其最突出的问题在于宪法和法律远没有真正树立起应有的权威。因此，从法治发展的一般规律，特别是中国的历史和现实看，笔者认为：宪法至上应该成为中国法治之路的灵魂。

一 宪法至上：法治的最高体现

宪法至上是指在国家和社会管理过程中，宪法的地位和作用至高无上。具体说来亦即宪法是国家的根本法，具有最高的法律效力，是一切机关、组织和个人的根本行为准则。尽管中外法学界对法治内涵的概括众说纷纭，但有一点是相同的，这就是法治是与宪法和宪治紧密相连的。中国学者文正邦认为，现代法治应与宪治的含义同一。[②] 在笔者看来，宪治作为静态宪法规范与动态政治实践的统一，在法治状态中的最高表现就是宪法至上。换言之，如果没有宪法至上，也就

---

[*] 周叶中，武汉大学党委常委、副校长，教授、博士生导师。
[①] "法制"是指法律制度、原则等，它关注的是秩序；"法治"则是以民主内容为核心的法制，它关注的是有效制约和合理运用公共权力。
[②] 文正邦：《走向21世纪的中国法学》，重庆出版社，1993，第180页。

不可能存在法治。

(一) 法律支配权力是法治的根本，但离开了宪法至上，权力绝不会服从于法律

法治是相对于人治的。尽管有学者认为，法治的对立面除了人治以外，还有"德治"或"礼治"，① 但由于在政治实践中，"德治"或"礼治"往往依赖于人的权威和人的内在品质，因而在某种意义上它仍然属于"人治"范畴。因此，与法治相对的主要还是人治。

在历史上，人治与法治的论争由来已久，但古代所谓的法治和人治与近代的法治和人治存在着根本区别，而且在人治与法治各自的内涵及其相互关系上，尚有不少人存在着模糊认识。这集中表现在人治法治相互结合论上，具体说来即既然法律要由人制定，要有人执行，那么法治和人治就不能截然分开，而只能相互结合。毫无疑问，这种简单化地以是否有人的作用和是否以法律为标准区分法治和人治的做法是错误的。法治和人治最根本的区别在于：当法律权威与个人权威发生矛盾冲突的时候，是法律权威高于个人权威，还是个人权威凌驾于法律权威之上，或者说，是"人依法"还是"法依人"。凡是法律权威高于个人权威的都是法治，而法律权威屈服于个人权威的则是人治，而且，当二者出现矛盾冲突的时候，不是个人权威屈从于法律权威，就是法律权威屈从于个人权威，二者必居其一。② 因此，法治和人治绝不可能结合起来。用潘恩的话来说就是，"在专制政府中国王便是法律，同样地，在自由国家中法律便应成为国王"③。由此可见，"法治"一词并不只意味着单纯的法律存在，它要创造"一种法律的统治而非人的统治"④，也就是说，法的权威高于人的权威，由法律支

---

① 张文显：《法学基本范畴研究》，中国政法大学出版社，1993，第284页。
② 参见何华辉《比较宪法学》，武汉大学出版社，1988，第73页。
③ 〔英〕潘恩：《潘恩选集》，马清槐等译，商务印书馆，1982，第35~36页。
④ 〔美〕诺内特、塞尔兹尼克：《转变中的法律与社会》，中国政法大学出版社，1994，第59页。

配权力是法治的根本。而宪法的内容及其地位和作用，决定了宪法至上是保证权力服从法律，从而实现法治的关键环节。

第一，权力的非人格化是法治的基本内容，作为国家根本法的宪法通过规范控制权力的产生，使权力的直接性转化为间接性，使权力直接支配的领域被法律所取代，从而使社会组织结构由权力支配法律转化为法律支配权力。权力是一种支配、控制和管理的力量，当它可以不受限制地被运用的时候，往往呈现出无限扩张的异化倾向。然而，"一切管理国家的权力必定有个开端。它不是授予的就是僭取的。此外别无来源"①。在国家和社会管理过程中，个人的意志和权威之所以能凌驾于法律之上，最根本的原因就在于这时的权力已经成为一种人格化的力量与个人融为一体，构成法律的基础了。在西方历史上，从罗马帝国一直到洛克以前的英国和孟德斯鸠时代的法国，欧洲政治的基本格局就是权力支配法律（至少在公法领域）；而中国古代的法乃王法，它在本质上乃是帝王权力的延伸，因而法律不能不时时依附于权力。因此，要摒弃人治，实现法治，就必须完成权力的非人格化，使法律成为权力的基础。17~18世纪资产阶级启蒙思想家所有进步的政治理论和实践无不紧紧围绕这个中心。在最高意义上说，这种支配权力的法律"不是政府的法令，而是人民组成政府的法令"。这种法律也就是宪法。而且，"政府如果没有宪法就成了一种无权的权力了"②。这就是说，政府的权力必须由宪法来授予，否则就不具有合法性，而只能算是暴政。因此，宪法是政府赖以存在和进行一切活动的基础。可见，宪法的颁布标志着以世袭身份等级获取权力体制的终结，法律终于至少在形式上成了权力的源泉。正如龚祥瑞先生所指出的，"成文宪法明文授予政府的权力，最好不过地说明了政权——立法权、

---

① 〔英〕潘恩：《潘恩选集》，马清槐等译，商务印书馆，1982，第25页。
② 〔英〕潘恩：《潘恩选集》，马清槐等译，商务印书馆，1982，第25页。

行政权、司法权都要受宪法所授予的目的、宗旨的限制"①。

第二,法治只是就政治哲学的实质而言的,因而要了解其现实形态,还必须考察具体的政治模式,宪法则是近现代国家设置其政治模式的基础。事实上,法律支配权力规范的仅仅是权力行使的界限范围,如果这种规范仅仅局限于权力的产生,而与权力的运行无涉,那么法律对权力的支配就极可能沦为抽象的政治原则。因此,要防止权力滥用,还必须形成法律支配权力运行的机制。潘恩曾经指出:宪法是政府的政治圣经。同时,对宪法的考虑必须从两方面进行,"首先是从建立政府并赋予它以种种权力方面,其次是从调整和限制所赋予的权力方面"②。这就是说,宪法不仅授予政府权力,而且还明确规定政府权力运行的方式、方法和程序,并进而形成整套的具体政治模式。在这个意义上,宪法是控制权力活动过程的基本规则,是"管制权力的基本工具"③,其目的在于限制和控制政权的范围,并规定行使权力的合法方式。正因如此,所以我们说宪法至上为权力服从法律提供了保障。

第三,从政治的角度来说,由法律支配权力的法治实际上就是民主政治。既然宪法是民主制度的法律化,而且宪法是政府权力产生和运行的法律基础,那么在反对专制政治、建设民主政治的过程中,宪法就处于极为关键的地位。甚至可以说,没有宪法的颁布,或者虽有宪法文本但没有宪法的至上权威,民主政治就绝无可能。

(二)民主和人权是法治最核心的价值追求,但离开了宪法至上,法治就丧失了生命和活力

梁治平先生曾经指出,"探求法律的价值意义就是在寻找法律最真实的生命"④。的确,当我们直面法律时,面对的只是无数命令、规

---

① 龚祥瑞:《西方国家司法制度》,北京大学出版社,1993,第94页。
② 〔英〕潘恩:《潘恩选集》,马清槐等译,商务印书馆,1982,第257页。
③ 荆知行:《宪法变迁与宪政成长》,台湾正中书局,第12页。
④ 梁治平:《法辨》,贵州人民出版社,1992,第196页。

则的汇集，如果不去分析它们所蕴含着的发自人类内心的追求，那么这些命令、规则就仅仅只是一堆事实，而不可能充溢着生命和活力。法治也是如此，它也有自己的价值追求。[①] 而且从本质上讲，在人治状态下并不缺少法律的存在，但由于它割断了法律的脐带，使其不可能生长为法治，因而虽然法律也不少，但这些法律却与法治模式无缘。尽管导致这种结局的原因很多，但这时的法律及其运行机制缺乏法治应有的价值追求确实是非常重要的因素之一。那么，什么是法治的价值追求呢？毫无疑问，这是一个涉及众多层面的问题，比如，秩序就是法治的价值追求之一。不过，由于秩序是社会生存的基本条件，因而人治状态下的强权政治同样也以维护秩序为其目标。因此，在笔者看来，只有民主和人权才是法治区别于人治最根本的价值追求。

如前所述，法律支配权力是法治的根本。如果我们从价值追求角度考察这一论断，那么至少可以得出两点结论：第一，民主是法律得以支配权力的前提和基础。民主即多数人的统治。但各种主客观原因却决定了这种多数人的统治通常并不采取由多数人直接行使国家权力的方式，而是通过运用作为多数人共同意志集中表现的"公意"的方式来实现。法律就是"公意"的具体形式（尽管在资本主义国家，这种"公意"只具有形式意义）。因此，法律之所以必须而且能够支配权力，是因为它所表现的是多数人的意志，也就是说，民主的统治形态是法律支配权力的逻辑起点。第二，人权是法律支配权力的必然结果。尽管从统治形态的角度来说，法律支配权力是民主的必然要求，但从权利的角度来看，法律支配权力则为公民的权利和自由提供了保障。从事物的性质来说，权力总是倾向于无限制的扩张。而权力的扩张，首遭其害的就是人权。因此，在历史上，法治理论和实践的最初动因，就是通过法律规范和控制权力，以保障人权。实际上，"继霍

---

① 参见王人博、程燎原《法治论》，山东人民出版社，1989，第138~144页。

布斯之后的洛克、卢梭等启蒙思想家所讲的'法治'是有目的、有价值观念的，其目的就是保障'个人自由'"①。

由此可见，法治并非法律、法规的简单累积，而是有着特定价值追求的社会组织模式。正是这种价值追求，不仅使法治充满了生机和活力，而且使"法律由手段上升而为目的，变成一种非人格的至高主宰。它不仅支配着每一个个人，而且统治着整个社会，把全部的社会生活都纳入到一个非人格化的框架中去"②。然而，这种价值追求的实现，却有赖于宪法的至上权威。

在法律体系中，宪法对民主和人权的规定最为系统全面。一般说来，作为法治的核心价值追求，民主和人权应该贯穿于整个法律体系、法律制度和法制实践之中，然而真正对其进行系统明确规定的则是宪法。尽管在内容上，宪法涉及政治、经济、文化和社会生活的各个方面，但其中心主要还在民主和人权上面。具体地说，各国宪法不仅确认了人民主权原则，从而明确了多数人当家做主的法律地位，而且从两方面使这一原则具体化：一是通过组织国家机关体系，并赋予其职权，规定其职权行使的方式和程序，使人民当家做主的实现有了完备的服务系统；二是通过规定公民的权利和自由，使公民能够直接影响国家的政治生活，并有效地监督自己的公仆。因此，如果宪法不能树立起应有的权威，宪法的内容不能真正贯彻于实际生活中，作为法治生命的民主和人权就会付诸东流。

（三）法治有赖于不同层次的法律规范，但离开了宪法至上，法治就没有了存在的前提

法治也就是"法的统治"。然而，正如凯尔森指出的，法律制度并不是一种由同等层次的并列的规范组成的体系，而是一种由不同层次的法律规范组成的等级体系。这个结构的最高层次是要求任何其他

---

① 龚祥瑞：《比较宪法与行政法》，法律出版社，1985，第74页。
② 梁治平：《法辨》，贵州人民出版社，1992，第84页。

规范忠实于宪法的基本规范。"宪法（成文宪法或不成文宪法）为成文法和习惯法确定框架。这两种法律形式又依序为司法、行政和个人行为规定了规则"①。在法律发展史上，尽管宪法的出现既有其经济、政治原因，又有其思想文化原因，但宪法在法律体系中的根本法地位，则是法律自身发展的直接结果。众所周知，诸法合体是近代社会以前各国法律体系的基本特点。但资本主义商品经济的发展使各种社会关系日益错综复杂，法律部门的分工也越来越细。于是，各种调整新兴社会关系的法律部门纷纷从原有法律体系中独立出来。为了统一国家的法律体系、协调不同法律部门之间的矛盾冲突，作为国家根本法的宪法也就应运而生。而且实践证明，如果宪法不具有其应有的权威，那么法治的实现也就绝无可能。

第一，完备的法律体系和健全的法律制度是法治的基础。由于宪法是"母法"，是整个国家法律体系的基础，一切法律、法规的制定和施行都必须以宪法为依据，因此，宪法的至上权威是为实现法治创造条件的关键环节。在坚持社会主义制度和理想的当代中国，我们注意到这一点，尤为重要。

第二，宪法具有最高的法律效力，一切机关、组织和个人都必须以之为根本的行为准则，任何法律、法规都不能与之相抵触。但如果宪法没有应有的权威，那么不仅有关机关、组织和个人很可能凌驾于宪法和法律之上，而且也势必出现违宪的法律和法规。这样，要实现法治无异于缘木求鱼。

由此可见，无论是从法治的内涵和价值追求，还是从宪法的地位和作用来看，宪法至上都是法治的最高体现。因此，笔者赞同荆知行先生的结论："我们说的'法治'应该是'宪法之治'，而不应仅仅是一般的法律之治。"②

---

① 〔美〕博登海默：《法理学》，华夏出版社，1987，第 1~21 页。
② 荆知行：《宪法变迁与宪政成长》，台湾正中书局，第 179 页。

二 宪法至上的内在精神：以权利制约权力

由于近现代的所谓"法"即公意的表现，所以法治在内在价值和基本精神上主要有两层意思：第一是权与法，法律要支配权力；第二是既然法律是人们普遍意志的结果，那么这种法律对权力的支配亦即权利对权力的支配，因此，笔者认为，宪法至上实质上即权利至上、规则至上和秩序至上。如果说规则至上和秩序至上只是宪法至上的表层特征的话，那么权利至上则是宪法至上的核心内容。因此，我们完全可以认为：宪法至上的内在精神即以权利制约权力。

（一）宪法至上亦即人民的意志至上，权利是人民实现其意志的逻辑起点

龚祥瑞先生曾经指出，"法治就是经人们同意的统治，就是民主的政治，而不是个人专断"[1]。在法律发展史上，尽管法律伴随着私有制、阶级和国家的产生而产生，但"法治"的出现在思想上则根源于人民主权。如果说在近代社会以前法律所反映的还只是少数有产阶级的意志，那么在资产阶级革命以后，法律则至少在形式上成了人民意志的表现。契约论的提出和宪法的颁布就集中反映了这一转变。而且从实质上看，宪法实际上是社会中人们之间的一种约定，是当事人必须平等地共同遵守的根本准则，"是统治者和被统治者、掌权者的权力和不掌权者的权利之间的关系，是一种契约关系"[2]，尽管契约强调平等，但既然人民是权力的来源，那么在宪法确认的这种契约关系中，人民始终处于支配的主导地位，因而至少在形式上宪法所反映的是人民意志。这样，宪法至上可以说是人民的意志至上。由于意志本身并非目的，利益才是意志的驱动力和归宿，因此，人民的意志至上追求的还是人民的利益至上。但利益的法律表现是权利；没有权利，人们

---

[1] 龚祥瑞：《西方国家司法制度》，北京大学出版社，1993，第87、94页。
[2] 龚祥瑞：《西方国家司法制度》，北京大学出版社，1993，第87、94页。

追求利益的行为就没有法律保障。因此，权利是人民实现其意志的逻辑起点。

（二）权利制约权力：宪法产生的政治动因

近代宪法的产生渊源于诸多因素。从政治角度来说，权利制约权力是非常重要的一环。换句话说，权利制约权力内在地需要作为国家根本法的宪法。

首先，国家权力所有者的转换，使权利制约权力成为必要和可能，宪法则是确认这一运行机制的重要保障。在奴隶社会、封建社会的君主专制制度下，国家的一切权力属于君主或者少数贵族。资产阶级革命的胜利，人民主权原则的张扬，则使国家权力的所有者发生了转移，那些原本处于被统治地位的阶级、阶层至少从名义上成了国家的主人。但地域的广阔、人口的众多则决定了国家权力的所有者不可能直接地、经常地行使那些属于自己的权力，而只能实行间接民主的代议制。这种体制最直接的结果就是国家权力的所有者和国家权力的行使者之间存在着某种程度的分离。但这种分离却"可能引起政治失控——政治权力不是按照权力所有者的整体意志，而是凭着权力行使者的意志和情绪而运行，以至出现政治异化——政治权力在运行中发生异变，权力的行使不利于权力所有者或者偏袒部分所有者"[1]。因此，为了防止国家权力的失控和异化，国家权力的所有者就必须能够制约和控制国家权力的行使者。既然权利是人民实现其意志的逻辑起点，那么权利制约权力也就是实现这一目的的最好形式。而保证这一体制的稳定性和权威性的最好方法，则是由具有至高无上权威的宪法对其予以确认和维护。于是近代意义上的宪法产生了。它不仅庄严地宣布人民主权、公民与生俱来的权利和自由不受非法剥夺，严格地规定国家机关的职权范围和行使职权的程序，而且还建立了有效的监督体系和制约体系。

---

[1] 张文显：《法学基本范畴研究》，中国政法大学出版社，1993，第 304~305 页。

其次，上面的阐述主要立足于政治理论的一般原理，在具体的政治实践中，通过宪法保障权利制约权力实际上是资产阶级的政治需要。资本主义商品经济的发展不仅极大地推动了法律制度的发展，实现了经济领域的法治，而且还导致了经济和政治的分离，即经济和政治的二元化：生产资料所有者尽管也是国家权力的真正所有者，但他们并不直接行使国家的政治权力，而是由他们的政治代表来行使政治权力。这就需要有效的机制来确保经济上占统治地位的人们也能在政治上居于主导地位，由宪法确认的权利制约权力机制却能较好地满足这一要求。因此，宪法的出现实际上是权力与权利矛盾冲突的结果。

在此需要说明的是，从观念源流来说，确认权利制约权力的宪法之所以能在法律体系中处于至上权威，主要源于自然法观念的产生和发展。第一，法治所称之"法"最初是指自然法。自然法学说不仅认为自然法是正确的理性和正义的基础，而且宣称人人都享有与生俱来的自然权利，宪法并不是赋予权利而只是予以确认而已，这样，法高于权的正义观、价值观乃得以确立。第二，尽管在古希腊的法文化中早已包含着自然法哲学的萌芽，但无论是柏拉图、亚里士多德，还是斯多葛学派，都还没有明确地将自然法置于"最高法"的地位。只有在罗马共和国后期，随着世界性国家的逐步建立，原有的市民法无法适应多民族的法律生活，需要一种普遍适用并具有至高无上地位的法律原则时，自然法的"最高法"观念才真正产生。[①] 具体地说，罗马人不仅把自然法理解为一种可以把握的正确理性，而且还进一步将其世俗化，将其糅入实定法的建设中，试图假自然法之名树立起实定法的权威。历史发展到资本主义社会初期，伴随着商品经济的发展，那种呼唤"最高法"的客观历史条件重又出现，此时赋予规定权利制约权力的宪法以至高无上的权威也就是历史的必然。

---

① 参见张乃根《西方法哲学史纲》，中国政法大学出版社，1993，第68页。

（三）权利制约权力：宪法内容的核心范畴

尽管从内容上说，作为根本法的宪法涉及国家生活的各个方面，但其基本内容仍然可以分为两大块，即国家机关权力的正确行使和公民权利的有效保障。然而，这两大块并非地位平行的两部分。就它们之间的相互关系来说，公民权利的有效保障居于支配地位。

首先，人民主权是宪法的最高原则。既然人民成为国家权力的所有者是宪法产生的政治原因，那么在制定宪法时首先就要确立人民的主权者地位，并且在规定宪法内容的过程中以人民主权为根本的指导原则。但由于人民主权只是一种高度的抽象概括，因此在进行宪法规定时应予以具体化。具体说来即将这一原则转化为公民享有的各种权利和自由。另外，人民利益的维护、国家任务的完成、公民权利和自由的实现，又离不开国家权力的运用。因而人民主权除转化为公民的权利和自由外，还经过人民的委托转化为国家机关的权力。因此，虽然宪法的内容主要包括公民权利和国家机关的权力两部分，但公民权利始终处于中心地位。

其次，国家机关及其工作人员是人民的公仆。如前所述，国家机关的权力来源于人民的委托。因此，人民与国家机关及其工作人员之间是一种国家权力的所有者与国家权力的行使者的关系。这种关系决定了国家机关在行使权力的过程中，不得违背人民的意志和利益，不得侵犯公民的权利和自由。也就是说，国家机关及其工作人员必须努力当好人民的勤务员，使国家机关的权力很好地服务于公民的权利。与此同时，要保证国家权力的行使者真正地成为人民的公仆，人民就必须通过各种权利的行使以监督和制约国家机关及其工作人员。

再次，宪法内容从两个层面保证权利制约权力的实现。从各国宪法的规定看，实现权利制约权力主要有两种层次不同的方式。一是公民直接享有和行使权利的方式，比如选举产生有关国家机关、监督国家机关及其工作人员等。二是不同国家机关之间通过权力制约权力以保障权力服务于权利的方式。对公民来说,这是一种间接的方式。孟德斯鸠曾经断言:"一切有权力的人都容易滥用权力,这是万古不易的一条经验。"① 19世纪的阿克顿爵士说得更干脆:权力必致腐化,绝对的权力导致绝对地腐化。② 然而,权力滥用和腐化的直接对象就是公民的权利和自由。因而为了权利和自由,就必须"以权利制约权力"。因此,划定不同国家机关的权力界限,并使其相互之间保持一定的制约关系,是保障权力服务于权利的重要途径。

(四)宪法至上的状况在很大程度上取决于权利对权力的制约程序

毫无疑问,宪法至上是实现权利制约权力的基本条件,只要宪法具有至高无上的权威,那么权利就能够有效地制约权力。但反过来说,如果权利不能制约权力,那么宪法的权威和尊严也就根本无从谈起。第一,如果权利不能制约权力,国家机关权力的行使就会超越宪法设定的界限和轨道,权力就可能被个人的私欲或小集团的私利所支配。这样,不仅由宪法确认的具体内容不能贯彻实施,而且由宪法反映的人民的根本利益也无法得到保障。第二,从理论上说,宪法是公民权利的保障书,但如前所述,如果权利不能制约权力,那么权力的滥用必然导致公民权利的侵害。在这种状况下,何来宪法的根本法地位?

三 宪法未能至上:中国法治之路的根本症结

在中国的法治问题上,外国学者的论断颇不一致。如美国哈佛大学的昂格尔教授就认为,虽然中国的社会历史条件与西欧民族国家大体相同,但中国在形成帝国的过程中却没有形成法治,并提出其原因在于缺乏多元集团、自然法观念和超越宗教等条件。③ 但哈佛大学的

---

① 〔法〕孟德斯鸠:《论法的精神》(上),商务印书馆,1982,第154页。
② 转引自子愚《权力与腐蚀》,《读书》1979年第8期。
③ 参见〔美〕昂格尔《现代社会中的法律》,中国政法大学出版社,1994,第59~77页。

另一位教授安守廉则认为，昂格尔误读了中国历史，实际上中国历史上存在法治。[①] 无独有偶，法国古典政治经济学的代表人物魁奈的观点也与安守廉教授一致。[②] 不过，在经过20世纪70年代末80年代初的人治法治大讨论后，中国学者中的绝大多数都认为，历史上的中国根本就没有法治。而且在笔者看来，法治的实质也就是宪治，但由于在旧中国，除革命根据地以外，并不存在真正意义上的宪法，所以也就谈不上宪治，自然也就不可能有真正的法治。新中国成立后，尽管广大劳动人民有了自己的宪法，但中国却并没有在法治之路上阔步向前。如果说经济、政治、思想文化等方面是阻碍中国法治之路的重要因素的话，那么站在法律的立场上进行考察，笔者认为：宪法未能至上是中国法治之路的根本症结。

（一）宪法未能至上，国家权力机关就没有应有的权威，就不能有效地监督和控制其他国家机关，这样，法律对权力的制约就无法真正实现

我国宪法规定，国家的一切权力属于人民，人民行使国家权力的机关是全国人大和地方各级人大。宪法同时还规定，国家行政机关、审判机关和检察机关由同级人大选举产生，对它负责，受它监督。从宪法的这些规定可以看出以下两点。第一，我国宪法不仅确认了人民主权原则，而且还明确了人民实现国家权力的途径和体系。因此只要各级人大认真全面地行使好宪法赋予的各项职权，人民当家做主的地位就能够得到有效保障。第二，法律对权力的制约主要通过国家权力机关对其他国家机关的监督控制来实现。虽然其他国家机关的职权范围以及职权行使程序等由宪法规定，但国家权力机关在国家机关体系中的主导地位和它拥有监督宪法实施的职权等，决定了国家权力机关是实现法律制约权力的关键。因此，尽管新中国建立以来，我们已先

[①] 参见高道蕴等《美国学者论中国法律传统》，中国政法大学出版社，1994，第37~83页。
[②] 参见〔法〕魁奈《中华帝国的专制制度》，商务印书馆，1992，第73、115页。

后颁布了四部宪法，但由于在政治实践中，宪法的根本法地位远未真正树立起来，因而国家权力机关也未能树立起应有的权威，从而使法律对权力的制约在现实生活中大打折扣。

（二）宪法未能至上，导致法律与政策的关系不顺，这使执政党尽管直接或间接地行使着国家的权力，却超然于法律控制和法律责任之外

从前面对法治的阐述，我们至少可以明确法治的两个基本特征：就外在特征而言，在所有的行为规范体系中，宪法和法律的地位最高；就内在特征来说，所有的国家权力都应该受制于宪法和法律。只有实现这两个方面的有机统一，才能建立起真正的法治状态。但中国政治实践中的宪法未能至上，却刚好从这两个方面损害了法治的内涵。

首先，在政策与法律的关系问题上，人们的基本观点在于：政策是法律的灵魂，法律是政策的具体化。尽管在一定情况下，这一观点有其合理性，但如果宪法没有应有的权威，在国家和社会管理过程中不具有根本法的地位，那么政策就会乘虚而入，就会使这一结论绝对化，从而出现政策优于法律、政策取代法律的状况。

其次，纯粹的法治理论是研究政府与公民行为关系的理论，并不涉及政党因素。如果说国家生活中的其他政治主体对国家政治的影响大多通过国家机构这一中介而得以体现，那么像政党之类的政治主体也不能立于任何国家机构之上，即使是执政党，它也必须以政府的名义，而不能以执政党的名义对公民发号施令。因此，无论是国家宪法还是执政党的章程都明确规定，党必须在宪法和法律的范围内活动。同时明确提出，党的主张只有经过法定程序成为国家意志时才具有国家强制力，才能由国家机关去具体执行。但是，如果宪法没有应有的权威，那么以国家权力机关为核心的国家机关体系就没有足够的权能。这样，由它们来全面行使国家权力就会受到其自身条件的限制。

另外，由不具有至高权威的规则来对执政党的行为进行规范，则我国执政党的特殊地位和革命建设史上长期以来形成的党政不分的传统，就会导致执政党虽然行使国家权力，"却全然超出于法律控制和法律责任之外，基本上概不承担政治责任和法律责任"①，所谓"党委做报告，政府做被告，书记出点子，乡长挨板子"就是对此的生动写照。在这种情况下，法律又如何能够制约权力，法治又怎么能够实现呢？

（三）宪法未能至上，权利对权力的制约就软弱无力，民主政治建设就不能大力推进，法治也就没有了力量源泉

如前所述，宪法是公民权利的保障书，而且权利制约权力是宪法至上的内在精神。但在四十多年的中国政治实践中，由于宪法没有权威，公民的权利也就不能得到有效保障，权利也就不能有效地制约权力。然而，民主政治的核心就在于以人民主权为指导，以权力服务于权利为宗旨。因此，如果权利不能制约权力，那么也就无所谓民主政治。这样，以民主政治为基础的法治在存在和发展的过程中，就丧失了力量的源泉。

（四）宪法未能至上，使"工具主义"法律观颇为流行：既然法律只是"治国一器"，那么法律就绝不会凌驾于社会之上

本来，宪法至上蕴含着特定的价值追求，这就是以权利制约权力。因此，一旦宪法树立起应有权威，以宪法至上为最高表现的法治也就具有其明确的目的性，然而，如果宪法没有树立起应有权威，宪法在国家和社会管理过程中也就无足轻重。这时的宪法就仅仅只是国家和社会管理过程中诸多手段的一种。由于"工具主义"法律观的核心在于法律只是实现一定社会目标的工具和手段，②因此，宪法未能至上就为"工具主义"法律观的流行提供了土壤。中国的政治实践就是如此。尽管在理论上宪法是具有最高权威的国家根本法，但在实际生活

---

① 龚祥瑞：《法治的理想与现实》，中国政法大学出版社，1993，第70页。
② 参见〔美〕弗里德曼《法律制度》，中国政法大学出版社，1994，第240~241页。

中，宪法的地位远不如一些部门法。而且"工具主义"法律观"一直占有主导地位，并与中国古已有之的传统法观念——'法即刑论'有着某种精神上的契通，成为支配我国法制建设、法学教育和法律研究的主导理论"[①]。这种理论所强调的"法"，只是一种人格化的统治工具，因此只好满足于处于一种附庸地位。其结果不仅反过来极大地阻碍了宪法至上的实现，而且也最终阻滞了法治的实现。

四 中国的宪法至上：怎样才能实现？

毫无疑问，既然无论是法治的基本内容，还是中国的历史和现实都充分表明，以权利制约权力为根本精神的宪法至上是法治的最高表现，没有宪法至上就不可能有法治，那么，宪法至上就应该成为中国法治之路的灵魂。然而怎样才能实现宪法至上呢？应该说这个问题涉及众多因素，不过大体上可以将其分为宪法的内在因素和外在因素两大方面。从宪法的内在因素来说，主要包括三点。一是宪法的正当性。亦即宪法在来源和基础上应具有合法性，应具有广泛深厚的民主基础。二是宪法的科学性。亦即宪法在内容、结构体系和文字表述等方面应该准确、合理。三是宪法完备的自我保护机制。这就是说，宪法通过自身设置的有关制度来保障其应有权威。由于篇幅所限，加之相对说来，宪法的内在因素实行起来简单一些，因此笔者在此侧重阐述实现宪法至上的外在条件。

（一）限制权力经济，发展权利经济，为宪法至上提供赖以生存的经济条件

我国多年来实行的是产品经济和趋向单一化的所有制形式。在产品经济条件下，企业特别是全民所有制企业不具有相对的自主性和独立性，不是相对独立的商品生产者和经营者，它们的产品完全按国家指令性计划生产，实行统购包销。在这种情况下，价值规律、市场调

[①] 谢晖：《法律工具主义评析》，《中国法学》1994 年第 1 期。

节的作用受到严格限制，国家主要依靠超经济的行政权力来推动和管理经济。因此，在产品经济基础上形成的经济体制是高度集中统一的计划经济体制。由于计划经济主要靠行政命令、长官意志，因此它在本质上即权力经济，它内在地、本能地要求行政权力的至上权威。在这种情况下，它就会绝对地排斥与之平行和高于它的任何权威的存在。这样，宪法和法律的作用就是"为政府运用行政权力推动整个经济运行服务，使之成为实现行政权力的手段和工具，而行政权力却不受法律的约束"①。同时，计划经济强调的是作为个体的公民和作为集体的企业对行政权力的服从，因而其会有意无意地摆脱人民权利对行政权力的制约和反控，形成以权力吸收权利的权力本位。因此，"计划经济是人治的最好土壤，可以说，计划经济内在地、本能地要求人治"②。而限制权力经济则是根治"人治"顽症的釜底抽薪的办法。

但是，市场经济却与此恰恰相反，它在本质上是权利经济。它不仅反对权力至上和人治，反对从属于行政权力和人治的法制，而且由于它主要靠主体平等、意思自治的法律规范调整，因而它内在地、本能地要求法律的至上权威、要求法治。而且在历史上，宪法的至上权威本身就是商品经济普遍发展的产物。反过来说，如果没有商品经济的普遍发展，也就不存在对最高行为规范的需要。所谓宪法的应有权威也就不可能树立起来。因此，从经济的角度来说，要实现宪法至上，就必须大力发展社会主义市场经济。

（二）正确处理执政党和领导人的个人意志与宪法的关系，建立合理的"权利—权力"结构，加强民主政治建设，为宪法至上提供赖以生存的政治条件

尽管市场经济是宪法至上的决定性因素，但只有当市场经济原则转化为政治上的民主制以后，这种作用才能发挥出来。同时，宪法本

---

① 卢云：《法律模式转换：一场深刻的革命性变革》，《中国法学》1994年第1期。
② 江平：《完善市场经济法律制度的思考》，《中国法学》1993年第1期。

身即民主制度的法律化，宪法至上的基本特点亦即宪法的实际运用状况，这是一方面；另一方面，民主政治的根本要求即实行宪治，"以宪治国"。如果一个国家的民主制度不健全，民主政治不发达，宪法也就不可能顺利实施，宪法的应有权威也就不可能真正树立。因此，要从根本上保证宪法的至高无上地位，使宪法真正成为一切机关、组织和个人的根本活动准则，至关重要的一点即在于加强民主政治建设。现阶段在此方面最为急迫的问题主要有三个。

第一，正确处理执政党与宪法的关系。现代政治是政党政治。统治阶级对国家权力的支配和运行，以及人民群众的主张上升为法律，往往是通过执政党及其政策进行的。这就产生了执政党与宪法和法律的关系。如果执政党一方面直接或间接地行使着国家权力，另一方面却并不受制于宪法和法律，那么这种状况就会极大地损害宪法的至上权威，因此必须正确处理好执政党与宪法的关系。具体说来，根据法治原则，执政党必须在宪法和法律的范围内活动，其政策亦不能违背宪法和法律。

第二，正确处理领导人的个人意志与宪法的关系。在人治状态下，领导人的个人意志处于至高无上的地位。然而，宪法至上却要求领导人的个人意志必须服从于宪法，当领导人的个人意志与宪法发生矛盾的时候，宪法的权威高于领导人的个人意志。虽然在我国的政治生活中，领导人的个人意志高于宪法的情况并不很多，但还不能说已经完全杜绝。因此要树立宪法至上，还必须解决好这一问题。

第三，建立正确合理的"权利—权力"结构。权利制约权力不仅是实现人民主权的基本轨道，而且是宪法至上的内在精神。因此，没有"权利—权力"的合理结构，就不可能有真正的宪法至上。在中国的政权体制中，这种结构主要包括两大环节：一是作为国家主人的人民与各级人大的关系，二是各级人大与同级其他国家机关的关系。具体说来，这两大环节即如何处理人民的权利与人大的权力以及人大的权力与其他国家机关的权力这两对关系。在此结构中，人民的权利始终处于核心支配地位，各级人大则在人民与其他国家机关之间发挥着媒介作用。因此，我国一方面必须大力保障公民的权利，另一方面必须大大加强人民代表大会制度。

（三）剔除传统法文化的糟粕，吸收外来法文化的精华，为宪法至上提供赖以生存的思想文化条件

每个国家、每个民族都存在自己的传统法制。尽管历史上东方各国在西方列强的殖民扩张之下，传统法制出现了西方化，但这主要是指法的技术方面。至于法律意识，恐怕还是传统的占优势。因为制度的革命并不意味着观念的革命。长久形成的观念、意识较之表面的制度更不易改变，转变的过程也更加痛苦。而且法技术和法观念相互脱节的必然结果是法律功能的削弱或者畸变。这也就是说，"任何一种外来文化，都只有植根于传统才能够成活，而一种在吸收、融合外来文化过程中创新传统的能力，恰又是一种文明具有生命力的表现"[1]。因此，我们要实现宪法至上，进而实现法制的现代化，就必须妥善解决这一问题。这里，笔者主要谈两点。

第一，正确认识宪法和法律的社会功能，真正树立起对宪法和法律的信仰。伯尔曼曾经指出，"没有信仰的法律将退化成为僵死的教条"，"而没有法律的信仰……将蜕变成为狂信"[2]，因此，"法律必须被信仰，否则它将形同虚设"，"它将是死法"。[3] 的确，宪法和法律的颁布，远非法治理想的实现。因为它在根本上仰赖于人们对宪法和法律的理解和信任。而中西方国家之所以在此方面存在差异，主要即根源于人们对宪法和法律社会功能的认识不同。梁治平先生认为："国家与法所由产生的途径，不仅决定了国家的组织形式，而且也规定了

---

[1] 梁治平：《法辨》，贵州人民出版社，1992，序第2页。
[2] 〔美〕伯尔曼：《法律与宗教》，三联书店，1991，第47页。
[3] 〔美〕伯尔曼：《法律与宗教》，三联书店，1991，第47页。

法的社会功能。"① 如果说古希腊、古罗马时期，国家以"公共权力"的形式凌驾于社会之上，从而使法成为确定和保护社会各阶级权利的重要手段的话，那么在古代中国，国家却并不是什么"公共权力"，而只是一族一姓施行其合法武力的恰当形式，法也只被看作为刑这种镇压工具。因此，在西方的法文化中，法亦即权利、正义，由此也就可以把法律看成为组织社会的基本模式，也就能够形成宪法和法律至上的信仰。然而，中国古代法的唯一功能却是惩罚，法不过是镇压的工具，是无数统治手段之中的一种，可以由治人者随意运用、组合。这样，它的地位自然也就等而下之了。由此也就决定了法不可能成为人们的信仰。当然，中国人也有自己的至上信念。相对于西方的法律至上，中国的传统是道德至上。而且在某种意义上可以说，中国古代法的一个绝大秘密即道德的法律化和法律的道德化。但这些观念却与现代法制格格不入。相反，西方统治文化将法的功能与权利、正义紧密相连，这种观念则与宪法至上的内在要求息息相通。

第二，弄清中国古代法的精神与现代法的精神的差异，真正树立起契约精神等现代法观念。瞿同祖先生在《中国法律与中国社会》一书中提出：中国古代社会是身份社会，中国古代法律是伦理法律。梁治平先生认为，这两个方面的结合构成中国古代法的真精神。② 而且在笔者看来，这种法精神在现阶段的中国仍然存在。然而，它们却与现代法律精神中的契约基础从根本上对立。因此，在中国的法治之路上，如何剔除古代法的精神，树立起现代法的精神，亦即怎样实现从身份到契约的转变是非常重要的环节。我们常说，宪法是人民与政府的契约。虽然这种文字表现形式的契约不难形成，但法治所强调的并不只是一种文本，而是文字形式与内在精神的统一。而且实际上内在精神还处于最核心、最具支配作用的地位。离开了它，所谓宪法、契

---

① 梁治平：《法辨》，贵州人民出版社，1992，第19、76页。
② 梁治平：《法辨》，贵州人民出版社，1992，第19、76页。

约都只是空谈。因此，树立契约精神等现代法观念是实现宪法至上、走向法治之路的关键。

（四）健全监督机构，完备相关制度，为宪法至上提供制度保障

宪法至上的实现不能靠呼吁或者劝诫，而是要靠制度来保障。诺内特和塞尔兹尼克曾经指出，"法治诞生于法律机构取得足够独立的权威以对政府权力的行使进行规范约束的时候"[①]。由此可见组织机构的重要。而且"比较宪法学者认为，有两种确保宪法最高权威的方法，即对国家行为合宪性的司法监督和政治监督"[②]。因此，在组织机构中，保障宪法实施的监督机构又是中心。同时，实践表明，宪法解释制度、宪法修改制度、宪法诉讼制度和违宪责任制度等也是保证宪法权威的基本环节。由于我国学界对监督机构和相关制度论述较多，因此笔者仅简要谈谈宪治程序。

美国大法官福兰克弗特认为，"自由的历史基本上是奉行程序保障的历史"[③]。道格拉斯法官则明确提出："正是程序决定了法治与恣意的人治之间的基本区别。"[④] 对人治状态的分析表明，权力之所以能超越法律，个人意志之所以能凌驾于法律之上，法律程序不健全或者权力的运行没有严格遵循法律程序是主要原因。因此，"中国法制现代化的一个关键问题，即通过形成和强化法的中介机制来扬弃行政命令与民间调解的苟合，其中最重要的工作是建立和健全一整套公正而合理的法律程序"[⑤]。宪法内容的贯彻、宪法权威的树立也是如此。与民法、刑法和行政法等实体法须由程序法来保障一样，宪法至上的实现也存在着程序问题。可以说，如果没有完备的程序保障，宪法至上、法治根本就无从谈起。所以罗尔斯提出，"正义的宪法最好应是一种

---

① 〔美〕诺内特等：《转变中的法律与社会》，张志铭译，中国政法大学出版社，2004，第59页。
② 〔美〕格伦顿等：《比较法律传统》，中国政法大学出版社，1993，第232页。
③ 转引自季卫东《比较程序论》，《比较法研究》1993年第1期。
④ 转引自季卫东《比较程序论》，《比较法研究》1993年第1期。
⑤ 〔美〕罗尔斯：《正义论》，上海译文出版社，1991，第215页。

为保证正义的结果而安排的正义程序"[1]。但中国宪法的理论和实践对此却还没有引起足够的重视。因此在现阶段，加强宪法的程序建设迫在眉睫。

最后，笔者借用龚祥瑞先生的一段话作为本文的结语："法律终归是'以理服人'的。否则就难以说清'法大于权'的威力，只有惟强权是从了。所以就法论法总有局限性，我们应该从保护人民的利益出发，从群众的疾苦出发，去探索救济办法，忠诚地以人类追求正义的精神，不畏强权，而不懈地积累、更新如何预防权力被人类弱点所滥用的根源、技术和方法。"[2]

（本文原载于《法学评论》1995 年第 6 期）

---

[1] 季卫东：《现代法治国的条件》，载〔美〕诺内特等《现代社会中的法律》（代译序），张志铭译，中国政法大学出版社，2004。
[2] 龚祥瑞：《西方国家司法制度》，北京大学出版社，1993，第 163 页。

从政策社会到法治社会
——兼论政策对法制建设的消极影响

蔡定剑　刘　丹[*]

一

长期以来，我国一直是个政策社会，就是依靠政策来治理国家。今天我们要实行依法治国，这是治国方略的根本转变。为什么要实行这个转变，要以法律来取代政策呢？这就需要我们对法律与政策的关系，特别是政策对法制建设造成的消极影响有清醒的认识。只有这样，在实行依法治国的过程中，我们才会努力超越政策这一障碍，实现从依靠政策到真正依靠法律的转变。本文的论述并不否认政策在治理国家中曾发挥着重要的、积极的作用，并承认政策仍将发挥重要作用。但就法律与政策的关系而言，政策对法制建设造成的消极影响是巨大的、不可否定的。

法律服从政策、依赖于政策是新中国成立之初就确立的一项法制建设原则。《中共中央关于废除国民党的六法全书与确定解放区的司法原则的指示》指出：人民的司法工作在新的法律还没有系统地发布以前，应该以共产党的政策及人民解放军的其他纲领、政令等作依据。在人民的法律还不完备的情况下，司法机关的办事原则应该是有法律，从法律，没有法律，从新民主主义的政策。

---

[*] 蔡定剑，曾任中国政治大学教授、博士生导师、宪政研究所所长；刘丹，湖南省委党校副校长。

法制初创时期，司法机关办案应有所遵循，没有法律依政策是合理的。问题在于片面地把政策抬到不适当的高度和过分地依赖政策，导致中国几十年以政策取代法律，政策干扰法律，最后政策扼杀了法律的生长。党在几十年领导国家的过程中，主要就是依靠政策实行对国家的领导。毛泽东同志常说，"政策和策略是党的生命"[①]。这样，使政策在中国具有很高的权威性和非常广泛的运用。这些思想被运用到政策与法律的关系上，法学教科书中几十年的经典说法是，党的政策是法律的灵魂，对法律起着指导作用。法律是政策的保障，法律只是实现党的政策的一种手段和工具。这些理论非常清楚地表明一个信息：政策高于法律，政策才真正具有最高权威。对政策的过分推崇和政策被运用到显赫位置，这些做法使领导干部，国家机关包括司法机关和广大人民群众形成的一个观念是，政策才是真正有意义的"法律"，是必须加以重视的。法律是不重要的，可有可无的。法律只不过是以法律名义表现的政策罢了，它本身不具有独立的含义。因为，法律规定的行为规则要通过政策的指导和解释才能实施，才具有意义。即使法律规定了行为规则，也只不过是政策的一种表达方式罢了，法律仍不是真正的行为规则，真正的行为规则是政策，法律成为政策的附庸。

在我国的法制建设中，对政策的过分推崇产生的后果是将新中国成立初期确立的"有法律依法律，没有法律从政策"的指导原则，片面地变成这样一个无形的规则：有法律，依法律，但还得适合政策；没有法律，依政策，有了政策也就不需要法律。正是这种思想严重地妨碍了中国法制建设的进程。关于这一点，前全国人大常委会委员长彭真在1979年的一次讲话中有很好的说明。他说，为什么现在立法这么快，过去就立不出来呢？这"就是个认识问题，抓紧不抓紧的问题。过去觉得，有党的领导，有方针政策，迟搞几天也不要紧。结果

---

① 《毛泽东选集》第4卷，人民出版社，1991，第1298页。

拖了下来，贻误了事情。"① 所以，在新中国成立初期废除旧法统后确立的"有法律从法律，没有法律从政策"的原则，在几十年的实践中变成了只依靠政策，而不需要法律，政策成了法制发展的一个屏障。这也是司法人员养成重政策、轻法律的重要思想的根源。重政策、轻法律，政策的地位高于法，是法律缺乏权威、法律难以实施的重要原因。对当前中国法律实施的困难，群众中有一句顺口溜说"黑头不如红头，红头不如白头，白头不如口头"②，这反映了政策高于法律，政策代理法律，甚至政策阻碍法律实施的不正常状况。

二

我们社会重政策，轻法律，以政策代替法律的价值观，是党在长期战争环境中领导革命养成的习惯。彭真同志曾指出："拿我们党来讲，革命战争期间，主要是靠政策办事，注重的是政策，没有依法办事的习惯。还有，我国经历了几千年的封建社会，封建残余思想至今影响着我们。"③ 他还分析了这种重政策的领导方法形成的原因，在战争时期，党也好，军队也好，群众也好，注意的是党的政策。一件事情来了，老百姓总是问，这是不是党的政策？毛泽东同志曾说，中央给你们的就是政策。当时，农村根据地长期被敌分割，交通不便，党中央给各地的，概括起来说就是政策。依靠政策，三年半消灭了国民党八百万军队，把三座大山推翻了。那时，只能靠政策。当然，我们根据地的政权也有些法，但有限，也很简单。那时候对反动统治阶级要"无法无天"，在人民内部主要讲政策。这是一个历史阶段。我们大多是那个时期成长起来的，也或多或少养成了那个时期的一些工作

---

① 彭真：《关于社会主义法制的几个问题——在中央党校的讲话》，《红旗》1979年第11期。
② "黑头"指法律在报纸上公布用黑字；"红头"指中央发布的政策文件常用红头标题；"白头"指给领导看的简报、报告，领导常在报告空白处批示；"口头"指领导人的口头讲话。
③ 全国人大常委会办公厅研究室编《发展社会主义民主健全社会主义法制》，法律出版社，1988，第201页。

习惯。[①] 政策被当作革命胜利的法宝，政策和策略是党的生命。而法律被当作反动阶级压迫的工具，革命的人们就是要"无法无天"。习惯用政策并能将政策娴熟地运用自如，法律一直被忽视，甚至常常置于受批判的地位。

政策之所以被提到很高的位置，被我们党成功地运用于领导战争并运用于领导国家建设，是因为政策有它很好的特点。政策的特点在于：

（1）决策的果断性。由于政策的决策通常是由领导层的少数几个人做出的，常常是一个会议，至多是几天的会议就制定一项政策。所以制定政策比制定法律快速、果断得多。

（2）灵活性。它包括制定政策的灵活性和运用政策的灵活性。由于政策是少数领导人制定的，它可以根据新的情况和变化迅速改变。所以，中国人心目中常常有政策多变的感觉。政策也是比较原则的，它只对需要解决的问题提出一个目标、原则或计划，运用起来比较灵活。

（3）执行效应快。政策传播快捷而广泛深入。它的传播渠道主要是两种：一是新闻媒体和其他宣传工具，如报纸、广播、电视加上标语、板报等，把政策直接带给千家万户；二是发文件，开会传达。如果说前一手段是广泛向群众宣传，后者则是重点让执行、运用政策的干部和骨干掌握政策。它常常通过开会的方式面对面地传达，也很快捷，强化接受的作用。由于政策通过上述途径很快被广大干部群众所掌握，它会很快收到执行的效果。

（4）政策很适应党的领导方法。共产党的领导方法包括：民主集中制，严格的上下级领导关系，依靠庞大的执行政策的干部队伍，宣传鼓动，发动群众，等等。这些领导方法，正好是上面所说的政策决

[①] 全国人大常委会办公厅研究室编《发展社会主义民主健全社会主义法制》，法律出版社，1988，第174、175页。

策和推行的办法。这些特点使得党能灵活、有效地进行领导。

政策还是适应计划经济管理的一种有效手段。计划经济是一种政府直接对经济实行操纵管理的经济。计划经济运行的动因是领导者意图，常常因为政治的考虑，而忽视社会本身的需求和市场的要求。激活这样庞大、复杂的经济体，要求领导者根据不断变化着的形势不断地做出决策，需要强有力的政府和企业管理层去推行这些决策。政策的决策方式、传播方式和执行方式，正好适应国家控制管理计划经济的需要。所以，政策不但在战争年代显示了威力，在长期计划经济的年代，它仍具有强大的生命力。其实党原来搞经济建设，运用计划经济，也和当年打仗差不多。五年计划就像一场大的战役，一个个大建设项目也像场小战役。像国民经济建设的几年计划，进行社会主义改造的计划，钢铁会战，石油大会战等，都是像指挥打仗一样。所以，战争年代的政策手段仍被有效地运用于建设时期，这就是新中国成立以后的很长时期，政策仍极受推崇，法律被排挤，不受重视的原因所在。

三

靠政策治理的实质是一种人治。前面我们分析了政策是战争年代党领导革命、指挥战争传下来的一种领导方式。它是建立在少数领导人的决策、集中统一的指挥、严格的上下级关系基础上的。它由少数领导人组成的权威决策机关和命令与服从的执行系统来保证政策的有效实施。没有这样一些条件，政策的效力就会大大减弱。在政策统治的社会，开会是一种必要的、最普遍的形式。制定政策需要开会，传达政策，执行政策也都需要开会。所以，民间传说"共产党的会多"，这实际是党依靠政策管理社会的一种表现。只要是依靠政策办事，开会就是必不可少的。制定政策是一种少数人甚至个人决策的机制。因为政策总是由少数人的领导集团或领导层做出的。这并不是说政策就只反映少数人或个人的意志。通常情况下，政策也能反映多数人的意志和利益，它通过领导人发扬民主，深入群众，深入基层，广泛听取各方面意见的途径来了解民意。但如果领导人思想认识有偏差或权力关系不正常，政策制定的错误和失误就难以避免。

我们再看看会议本身，它通常由少数几个领导成员参加，一般情况下依照民主集中制少数服从多数的原则进行决策。但是，在书记挂帅，或行政首长负责制的情况下，政策往往是按书记或其他主要领导人的意见决定。这种情况在我们国家历史上甚至现在的许多单位都不难看到。可见，政策的决策机制与法律的制定机制相比，政策本质上是一种人治决策机制。然而在我国，立法本身是建立在有广泛代表性的民意机关的基础上，而且有一个民主的立法程序作保障，这使得法律的制定基本上是反映民意的。尽管立法也未必都是正确、科学和民主的，但这个机制是民主的，决策的失误可能性就小。政策的制定过程尽管多数情况下也可能是正确的，但它的决策机制是人治性质的，它的正确性就缺乏可靠保障，失误的机会就多。实践证明，靠政策治理成也在人，败也在人，政策统治本质上是一种人治，它是与法治相排斥的。依靠政策、崇尚政策就不可能依靠法治、崇尚法治，法律只能作为政策的随从和附庸。有政策的最高权威和地位，就不可能有法律的最高权威和地位。这也是我国法制建设的历史和现实所证实了的。所以，我国实行法治，要实现从依靠政策到依靠法制的转变，这实质是从人治到法治的转变。

如果以这个观点来分析，我们就会发现，现实中的一些教条、观点和提法是错误的，对加强法制和实现人治向法治的转变是有害的。最典型的就是我们过去以至现在仍流行的关于政策与法律关系的说法："政策是国家一切活动的依据"，"政策是法律的灵魂和指导，法律是实现政策的手段"等等。这些说法明显与宪法不相符合，与法治社会的原则相悖。中华人民共和国宪法规定，宪法"是国家的根本法，具有最高的法律效力。全国各族人民，一切国家机关和武装力量、各政党和各社会团体、各企业事业组织，都必须以宪法为根本的活动准则"，"都必须遵守宪法和法律"。这很清楚地表明，国家的最高权威是宪法，党也要遵守宪法和法律。国家一切活动要以宪法为准则和依据，党的政策不能与宪法相抵触。政策应符合法律，而不是要求国家的一切活动以经常变化着的（因为政策的特点就是具有灵活性）各级政府的政策（因为政策就是许多不同层次的）为依据。正是由于我们过去是这样做的，所以，国家的稳定和持续发展受到了影响。鉴于历史的教训，我们才提出要实现从依靠政策到依靠法制的转变。只有法制才能创造长治久安的社会和持续稳定的发展。因此，我们不能再极力推崇政策，树立政策的最高权威，散布政策高于法律、决定法律，政策是法律的灵魂，法律是实现政策的工具，法律是政策的附庸等这样一些观念了。在法治社会只有一个最高权威，就是宪法和法律。可见，上述观点是妨碍宪法法律权威的建立的。在实践中，由于红头文件高于法律已成为影响法律实施的重要原因，现在是必须加以转变的时候了。

在某些历史时期，政策不仅代替了法律，遏制了法律的成长，支配着法律，而且给法律本身带来了消极影响，使法律政策化。政策的一个很大特点是轰动效应，它能在很短的时间内造成很大影响，并很快取得政策效应。但政策的生命力通常不长，它的效力是很短暂的。当一个政策下来，大肆宣传鼓动，开会动员贯彻，各方面的人一齐去抓所谓中心工作，成效很快显示出来。但是，毕竟不能让所有在不同工作部门的人都长期集中起来去干一件事，工作职责是有分工的，各部门还要去干本职工作。当有一个新的政策下来，又动员大家去贯彻新的政策。这样，人们的注意力转移，工作重点转移，抓政策的人也转移，原来的政策就被扔到一边，人们渐渐也就把它淡忘了。历史上许多社会变革和社会政策的实行，常常以刑法作为推行政策的后盾，法律沦为政策的附属物，而丧失法律应有的独立性。法律的职能会随着政策形势的变化而变化，为配合形势的需要，司法机关不得不打乱正常的执法秩序，来开展一项专门斗争。这样，执法也被搞成了像实施政策一样的运动，一项一项，一拨一拨地进行的。由于国家有许多的事情要做，习惯于抓重点的政策工作方式，这使政策总是必须不断地改变。人们在每一件事上的注意力必然是有限的。所以，法律所受到的关注和执法效应也就很有限，这样法律也发生了政策效应。当法律不能适应政策的时候，就会被政策超越。根据以往的经验分析，一个普通政策的效应一般不超过一年，除非重新激活它才可维持更长的时间。一个大的政策在不断激励下可维持两三年的效应。被定为国策的政策，设立了专门机构并在不断的宣传激励下才能保持较长久的生命力。很明显的例子是，禁止党政干部公款请客吃喝，有关部门颁布过无数个禁令，每次禁令大概只能刹一下当时的风头，①过了一年半载，这股风又会重新起来。又如给农民打白条，扣发教师工资等问题，解决这些问题的方法不是靠法律起作用，而是靠政策，所以总是屡禁屡犯。倘若把非法扣压教师工资，强行给农民打白条的人送上被告席，不仅需要让受害人有诉权，而且上级政策、有关组织和新闻媒体应大力支持和帮助这种诉讼，而不是由政府部门一次次发通知，要求地方政府去割自己的疮疤。有关部门不是不断地去完善和实施一个有效的禁令，最后形成一套严密的规则，而是不停地发布新的禁令。这就是我们长期习惯的政策的思维方法和工作方法——像"狗熊掰棒子，掰一个扔一个"。

政策的短效应，造成社会对政策多变、政策不稳定的认识。由于政府发布政策常常针对一时一事，此一时彼一时，人们对政策的态度也是一次性的，而对众多过去的政策，人们不知哪个对新情况有效，也就不认为过去的政策对新情况是有效的。即使有的政策能解决现实

---

① 从过去的经验看，这种禁令的效应大概只有三五个月的时间。

的问题，人们也要期待新政策的出台，而不会去理会已有的政策。不断炮制政策的结果，导致了人们的无规则心态。这影响到今天人们对法律的态度也是如此，本来对一些问题已有法律能解决，可是人们不好好地去实施这些法律，而是仍在抱怨无法可依，要求制定新的法律。

政策越俎代庖取代法律，影响了法律的权威和实施效力：例如，婚姻法规定，男女婚龄分别为 22 岁和 20 岁，但由于计划生育政策提倡晚婚，因此有些地方政策就用死规定提高男女结婚年龄，使得一些地方人们到了法定婚龄仍不能批准结婚。政府要人们遵守的是政策，而不是法律。这在客观上培养了人们蔑视法律、有法不依的态度。所以，人们才认为法律只不过是保障政策实现的一种制裁措施。

政策效应严重地影响到法律的效应。法律被政策化，被赋予政策的形式和被政策性地运用。由于长期形成的政策性的思维方式，许多法律被制定成政策式的宣言，实际上是一项政策穿上了法律的外衣。20 世纪 50 年代初期制定的，被编入中华人民共和国法规汇编的文件《农业生产合作社示范章程草案》和《高级农业生产合作社示范章程》，就是 1955 年和 1956 年农业合作社过程中党迅速变化的两项政策。而至于《一九五六年到一九六七年全国农业发展纲要》就很难分得清它到底是政策还是法律。20 世纪 80 年代制定的某些法律如教育法、草原法、农业基本法等，也都有类似的政策宣告，满篇的政策性用语，如"国家鼓励"、"国家支持"、"国家给予"等等。甚至宪法也被政策化地运用。毛泽东主席曾把宪法作为建设社会主义过渡时期的总政策和纲领，该宪法被他用来作为推行向社会主义过渡政策的工具。毛泽东在 1954 年制定宪法时，原计划用 15 年的时间完成向社会主义的过渡，所以，他预言这个宪法只管 15 年。宪法中充满了社会主义过渡时期的目标和手段的规定。如序言第 2 段专门规定了建设社会主义过渡时期的总任务，第 3 段宣告制宪的目标是反映人民过渡时期的要求和愿望，总纲从第 4 条到第 10 条用 7 个条文规定了向社会主义过渡的政策、方法和步骤。这是个将法律政策化的典型例子。一旦过渡时期结束,① 在毛泽东等领导人看来宪法的使命也就结束了。所以,1958年后,对宪法就再也不那么重视了,渐渐把它扔到一边。②

法律的政策化较严重地影响到法律的实施。它的危害具体表现为:(1)法律条文政策化、原则化使法律很难操作实施,停留在书面上;(2)把法律当作政策来制定,法律用来解决当前阶段性的工作任务,使法律很难有长期性和稳定的效果;(3)政策的短期效应给社会造成了对法律的短期效应心理。法律颁布的时候,人们关注、热心了一阵子,随着时间的推移,人们渐渐把它淡忘,法律效力减弱。长期的政策社会造成的政策文化心理扭曲了人们的法律观念,给法律实施带来困难。这是政策对法律更深层、长远的贻害和影响。

由于极端重视政策、推崇政策,造成法律的"能力缺乏症",使法律缺乏独立的品格。这造成了这样一种现象:当一项法律被制定出来后,并不意味着它要在社会中实施,也没有人关注它的实施,而是将它束之高阁而放在法律库中。只有发出有关的政策指令,这个法律才会被人们从遗忘的角落中拣出来,大张声势地加以实施。由于已带上政策的情绪色彩,法律常常被扭曲变形,使法律失去本身的正义和公正价值。③ 像著作权法早在1990年就颁布实施,但正是该法颁布后,各种盗版音像制品活动才猖獗起来,并没有人去严格依法处理。只有当中央发出严惩计算机、光盘犯罪活动的指示之后,这个法律才被运用起来以打击犯罪。政策的强化结果是造成法律形同虚设,成为可执

---

① 社会主义改造在1956年就宣布胜利结束。
② 蔡定剑主编《中国宪法精释》,中国民主法制出版社,1996,第25页。
③ 数年前某市曾发生这样一起错案,一位青年因与邻居一位小学教师发生争吵。青年在受侮辱的情况下,打了女教师一记耳光,女教师因心脏病发,抢救无效死亡。这在法律上本属意外事件。但当时正值宣传知识分子政策,要尊重教师,所以该青年被以故意伤害致人死亡罪判以重刑。在政策风头过去几年之后,法院主动纠正了这起错案。

行可不执行的条文。对许多执法机关来说，真正的行为规则是政策，法律只不过是保障这个行为规则实现的强制措施而已。

从上可见，政策的种种效应是法律难以实施的重要原因之一。如果不适当削弱政策的权威，法律的权威就难以建立，不减少政策的适用范围和影响，法律的作用就难以充分发挥。

四

政策如此具有权威性和被广泛地运用，是同计划经济体制、政府在计划经济体制下的万能作用和共产党人习惯的工作方法紧密联系在一起的，是政治、经济体制和社会结构决定的。它是一个行政社会的显著特点。任何社会都需要政策，政策有政策的作用和使命。它总是带有一种方向性、阶段性，起指导性作用。没有政策就没有社会有目的地发展，也没有法律的适时制定和实施。问题是它不能过于膨胀和泛化，充斥整个社会，排斥法律规范的作用。实际上，政策的特性决定了其根本不可能取代法律的作用。法律具有广泛的民意基础，具有明确的规范性和可操作性，具有稳定性和后果的可测性。过于依靠政策将使社会处于一种缺少明确的行为规范和准则，缺少有效的秩序和无法稳定发展的状态。市场经济是法制经济，政策已不能适应多元主体的社会结构和复杂的市场经济。随着我国市场经济的改革，计划经济体制将要消退，万能的政府能力将要减弱，党和政府靠行政命令直接指挥一切的工作方法也要随之转变。政策的功能和作用的范围将缩小，法律的权威和作用将越来越显著。政策与法律的关系正像计划与市场的关系一样，它们都不是一个完全相互取代的关系，而是一个整体上的转移关系。计划经济体制要向市场经济体制转变，并不是说市场经济下不要计划，只是计划在有限的范围起有限的作用。由政策社会向法治社会的转变，也不是不要政策，而是让政策也在有限的范围发挥有限的作用。有全能的计划就不可能有市场经济，同样，有万能的政策就不可能有法治社会。这两者是同形同步的。在计划经济向市场经济转变的过程中，我们也必须实行由依靠政策到依靠法律的转变。市场经济体制的建立过程，也是我国从政策社会走向法治社会的过程。

（本文原载于《中外法学》1999年第2期）

关 系

论法治社会及其与法治国家的关系

郭道晖[*]

党的十八届三中全会提出了"建设法治中国"的宏大目标，党的十八届四中全会提出了"全面推进依法治国"，"坚持法治国家、法治政府、法治社会一体建设"等方针。其中"法治中国""法治社会"在执政党的政治语汇中属于新概念和新命题。"法治国家"与"法治中国"的内涵都包括"国家"，这两个提法是一回事、概念重叠，还是不同的范畴、概念？"法治国家"与"法治社会"同在一个国境之内，它们是同一的或相互包含的概念，还是互有区别、相对独立和相互对应的实体？对此的许多解读，似乎还停留在旧的"法治国家"的范畴和观念上：譬如对于"法治社会"，理论界往往只是把它当作一个涵盖国家的大概念，与法治国家是同一的，要么将它包含于国家之中，社会是国家的社会，要么把它等同于法治国家，即人们讲法治社会，与讲法治国家是同义语。

其实，法治社会是相对于法治国家而言的。单讲建设法治国家，而不问建设什么样的法治国家，搞不好有可能造成对国家权力神圣性的过度崇拜，走向国家至上主义，导致实质的"不法国家"、专制国家。20世纪20年代至20世纪30年代，德国魏玛共和国实行的就是实证主义或国家主义法制国，认为"法律就是法律"，只要是主权者（国家）制定的，不论其良恶，都是合法的，都必须无条件服从。国

---

[*] 郭道晖，中国法学会法理学研究会顾问，全国人大常委会法工委研究室原副主任。

家至上的法制国为后来希特勒的法西斯主义专政开启了闸门。

再者,历史实践也表明,法治国家如果没有法治社会作为与其互动的基础力量,则很难建立。何况,按照马克思的预想,国家最终是要"消亡"的,而只要地球不毁灭,人类社会永存,社会就不能无规矩即无法治,理论上法治社会比法治国家更久远。

"法治社会"目标的提出,是对建设法治国家迈出有远见的一步。对法治社会,绝不应简单地理解为"以国家的法来管控社会",也不只是训练民众"守法的社会"。那只是法治社会的必要条件,而非充分条件。法治社会是相对独立的实体,与国家并存和对应,进而互补、互动、互控。近年来,我们提倡"社会管理创新",这可以有多种方式,而不只限于国家(政府)单向管控社会。笔者认为其最重要的创新,应当是社会自主自治和社会监督国家。这需要改变过去把社会只当作是"国家的社会",是国家的附庸,或将两者对立的偏颇观点。

一 何谓"法治社会"

"法治社会"是指社会的一种存在形式,一种社会类型。它不是按生产关系、生产方式的性质划分的社会形态,而是按社会的政治文化状况来称谓某种社会的特征,如古代的礼治社会、伦理社会、宗族社会、乡土社会,近现代的市民社会、福利社会、信息社会等概念。

法治国家是指国家机器的民主化、法治化。法治社会则是全部社会生活的民主化、法治化、自治化,包括社会基层群众的民主自治,各社会组织、行业的自律,企事业单位和社区的民主管理,通过法律使社会意识、社会行为、社会习惯都渗透着民主法治的精神,形成一种受社会强制力制约、由社会道德规范和社会共同体的组织规范所保障的法治文明。不能简单地、片面地将法治社会理解为只是以国家的法来管制社会。

这里需要首先厘清法治社会的主体、客体,以及它依法自治和治国（监督国家）所凭借的"法"的多元性与社会性特征。

（一）法治社会的主体

社会是与国家相区别、相对应、相对独立的实体，其主体不包括国家（这里所说的"国家"是指国家机构、国家权力、国家公务人员，而不是一定历史时空上、经济文化意义上的"祖国"，后者与"社会"的概念是相互包含的）。社会主体即是社会自身，即构成社会的人员和社会组织，包括诸如公民、国民、市民、村民等个人，诸如种族、民族、阶级、各行各业的社会团体以及企业等经济、政治、文化各方面的社会组织。

至于法治社会的治理主体，则包括国家和社会，二者共治。在法治社会初始形成过程中，离不开国家（政府）的导控，但不是完全依靠居于社会之上的国家来治理、管制。正如党的十八届三中全会决定在"创新社会治理体系"一节中所强调的，要"正确处理政府和社会关系，加快实施政社分开"，"鼓励和支持社会各方面的参与"，"适合由社会组织提供的公共服务和解决的事项，交由社会组织承担"，"实现政府治理和社会自我调节、居民自治良性互动"。

三中全会、四中全会的决定，都强调要坚持人民的主体地位。建设法治社会也应当坚持人民的主体地位，这同要求市场经济"在资源配置中起决定作用"的方略是相通的，都是重视社会自身的自治与自由发展，不受政府非法和过度干预。

从社会长远发展趋向来说，法治社会也应当如马克思、恩格斯在《共产党宣言》中预期的是"自由人的联合体"。能在法治轨道上自主发展的"自由人"，就是法治社会这个"联合体"的主体。

（二）法治社会的客体

法治社会的客体主要是各种社会关系，包括社会自身的自治秩序及其与国家的关系。

作为客体的特定社会成员、社会组织、社会活动，既要在法治轨道上接受国家权力（法律）的监控，也要受社会组织自身的自治自律规章和社会道德习俗等规范的约束，服从良性的社会组织及其社会权力的监控。法治社会另一主要的客体是国家（政府）的国务活动，特别是与社会（人民）利益密切相关的政府权力行为。法治社会对它既支持又监督，使之朝有利于社会、人民的方向运转。这是法治社会的重要权利、权力和功能。

（三）法治社会的"法制"

法治社会当然离不开法制。作为法治社会，其实行自治自律和监督国家的权能，当然要靠法。在法治社会的初始形成过程中，多是根据国家制定法来治理社会，也有社会自发形成或自愿订立的社会习惯规则、团体自治章程、乡规民约，等等。它们是与国家制定法相补充、相辅而行的"社会的法""民间法"，或称"软法"，与国家制定法（多为"硬法"）相区别。治理社会还多赖社会伦理道德、社会公约等规范，并运用社会组织自身具有的社会权力、社会强制力来推行。当法治社会逐渐形成后，社会的法也日渐取得主导的自治地位。

二 法治社会的"法制"

法的本源是社会。法治社会是人类社会历史发展的产物。在国家产生之前，原始社会的某个阶段，就有了以习俗、禁令形式存在的社会的法。国家产生后，才有了由国家确认的习惯法和由国家制定的法律（亦称制定法）。奴隶制国家把社会主体的大部分权利和权力"吞食"掉，凭借国家法的强制力实现对社会的统治，调整社会关系，维护社会秩序，于是才产生了国家的法律。那时的国家及其法律凌驾于社会之上，成为统治一切的权力，它蚕食、侵犯、排斥本应由社会主体自治与自律的社会规范的活动领域。

西方奴隶社会的法以古埃及法和古希腊法、古罗马法为典型。它们都是体现奴隶主阶级意志和利益的法，是奴隶主专政的工具。不过，古罗马法更多是来源于当时发达的商品经济，其中的万民法，是适用一般市民的民事法律，社会性较强。

欧洲封建制下的国家，实行神权（教皇）与王权统治，神权高于世俗王权。中世纪欧洲教会势力高于国家、国王的权力。教会法包括圣经和教会的教令，虽然不算国家法，却也不是以人民为主体的社会大众的法，而是以教皇为代表的宗教统治集团的法律。它不仅是控制教徒，而且是统治社会、统治全民的法律，其对于异教徒的迫害是十分残暴的。在欧洲封建社会的后期，一些王国的国家法律主要是维护封建的专制制度和封建等级秩序。但一些手工业行会出现了，其行业章程成了联系本行业人们及其与国家之间关系的社会纽带，是维护行会特权的社会规范。

到自由资本主义时代，政府主要是充当资本主义"守夜人"的角色，国家法律的职能是维护私有财产与契约自由，维护资产阶级民主和法律上的形式平等。不过，由于统治者除了阶级镇压职能以外，还有社会管理的职能，同时，资本主义的一个重要特点是市场经济发达，市民社会获得相对独立的地位，逐渐与国家分离，因此，出现了国家与社会的二元化，从而打破了国家、教会的一统天下。资本成为市民社会（资产阶级社会）的主要社会权力。社会上资本家和工人及其他社会势力分别组成代表自己利益的团体、政党。无产阶级同资产阶级的阶级斗争，产生了强大的工会等民间组织，工会在社会上逐渐成为能与资本家和资产阶级国家抗衡的社会组织。经过他们的斗争，无产阶级的某些权益得到一定程度的维护（如确认8小时工作制的《工厂法》的制定，美国歧视黑人的法律制度的废除，贫困阶层的社会保障，等等）。因此，国家法律中多少渗入了社会被统治阶级和阶层的影响，体现出某些社会公共利益和被统治阶级的权益的因素，从而出现了法的社会化的萌动。

现代资本主义国家法律的本质虽没有根本改变，但随着经济和科技文化的飞速发展，特别是全球经济一体化和信息社会、知识经济的形成，社会群体及其利益出现多元化格局，非政府组织蓬勃兴起。一方面，政府为了防止社会两极分化导致阶级斗争的加剧，避免和克服市场失灵和政府失灵的弊病，强调政府的"服务行政"和"给付行政"职能，借鉴和吸收了社会主义的一些社会政策，建构"福利国家"，使法律的社会性、人民性有所体现。有的西方学者称，当代资本主义之所以并未"垂死"，相反仍具有活力，一个重要原因概如英国学者韦恩·莫里森在其所著《法理学》一书中所说："社会主义的批判力量帮助西方国家对它们的法律秩序进行了重新修正。马克思的《共产党宣言》列举了革命成功之后要立即着手进行的十点社会改革计划，但是没有经过马克思所希望的革命，它们就在西方国家产生了巨大效果。"[1]"马克思的许多洞见，其影响越出了他的政治上的直接追随者，被吸纳到激发社会民主和自由思想的批判性对话之中……与以任何决定论方式证明为什么资本主义必然消亡方面相比，马克思在唤起资本主义的潜能方面更为成功。"[2]这方面在社会民主党或工党执政的国家如北欧、德国、英国，尤为突出。

另一方面，政府为了克服"大政府、小社会"的弊端和自身应对社会多元化的乏力，而将政府的权力下放或还归于社会。国家权力逐渐地向社会让出地盘，很多社会事务已由社会组织运用其社会资源与社会权力来治理。国家法律已不是治理社会的唯一权威，社会自在的规范日益发挥其自治力量。

由此，从该特定意义上说，现代资本主义国家也在生长着社会性、人民性因素，乃至某些社会主义因素。

与权力的多元化并行的是法的多元化。在中国古代，除国家法外，

---

[1] 〔英〕韦恩·莫里森：《法理学》，李桂林等译，武汉大学出版社，2003。
[2] 〔韩〕全炳梓：《多元社会中法律的性质与作用》，载《法制现代化研究》第5卷，南京师范大学出版社，1999。

还有民间社会法，如地方的士族法、宗族法、寺庙戒律、商会行规等。在西方中古基督教世界的臣民，不仅生活在教会法下面，而且也受制于世俗法律，诸如王室法、封建法、地方法、商法和其他法律。法律制度的多元性始终是西方法的基本特色。到现代，西方国家每一个人都生活在不止一种法制之下：不但有国内法（包括宪法、法律和法规等国家的制定法），也有各种社会组织的"法"。在美国，既有联邦法，又有州法，有严格法，还有衡平法。世界各国还要遵守国际法，包括双边或多边条约、国际惯例、国际协议等，还要遵循规范全球公民、全人类的"世界性的法"，如联合国宪章、联合国的公约或声明以及区域性法（如欧盟法律），等等。

权力的多元化社会化和法的社会化多元化，标志着国家至上、国家权力至上的神话走向解体，人类的社会权力和社会化的法，开始逐渐复归于社会。由国家法对社会的绝对统治，到国家法与民间社会的自治规范的共治，法治国家与法治社会共同发展，进而向法治世界迈进。人类社会经由原始的社会法，到国家的法对社会法的否定，再到社会的法逐渐居于主导地位——否定之否定，预示着未来民主的法治社会新世纪、新世界的到来，这是法发展的辩证过程。

当然，这是一个漫长的、渐进的历史过程，或许只是一种猜测。无论如何，这个过程已然开始。这就是法治社会诞生的历史背景与现实前提。

三 中国的法社会化发展趋势

（一）民间社会的法

中国几千年的封建专制统治，"家—国—天下"三位一体，虽然也有所谓民间社会，但主要是地方士族、豪强、宗法社会，地方宗族势力有严格的族规家法，甚至可以私设公堂，刑讯、处死百姓。这种"社会的法"虽也起到某些调节民间纠纷、维系基层社会统治秩序的作用，但基本上是专制国家法律的延伸和补充。

清末民初，民族资本主义渐趋成长，商会、行业工会、教育公会、同乡会等社会组织创立，他们的影响力也对立宪运动、法制改革起了一些作用。

中华人民共和国建立后的一个时期，因为实行权力高度集中的政治体制和计划经济，国家垄断社会的一切资源，以致国家权力无孔不入地介入各种社会问题，形成了国家至上、国家权力过度膨胀、统治一切、包办一切的局面。民间组织萎缩，社会自治规范日益隐退。

改革开放以来，随着市场经济的建立和发展，"国家—社会"一体化的局面开始改变。社会利益群体的多元化强烈地呼唤着权力的多元化和法的社会化。民间社会由此得到相对独立的活动空间。到20世纪末和21世纪初，国家开始关注法治，提出建立社会主义法治国家及和谐社会的目标，国家立法体系在宪法的主导下也形成多系统、多层次的格局，立法过程、行政执法和司法过程中，也开始注意社会主体的参与。但还未涉及大力发展民间社会组织，建设同法治国家互动的法治社会的问题。

直到党的十八届三中全会做出决定，提出要"创新社会治理体制"，"建设法治社会"，"鼓励和支持社会各方面的参与，实现政府治理和社会自我调节、居民自治良性互动"，"加快实施政社分开，推进社会组织明确权责、依法自治、发挥作用"。政府应当向社会"放权"，"适合由社会组织提供的公共服务和解决的事项，交由社会组织承担"这一系列宣示，都属于法治社会的要素与职能范围。

（二）法的社会化

所谓法的社会化，是指国家的法逐渐向社会倾斜：一是国家的法的内容和其制定与运行中社会性、人民性的增强；二是与国家的法相对独立的社会组织的自主、自治、自律的规范，在某些领域逐渐取代国家的法的地位或补充其功能。法的社会化是通过如下一些途径实现的。

第一，立法过程中利益相关的社会主体的参与。

2004年，北京市政府先后草拟了《外地来京建筑行业管理办法》和《道路交通管理办法》两个地方性法规草案，都遭到相关利益群体的质疑和异议，利益相关方认为：前者单独立法，有歧视外地企业和农民工的倾向；后者不分造成交通事故的责任，一概由司机负赔偿责任，显失公平。结果，前一法规草案尚未正式出台，就自行撤销；后一草案经修改后才获市人大审议通过。

至于我国《物权法》《证券法》等许多法律稿和《刑法》《刑事诉讼法》等很多法律的修改，近年都有专家直接参与拟订和论证。此外，也有公民提出立法违宪的批评和立法建议，导致非法之法或"恶法"的修改和废除（如收容审查、劳动教养等行政法规）以及新的法律法规的制定与颁布。这些都显示出社会主体参与立法的作用。

第二，立法开始重视贯彻"以人为本""立法为民"的精神。现行法律中社会公共利益的含量和某些特殊群体（如残疾人、老年人、妇女、儿童及其他社会弱势群体）的权益得到了适当体现。

第三，非政府组织的兴起及其影响力的日益强大。他们或接受政府的委托或授权，参与或取代政府执法，或直接以其组织所拥有的社会资源的支配力、影响力（即社会权力）去影响、监督政府的立法、执法和司法等国家权力行为。

第四，社会组织的依法自治。社会组织（包括人民团体、非政府组织、社区组织、行会组织、基层群众自治组织等）自订章程，依法自治，起到减轻国家法律的负担、填补国家法制的空白、协助社会治理的辅助作用。

四　法治国家中的法治社会

法社会化的目的在于保护社会主体的权益，协助并监督政府依法治理国家和社会，其目标在于建立法治社会。法治社会就是相对于法治国家而言的。

我们要建设的法治国家，首先不同于早期德国魏玛时代的"法制国"——只注重"形式法治"，即着眼于有法律的根据，就可承认其正当性，承认其为法治国；至于其统治所依据的法律是正义的还是非正义的、是民主的还是专制的，则在所不问。这是实证主义的法治，可以导致实质的"不法国家"。

实证主义法学实质上是一种国家主义的法学。它只承认经由国家（权力）制定的法律是法。虽然这在一定限度与历史背景下是必要的；但它对国家权力的神圣性过度崇拜，追求"形式法治"而忽视"实质法治"。然而，现代民主的法治国家应当是实质法治国家，应求形式与实质的统一。

再则，单有以国家法律为主导的法治是不够的，也不能适应当代社会经济与政治的发展要求。它必须有法治社会作为其辅助与互动的基础力量（所以，当代德国基本法已明确规定建立"社会法治国"）。

本文前已述及，法治国家同法治社会是两个对应范畴的概念，人们常常将它们混为一谈。当然，相对于"自然"来说，"社会"作为一个大概念，可以包括"国家"的概念在内，国家法律本身也是一种调整社会关系的规范。但是，二者毕竟有本质区别，在研究法治的历史发展时，区分法治国家和法治社会，有特别重要的意义。

一个简单的逻辑是，社会与社会权力是先于国家和国家权力而产生的；国家和国家权力最终也是会消亡的，从而法治国家也是会消亡的；但人类社会不能一日无法治，治理社会事务和维系社会秩序的社会规范与权威总是不可少的。也就是说，在人类社会没有灭亡以前，法治社会是与人类同在，是永存的。作为辅助直到取代国家权力的强制力的社会权力（社会强制力）也是始终必要的。

当然，国家和国家权力的消亡是遥远的事，或许只是一种梦想。但是，也不能不看到，在经济日益全球化的情势下，民族国家的概念也正经历着需要重新界定的命运。现实的要求是，在建设法治国家的过程中，同时要重视法治社会的培育，逐步削减国家权力和国家法律对社会的过度干预，给社会自主自治权力与社会规范让出适度空间。

五　法治社会与法治国家的互动关系

（一）法治国家要以法治社会为基础

国家权力与法的本源是人民。人民是社会的主体，国家的主人。国家立法不应只是国家意志或统治阶级意志的体现，而应是全民的、全社会的共同意志的体现。法的施行，也有赖于全社会、全体民众的支持。法不应只是控制社会的工具，也应是社会制约国家权力和社会自卫的利器，是建设法治国家的动力。因此，国家的法治化，不能没有社会的参与，不能搞脱离社会的法治化。否则，法治国家要么只是统治社会的专制国家，要么就是空中楼阁，只是一种难以兑现的承诺。

（二）法治社会的形成需要法治国家的扶持

法治社会的形成和运转，在相当长时期中也仍然有赖于国家权力的有力扶持与保障。

在西方发达国家，其社会法治文明是在有悠久历史的市场经济与市民社会的基础上，社会自发地形成的。在亚洲，特别是中国，由于国家对社会很长时期的严密统治和市场经济发育较晚，民间社会的发育主要是靠国家的"放权"和"松绑"。同时，由于在我国，民间社会团体还是新出土的嫩芽，其成长有赖于国家权力的倡导与扶持。

第一，以国家法治保障民间社会组织的基本权利与权力。这些权利与权力包括：公民的言论自由、结社自由，自主自治权力，社团的独立财产权，社会组织活动的安全与秩序，对来自政府或其他方面的侵权行为有法律的抵抗与救济手段，等等。没有对这些权利、权力与自由的法治保障，民间社会就难以成长和活动。

第二，社会权力需要国家法治和国家权力的引导与约束。任何权力不受制约都可能产生专横和腐败，社会权力也是如此。社会组织良莠不齐，对社会和国家的作用有好有坏。社会组织和社会群体行使其权力时应当遵守宪法、法律和社会公德。国家权力对于社会强势群体和集团的专横行为应加以抑制，对违法行为要依法制裁，对危害社会的黑社会组织、邪教组织、恐怖主义组织等，必须依法严加取缔。

（三）权力多元化要求社会规范的多元化

在很长的历史时期里，一国之内，国家的制定法必须是占统治地位、主导地位的。但这不等于把国家法制作为统治社会的唯一规范。既然法治国家要有法治社会的支撑和互动，要发挥社会主体的自主自治能力与社会权力，也就应当给社会权力所维系的社会自治自律的规范，留下生发的条件与一定的活动空间。国家的法律不是万能的，许多社会矛盾，无法全靠国家法律来解决。在道德领域，在民间日常纠纷中，在维护社会团体内部的秩序上，是可以依靠某些民间历史传统中行之有效的良好习惯规则，按照市民、村民意志（而不是由当地霸道的干部或不法的宗族势力专权）制定的乡规民约，按照社会成员的意志制定的社团章程、组织纪律等社会自律规范来调整的。

国外有学者主张：法律在介入社会问题之前，应正视自己的局限性，给礼节式道德等自发性社会规范提供充分发挥其作用的空间。多元化社会的法规应当与其他自发性社会规范相互取长补短。他认为，多元化社会可以开放性地追求多样性的价值，社会规范也应多元化，应减少强制性规范，增加自发性的自律规范。甚至说："最美好的社会是不需要（国家）法律存在的。"

这当然是一种美好的愿景。不过这只是从历史的发展上对遥远未来的预期，而非现实的追求。在当代，法治国家与法治社会应当是二元并存，同步推进，互动互控的。

未来长远的发展趋势是：由以国家立法执法为主，逐渐辅以社会的多元立"法"执"法"；从国家的单一法制为主，辅以社会规范的双重体制，逐渐发展为以社会规范为主的模式，国家法制则逐渐缩小影响而终至消亡。①

这是人类历史的归宿，远非一蹴而就。在现今阶段，仍应强调国家法制的一元化，其他社会规范作为补充，不能同宪法和法律抵触，同时，也要重视和逐步适度放开社会自治自律规范的功能。

（四）法治社会向法治国家表达社会的共同意志

仅为追求个人私利的分散、封闭的私人社会（即一般所谓市民社会），还不是法治社会。法治社会的意义在于超越私人社会的局限，以其有组织的实体（各种非政府组织）集中和表达社会的共同意志和公共利益，努力扩大社会的平等和自由，实现社会本身的民主化法治化，依靠民众在公共领域开展社会运动或社会斗争，积极参与国家政治和公共事务，提出政策倡议，以限制强权，促使国家（也包括社会自身）关注和实现全民或某些群体的共同利益，并由此推进国家的民主建设。

法治社会构成要素有：能参与国家事务与社会公共事务的社会群体和社会组织，包括非政府组织（志愿性社团、非营利性的公益组织等）；非官方的公共领域；社会活动；等等。各种非政府组织能将分散的民众个人组织起来，将分散的社会意志集中化，将"众意"转化为"公意"，将个体的私人利益公共化，从而也使其诉求和活动政治化，使私人社会或市民社会形成政治社会、法治社会，成为能通过同政府对话、协商、辩论、谈判等方式进行政治参与，能支持和监督、制约政府行使权力的有组织的社会力量。

（五）法治社会对建设法治国家的作用

第一，法治社会是法治国家的助手。

人民和法治社会是政治权利和社会权力的主体，对此，一些领导干部还未完全认知，往往不大情愿支持和鼓励民间社团发展，甚至加

---

① 郭道晖：《法治国家与法治社会》，《政治与法律》1995年第1期。

以压抑乃至扼杀。这是建构和谐社会不和谐的阻力。

应当看到,民众和法治社会中的非政府组织,其拥有的权利特别是政治权利,以及各种社会组织拥有的社会权力,越来越多样化和强化。很多社会事务和政府事务已由自愿组织起来的民众和相关社会组织运用其社会资源与社会权利、权力来治理。一些社会中介组织、基层居民自治组织、社区服务组织等,在协助政府承担许多社会公共事务和照顾居民生老病死、失业后的再就业、调解婚姻家庭纠纷等日常生活问题上,起了不可替代的作用。有些社会事务是政府不能或不愿做,不该做的,非政府组织正好填补了这个空白,并且利用其资源优势,有些可以比政府做得更好。

国家,即使是民主的法治国家,也只能保障国家有序运转,不能无遗漏地保障社会的公益和公正。法治社会利用其资源与社会权力,可对社会弱者和弱势群体给予扶助,对多样性的社会公益事业自动自愿地做出及时反应,对社区邻里间的日常纠纷、违反公共秩序的行为,进行调解、纠正,弘扬公共道德和服务精神,从而也对建构文明的和谐社会起推进作用。

任何有序和有效的治理,一个必要条件是全社会意志的统一。这不能只靠政府和执政党自上而下的灌输,还要靠社会的沟通、协议、参与——民众分散的意志集中、融合为共同意志,达成共识,从而形成政府治国的政治基础和社会基础。法治社会的各种社会组织(包括政党组织)就是集中统一社会共同意志的核心力量。德国基本法第21条规定各政党是"参与形成公民政治意志"的组织。其他社会组织也在其所联系的范围内,起类似的作用。法治社会通过各种社会组织,集中和反映不同社会群体的意见与要求,参与政府的决策过程,对政府治理提供社情、民情的依据,贡献人民群众和各行各业专家的智力资源、物资和精神支持,并促进政务活动的公开性和透明度,克服"黑箱作业"的弊端,从而使政府的管制变为善治。

当然，民间社团也是良莠不齐的。有些非法的甚至反动的社会组织和利益集团，是扰乱国家有序治理、侵害民众权益和破坏社会秩序的恶势力。如果善于通过法治社会同这些现象做斗争，则对遏制民间邪恶势力与非法组织，民间社团也可起到政府不可替代的作用。

总之，法治社会是政府的助手，是集中和反映民心民意的晴雨表、指南针、智囊库、出气口、安全阀、调整器。政府应自觉促进法治社会的形成，并善于运用法治社会中这些积极的社会力量，使之支持、协助并监督政府依法、正当、有序地进行国家与社会事务的治理。

第二，法治社会推动法治国家的改革。

通常情况下，法治社会是监督、制衡国家权力的力量。它既支持政府为民谋利益的举措，又对政府机构施加积极影响和正当压力，遏制、抗衡、扭转政府在立法、执法和司法中的不法、侵权行为。有些社会事件甚至成为推进社会政治和经济改革或转型的先声。

社会运动未必一定是对抗性的，在非政府组织理性的组织和引导下，其一般都是和平的、有序的、守法的。即使群体性事件中可能出现过激行为（如游行示威、群体上访），如果政府善于通过社会组织去引导，也可以将它纳入法治轨道。对待现今各地的群体性冲突事件，首先要看到，造成这种状态的社会原因常常有政府的决策失误或执法侵权。如果法治社会的积极正面功能得到事先的扶持和充分发挥，法治社会依正常法治渠道同政府沟通、协商、疏导，把矛盾解决于萌发之初，就不致积累过深、积怨过甚，引起爆炸性的后果。

综上，兴旺强盛的法治社会是国家和社会民主化的前提，也是构建和谐社会不可或缺的因素。国家需要法治社会做后盾，和谐社会要以法治社会为基础。若法治社会不能形成，国家得不到法治社会的支持就会陷入困境，国家没有法治社会的有力监控就会走向专制和腐败。尊重和善于运用法治社会中民众参与的权利和能量，是法治国家与法治社会和谐互动的关键。

六　形成法治社会需要观念革新

法治社会的形成，需有相应的法制保障，也要求执政观念和社会心理有一个大转变，那就是要廓清我国几千年来的专制统治遗毒，改造帝制的情结和臣民、子民、愚民、顺民的心态，始终坚持人民主体地位和人民当家做主，树立现代法治意识。

我们有些干部和学者，就当今社会法制不彰、道德滑坡的严重现象，往往责怪群众缺乏公民意识，而他们所理解和关注的公民意识常偏重于公民的守法意识和公德修养，比如，主张从小学开始设公民课，发布"加强改进公民道德建设、构建社会主义和谐社会"的《中国公民道德论坛宣言》，号召在全社会大力宣传"爱国守法、明礼诚信、团结友善、勤俭自强、敬业奉献"20字基本道德规范，普及道德知识，强化道德意识，等等。正确实施这方面教育，固然必要，但这20字中唯独没有权利和法治。这种对民众的教育，存在三种片面性：

一是没有强调民众所享有的法律资格。二是把民众只当成是义务主体，只是行政权相对人，只是服从行政决定和命令的客体，而不是政府服务的对象，不是对政府进行监督的主体。三是把民众只当成道德教育的对象，而对人民是宪法确认的主体这一点不够重视，对提高民众权利意识、参与管理国家和社会事务的法治意识不够重视。

同理，爱国主义教育也应当建立在对人民当家做主充分认识的基础上。社会民众不是像自然人那样基于某一特定的民族、阶级、经济、文化共同体的成员，而是如哈贝马斯所说，是"以宪法为象征的政治共同体内的成员"，他"对国家的忠诚和热爱应当是一种政治性的归属感"。民族国家获得独立或者某一阶级获得自由解放，并不等于该国的所有公民也一定都获得应有的人权和自由。毛泽东的名言："中国人民从此站起来了！"应当说，那还只是中国人作为中华民族的一分子在世界上站起来了，而作为民主共和国这个政治共同体成员的一分子，要达到完全"站起来"，达到真正的当家做主，仍需努力。

总之，社会主义法治国家并不是贴上"社会主义"四字标签就可万事大吉的，而是要以人民为主体，以与之并存互动的法治社会为基础，人民所需的法治才能真正实现。

（本文原载于《中共中央党校学报》2015年第1期）

法治社会中法与道德的关系及其实践把握

马长山

法与道德的关系是法学理论中由来已久、至今争论不休的重大问题。在依法治国、建立社会主义法治国家的新时期，有必要重新审视和深入探讨法与道德的关系问题。

一 当代西方法与道德关系的理论困境及其症结

法与道德的关系不仅是一个应然与实然的重大法哲学理论问题，也是关乎社会控制模式选择的重大实践问题，因此自古就受到关注。[①] 随着现代法治在西方的确立，法与道德的关系更为复杂，其理论问题及实践难题也空前突出，而"二战"后自然法学派的复兴，则把应然与实然、法与道德关系的争论推向高峰。

法与道德是否有本质上的联系是二者关系的关键和核心，当代西方自然法学派和分析实证主义法学派也正是以此为焦点展开论战的。富勒、德沃金等自然法学家认为，法与道德具有不可分割的必然联系，主张法律必须以道德为基础并与道德要求相一致，因此，法律一旦失去其固有的道德性，就"导致一个根本不宜称为法律制度的东西"[②]。也就是说，要把法律确定为"立法者和人民之间相对稳定的相互指望

[①] 在中国古代思想家那里，就有儒家"礼乐不兴，则刑罚不中"（《论语·卫君》）及法家"法虽不善，犹愈于无法"（《慎子·威德》）的不同主张。西方19世纪在自然法学派和实证主义法学派之间，则展开了更明确、更具体的争论。

[②] 〔美〕富勒：《法律的道德性》，转引自沈宗灵主编《法理学》，高等教育出版社，1994，第215页。

关系"①，以防立法者把残忍、非人道的东西写进法律，进而使符合正义理想和要求的良法得以确立和维护。不然，就会使法律丧失其目的性和价值基础，导致"法律不是被看作公民及其政府之间有目的的相互作用的产物，而是一个掌权者的单行线设计，它来自政府并将它强加于公民。"而凯尔森、哈特等分析实证主义法学家则主张将法与道德相分离，认为"法律问题，作为一个科学问题，是社会技术问题，并不是一个道德问题"②。至少可以这样说，"法律反映或符合一定道德要求，尽管事实上往往如此，然而不是一个必然的真理"③。只有改变仅从符合或违反道德标准和要求这一事实出发，来承认或否认某一规则是法律规则的立场，才能维护法律的性质、尊严、效力和法律秩序的稳定。而自然法学派断言只有符合某些道德原则才是法，这一方面会导致无政府主义，另一方面，也会形成对法律秩序的盲从，从而可能使法律及其权力消解在关于法律是什么的争论中，并产生将现行法律代替道德作为衡量行为的最终准则的危险。而且，"凡法律意思使人怀疑时，道德价值始终能提供明确的答案"这一观点也是愚蠢的。④ 实际上，自然法学派的"一致论"，固然有助于为法律提供必要的价值基础和准则，但由于他们认为道德在法律制定、解释及法官确定法律标准时都起着重要乃至决定作用，⑤ 并把法在实质上归于道德，就必然使法成为道德的附庸，丢掉其自身的独立品格和至上权威；而分析实证主义法学家使法从道德的这种影响中解脱出来，从而得以对法律进行精确描述和适用，这对法律的发展是有一定积极意义的。但其否认法与道德在本质上的联系，认为恶法亦法的观点，则必然削弱

---

① 〔美〕富勒：《法律的道德性》，转引自沈宗灵《现代西方法理学》，北京大学出版社，1992，第74页。
② 〔奥〕凯尔森：《法与国家的一般理论》，沈宗灵译，中国大百科全书出版社，1996，第5页。
③ 〔英〕哈特：《法律的概念》，张文显等译，中国大百科全书出版社，1996，第182页。
④ 〔英〕哈特：《法律的概念》，张文显等译，中国大百科全书出版社，1996，第182页。
⑤ 〔英〕戴维·M. 沃克：《牛津法律大辞典》，转引自肖金泉主编《世界法律思想金库》，中国政法大学出版社，1992，第403页。

法的伦理价值基础，以至于只好把法的效力归于最终的规则，法律制度也变成了机械的规则体系。这无疑会使法失去应有的活力和生命，甚至成为专权的御用工具。尽管在哈特、拉兹等人那里，已出现实证主义法学向自然主义法学的靠拢，但它们之间仍存在着重大分歧和鸿沟。英国学者迪亚斯企图以"时间方法"来对二者的争论进行调和，① 却收效甚微。可以说，争论双方都无法克服其理论局限和解决实践难题而双双陷入困境，以至有人得出"任何一个经济社会中的法与伦理的关系都是个别具体的历史现象，是每个社会的构造和性格的反射镜"这样一个相对主义的结论。②

西方法与道德关系的争论之所以陷入困境，诚如国内许多学者论及的，是由于他们没能也不可能站在马克思主义立场上，而把法与道德放在超阶级、超历史的资产阶级世界观和方法论的框架中去研究和分析所造成的。但这并非问题的全部。进一步的分析使我们看到，导致其理论困境的另一个不可忽视的重要因素，就是他们未能看到法与道德关系在价值层面、规范层面、秩序层面等的多维系统性，因而在某种程度上是从各自的视角出发，进行带有模拟对方色彩的"混战"。简而言之主要表现为以下几点。

1. 并未在实质上交锋

自然法学家们更多的是从价值层面出发，论及法律的目的性及法律要接受道德的裁判，或者说法律是最低限度的道德。在这一视角上，法律确实离不开道德基础，二者也不应分离；而分析实证主义法学家们则更多的是从规范层面和秩序层面出发，论及法律的实际效力及排除法律概念中的道德因素，所以才认为"法律的存在是一回事，它的优缺点是另一回事"③。在这一维度上，在法律实践中确应排除不稳定的、相对模

---

① 张文显：《当代西方法哲学》，吉林大学出版社，1987，第102页。
② 〔日〕川岛武宜：《现代化与法》，王志安等译，中国政法大学出版社，1994，第46页。
③ 〔英〕奥斯丁：《法理学的范围》，转引自〔英〕哈特《法律的概念》，张文显等译，中国大百科全书出版社，1996，第202页。

糊的道德概念的过度影响，法与道德也应分离。可见，尽管两大学派的法学家们一直争论不休，但在一定意义上说却未进行实质交锋。

2. 站在相反立场，论证着相同的善良初衷

哈特曾指责对方，否认法与道德之分将会出现把法律及其权力溶化在人们关于法律是什么的概念之争中的"危险"；而富勒则反驳说，这种"危险"不是来自法与道德的一致性，而恰恰是来自实证主义者对二者的分离。① 这表明，虽然双方立场相左，但却都在力图使法律免于专权的威胁，保证法的优良性、权威性和稳定性。如果我们按照他们的思路分析下去就会发现，问题并不在于法与道德的"分"或"合"，而在于什么条件下"分"或"合"会带来或避免这一"危险"。可见，双方在各自视域内都有一定道理，又都有一定片面性，只有走出狭隘视域而上升到整体视域，在价值层面"合"而规范秩序层面"分"，其共同初衷才能实现。

3. 在实践难题的对峙背后，也体现了立足点的错位

诚然，他们在"二战"后西德法院对纳粹统治时期犯罪行为处理问题上的争论给人一种针锋相对的感觉。面对纳粹法律，一个说，它违反了法律固有的道德性，故而这不是法律，不应遵守；另一个说，这是法律，但它们是如此邪恶以至不应遵从。他们分别在价值层面和规范与秩序层面来思考，并进而对纳粹法律予以否定。因而他们在对纳粹法律无效及对当时告密者予以定罪惩罚这一"终点"上，仍是相同的。哈特自己也宣称，任何实证主义者都"不能否认法律之稳定性部分地有赖于与道德的一致性"②，乃至主张法律应反映最低限度内容的自然法，只是反对把法律的无效性与法律的道德性相混淆，以免造成"他们由于缺乏考虑对社会的代价而匆忙作出法律是无效的因而不

---

① 参见沈宗灵《现代西方法理学》，北京大学出版社，1992，第70页。
② 〔英〕哈特：《法律的概念》，张文显等译，中国大百科全书出版社，1996，第199页。

应得到遵守的判断"①。可见，造成对这一问题认识上的争议和分歧的最根本原因，乃是双方立足点的不同。

由此观之，西方法与道德关系的论战，具有一定程度的"搭错车"的成分，他们各自陷入了自身狭隘视域的理论误区，又都想批评并说服对方，这必然是徒劳的。只有坚持马克思主义立场，并从多维视角出发，才能通过科学的审视而拿到打开法与道德关系迷宫的钥匙。

二　法与道德关系的多维性

国内法学界从马克思主义唯物史观出发，对法与道德的关系以及社会主义法与道德的相互作用进行了科学分析，取得了一定的共识。但是，仅从阶级分析框架得出法与道德的联系（起源、功能、内容、形式等）和区别（调整范围、效力、产生和消亡、规范结构等）或得出笼统的相互渗透、相互作用论，尚不能全面阐明法与道德的辩证关系，也不足以回应建立法治国家条件下对法与道德提出的要求。事实表明，法治社会中法与道德都存在着价值、规范和秩序等不同表现形态，故不能对其简单机械地审视，而必须进行多维度、总体性的动态认识和系统把握。

（一）在价值层面上，法律应服从道德评判和伦理价值指向

法律并非机械的纯粹规则，而是目的性与工具性的统一体。也就是说，人们之所以选择它作为主要的社会控制手段，绝不仅仅因为它的国家强制力，更具底蕴意味的是希望通过这种普遍有效的理性规则，来内在地表达、传递、推行能被认同和接受的一定价值原则和要求。也正因此，法律规范变成社会生活中的"活法"才是可能的，法律秩序也才能在现实中建立起来，而法律内在价值则主要是由伦理道德来提供的。

其一，法律的基本属性决定了其必须以伦理价值为基础。在一定意义上讲，人类社会生活主要表现为两大根本领域，即经济和伦理。

---

① 〔英〕哈特：《法律的概念》，张文显等译，中国大百科全书出版社，1996，206 页。

换言之，作为社会生活主体的人，在更具普遍和根本意义上说，是一种经济性存在和伦理性存在。前者使人类生活立足于必要的物质基础之上，后者则为人类生活提供了必要的文化精神生活根基，二者的统合使人类社会生活呈现文明、有序和进步状态。而后者对人类生活的作用更外显、更直接，以至贝尔指出，"任何社会都是一种道德秩序，它必须证明它的分配原则是合理的；它必须证明自由和强制的兼而并用，对于推行和实施它的分配原则来说是必要的，是天经地义的。"①

法律是人类的基本行为规则，这必然要反映经济关系和伦理价值。尽管经济关系是根本性的并具有最终决定作用，但伦理价值在作为上层建筑重要组成部分的法律中，也必然表现得更直接、更活跃。因为，伦理道德不仅包括个人方面，也包括社会方面，不仅包括善恶美丑、是非曲直的认知，也包括合理性、正当性的价值评判，因而它绝非单纯、狭隘的日用伦常，而是人们处理相互关系时应遵循的行为准则，是在长期社会生活中形成的关于人类行为合于理、利于人的起码价值标准。②法律只有体现、反映一定的伦理价值取向和要求，才能获得社会的普遍认同，进而变成社会生活中真正起作用的实际规则。从法的产生和历史发展来看，它也源于风俗习惯和道德，③而不论是中国还是西方，法律本义都是"正义"，都是对坚守合宜的事物或行为的伦理要求，④为此，有西方学者称，"自有文字记载的历史以来，所有重大社会斗争和改革运动都是高举正义大旗反对实在法中某些被认为需要纠正的不公正规定的"⑤。虽然在现代法治社会，法与道德由一体化走向分离，法律至上得到了充分强调，但社会生活主体的人仍未改变其伦理性存在的性质，伦理道德仍为社会成员提供着基本

---

① 〔美〕丹尼尔·贝尔：《资本主义文化矛盾》，赵一凡等译，三联书店，1989，第309页。
② 参见魏英敏主编《新伦理学教程》，北京大学出版社，1993，第107页。
③ 参见林惠祥《文化人类学》，商务印书馆，1996，第210页。
④ 参见夏勇《人权概念的起源》，中国政法大学出版社，1992，第28页。
⑤ 〔美〕E.博登海默：《法理学—法哲学及其方法》，邓正来等译，华夏出版社，1987，第288页。

的价值观念和准则,因此,法律仍需以伦理价值为基础,为此迪尔凯姆强调,"社会是一个道德规范的聚合系统,而法律在当代世俗社会中是上述道德规范的基本体现和重要后盾,以此来弥补作为现代社会聚合基础的普遍共有的价值观念的明显缺如。"[1] 而现代人权观念、法治观念也都是以伦理价值为重要逻辑起点和归宿的。如果我们抛开它,就难以为法律找到更具根本和普遍意义的价值基础。

其二,法律只有与社会伦理价值取向基本吻合,才能获得实际的普遍效力。法律制定本身并非目的,使之化为现实的理性规则秩序才是根本所在。应当说,生物社会也有其生活规则和秩序,但其完全处于本能的自然自在状态。人是具有自由理性和主体精神的高级动物,"他们即使在为生命而斗争的时候,也是在他们知道为什么的时候才斗争得最卖力气。"[2] 因而人类生活的规则和秩序不仅是高级复杂的,也必然处于一种能动的和自觉自为的状态。为此有学者认为,"价值观是基本的规范,社会的其他规范正是在这些价值观的基础上直接或间接地,象征地或实在地建立起来的。"[3] 川岛武宜则说得更明确:"大体上任何一个社会中,都存在赋予人们的行为以动机的特定的'价值'(或基准,或社会价值)",由法律所保障的价值就是法律价值,"而这些各种法律价值的总体又被抽象为所谓的'正义'"[4]。事实也表明,从法律规则到现实社会秩序的"物化"过程,正是法律价值有效内化并成为社会成员自觉的价值选择和行为准则的过程。如果说在前资本主义社会,法律秩序靠麻醉性的宗教神谕和武力强制尚可勉强维持的话,那么在现代法治社会,没有社会成员对法律规范的合理性、合法性认同,则寸步难行。因此,法律必须和社会认同的伦理价

---

[1] 转引自肖金泉主编《世界法律思想宝库》,中国政法大学出版社,1996,第384页。
[2] 〔美〕悉尼·胡克:《理性、社会神话和民主》,金克等译,上海人民出版社,1965,第3页。
[3] 〔法〕让·马克·思古德:《什么是政治的合法性?》,王雪梅译,《外国法译评》1997年第2期。
[4] 〔日〕川岛武宜:《现代化与法》,王志云等译,中国政法大学出版社,1994,第246页。

值相吻合或基本一致，才能得到有效承认和服从，进而化为社会生活中"活的规则"。否则，法律与社会伦理价值取向相悖离，必然受到道德力量的抵制和威胁而使其"变成一个毫无意义的外壳"。① 南美一些国家的实例就告诉人们，形式正确的法律本身并不能担保它被遵守，"法律要合法化并得到个人的支持，就必须使发布和应用法律的机构建立在团体基本的价值观之上"。② 由此可见，法律在价值层面服从伦理价值指向，是其得以存在和产生实际效力的必要条件。当然，法律只是反映和服从社会基本的具有"普遍性"的伦理价值，而更高的伦理价值追求只能通过自觉自律的道德规范来实现。如果与社会实际状况相脱离，将过高的伦理价值要求上升为法律，同法律的国家强制力来等齐划一，不仅这些伦理价值不能实现，就连法律本身也很难得到普遍遵守，这也是法在多元利益调适中的"中庸"性质和角色所决定的。

其三，否认法律的内在伦理基础，将使法律丧失价值基础而成为专权的任意工具。尽管存在着本质上的重大差异，但是西方的自然法与实在法观念和马克思的"法"与"法律"及"立法权"二重性的论述，都为现实中的法律提供了一种评判标准。③ 因为"合法的发展不可能没有法律的发展"，而"法律的发展不可能没有对法律的批评"④。在现代法治社会，国家主权已由君主手中回归民众手中，权力意志失效，法律也不再是王权特权的权威延伸和护卫工具，因而法律的评判标准，必须建立在公民共同体正当性、合理性及合法性的伦理价值基础

---

① 〔美〕E. 博登海默：《法理学—法哲学及其方法》，邓正来等译，华夏出版社，1987，第330页。
② 〔法〕让·马克·思古德：《什么是政治的合法性?》，王雪梅译，《外国法译评》1997年第2期。
③ 马克思并不反对"应然"与"实然"的区分，而要求立法必须以客观事实和发展规律为基础和依据，遵循合理处理利益与伦理关系的原则，使"法"恰当地、充分地表现为"法律"，从而在根本上成为人民意志的自觉表现（参见李步云《法的应然与实然》，《法学研究》1997年第5期）。
④ 《马克思恩格斯全集》第1卷，人民出版社，1995，第427页。

上,并最终决定法律的良恶和立废,从而使民主和法治精神与原则得以落实和贯彻。如果否认法的伦理价值基础,不仅难以为法律再找到其他价值根基和标准而易使其陷入盲区,而且将使法律蜕变为简单的专权工具。立法者可将其个人或集团的任何偏好和权力意志随意上升为法律,而无须顾忌人民大众的利益和要求,残暴的纳粹法制就是人所共知的例证。德国实证主义法学,就是因其一概拒绝道德伦理的实证逻辑而成为二战期间的"纳粹帮凶",最终在战后走投无路。为此,新分析实证主义法学家不得不明确承认,"法律在任何时候和任何地方的发展,事实上既受特定社会集团的传统道德、理想的深刻影响,也受到一些个别人所提出的开明的道德批评的影响"[1]。可见,确立法律的伦理价值基础和原则,是维护法律根本属性和实现民主法治的必要条件。

其四,法律要反映的伦理价值并非是纯粹的、超阶级的,伦理价值也并非法律内在价值的全部。法是与国家相伴生的历史产物。作为站在社会之上的"第三种力量"的国家,从产生那天起便力图缓和不同利益矛盾和阶级冲突,使之以"合法的形式进行"并限定在必要的秩序之中,法律也以国家强制力为后盾而成为普遍利益与特殊利益的调适器。[2] 然而,在剥削阶级社会,统治阶级为使其统治合法化,总是把其特殊利益描绘成普遍利益,"不得不把自己的利益说成是社会全体成员的共同利益"把他们自己的思想"描绘成唯一合乎理性的、有普遍意义的思想"并进行麻醉性地灌输教化,[3] 从而以"合法形式"来谋取其特殊利益和攫取公共利益,其法律也必然要在根本上反映统治阶级利益、意志和伦理价值追求,只不过它必须尊重社会成员的起码要求和社会的基本伦理价值取向,以便"盖上社会普遍承认的印章"[4] 也就是说,统治阶级是在一定物质生活条件下和社会成员所能

---

[1] 〔英〕哈特:《法律的概念》,张文显等译,中国大百科全书出版社,1996,第181页。
[2] 参见马长山《从市民社会理论出发对法本质的再认识》,《法学研究》1995年第1期。
[3] 《马克思恩格斯选集》第1卷,人民出版社,2012,第180页。
[4] 《马克思恩格斯选集》第4卷,人民出版社,2012,第123页。

承受、许可的限度内，来实现其阶级统治和利益、价值追求的，这使其法律与社会伦理价值在一定程度上基本吻合，尽管这种"吻合"是被迫的、有限的、扭曲的乃至是虚假的。因此，法律对伦理价值的服从并非是无条件的、绝对的和抽象的。

另一方面，说法律在价值层面上服从伦理价值，绝不意味着伦理价值是法律内在价值的全部。事实上，政治利益、主张和要求历来都在法律上有集中而突出的表现，但它更侧重于政权和阶级阶层在国家中的地位及作用，而伦理道德则不仅涵摄家庭、阶层、阶级关系，还涵摄自我与他人、个人与社会和国家的关系，因而伦理价值更具普遍意义，并要求统治阶级立法给予起码的尊重。同时，统治阶级的政治利益、主张和要求也必须有相应正当、合理的伦理论证，否则"便岌岌可危，迷失方向"[1]。统治阶级伦理价值取向与其政治要求也是内在一致的，因而伦理价值必然构成法律的价值基础，这与法反映统治阶级意志和要求并不矛盾。

（二）在规范层面上，二元社会结构使法与道德成为并立互补的不同规则

国家是因社会具有陷入不可解决的自我矛盾的天然可能性而产生的，为使"这些经济利益互相冲突的阶级，不致在无谓的斗争中把自己和社会消灭，就需要有一种表面上凌驾于社会之上的力量，这种力量应当缓和冲突，把冲突保持在'秩序'的范围以内"[2]。法律就是国家协调这种利益冲突并维持必要秩序的正式代表和基本工具。[3] 然而事实表明，国家一旦从市民社会中产生出来，便反成为凌驾于市民社会之上的异化力量，"'警察'、'法庭'和'行政机关'不是市民社会本身赖以管理自己固有的普遍利益的代表，而是国家用以管理自

---

[1] 〔英〕欧内斯特·巴克:《英国政治思想》，转引自魏英敏主编《新伦理学教程》，北京大学出版社，1993，第214页。
[2] 《马克思恩格斯选集》第4卷，人民出版社，2012，第187页。
[3] 参见马长山《从市民社会理论出发对法本质的再认识》，《法学研究》1995年第1期。

己、反对市民社会的全权代表"①。因而在前资本主义社会,政治国家吞噬了市民社会而呈"同一"状态,构成家国一体、家庭企业不分的单元结构的"礼俗社会"。② 王权等级、血缘宗族是维系人们相互关系的基本纽带,道德、法律和王权也是三位一体的。因此,法与道德不仅在价值层面是高度统合的,在规范层面上也表现出相当程度的同化,并不都具有自我独立的品格。直到近代,出现了政治国家与市民社会的分离且二者得以并列存在,法律规范与道德规范的分离和独立才提上日程。

其一,法与道德剥离为"国家法"和"社会法",随着市民社会从政治国家中获得解放,并把政治国家置于它的制约之下,国家便从王权宗族的象征,复归为市民社会的政治表现和公共利益的化身。与此同时,在市民社会巨大的社会结构变迁和功能分化过程中,家庭、企业、组织发生了分离,个人也获得了独立自主的公民角色,它们共同成为市场经济中自主竞争与业缘合作的平等利益主体。面对市民社会与政治国家的矛盾,以及市民社会生活中多元复杂的利益关系,专断权力统治已无法立足,道德调整的力量也无能为力。这就迫切需要以公共姿态出现的,具有确定性、普遍性和合理性的强制性规则,来确立、调适和平衡市民社会与政治国家的活动领域、权力与权利关系、市民社会生活主体的活动及权利义务关系,③ 进而建立"法理社会"和现代民主法治。这样,必然使法律规范同道德规范发生剥离,并在形式上以政治国家为依托,成为公共意志的正式代表。④ 它不再是王权的延伸

---

① 《马克思恩格斯全集》第 3 卷,人民出版社,2002,第 64 页。
② 〔日〕富永健一:《社会结构与社会变迁》,董兴华译,云南人民出版社,1988,第 60 页。
③ 马克思曾指出,近代国家制度是政治国家与非政治国家两种本质上各不相同的势力的一种契约,因此,"国家是建筑在社会生活和私人生活之间的矛盾上,建筑在普遍利益和私人利益之间的矛盾上的"(《马克思恩格斯全集》第 3 卷,人民出版社,2002,第 386 页)。作为国家制度重要组成部分的法律,必然要扮演这一"仲裁"角色。
④ 由于市民社会是最终决定政治国家的力量,因此,在实质上,法必然是市民社会客观要求的反映,这是毋庸置疑的。参见马长山《从市民社会理论出发对法本质的再认识》,《法学研究》1995 年第 1 期。

和道德的强化工具，而是普遍利益与特殊利益的调适器，也即由王权法、伦理法上升为"国家法"，因而成为社会控制的主导规范。

另一方面，市民社会的政治解放和独立发展进程，使血缘地缘的日用伦常传统受到利益追求和法律理性的冲击，"国家法"与道德的剥离，也使道德失去昔日的强力支撑。然而道德的"失落"并不意味着它的退化和衰竭，反而表明了它的近代转型。因为，文化伦理的存在是人类生活的一个基本属性，人们有序的日常生活以及市民社会成员在对待个人、国家和社会的关系问题上，都有赖于价值准则和伦理道德规范的导引和评价。而"经济不仅仅受经济规律的控制，而且也是由人来决定的，在人的意愿和选择里总是有一个由期望、标准、观点以及道德想象所组成的合唱在起作用。"特别是要协调市场经济中的行为偏好，"要减少额外交易成本就要使道德准则有约束力——内在化"。[①] 但是，它已突破以往狭隘的日用伦常和宗法性质，而更多地具有正当性、合理性，实现了近代转型——成为与政治国家相分离，并立足于市民社会的"自我规范"——"社会法"，从而为市民社会生活提供了起码的价值准则和行为规范。[②]

其二，"国家法"与"社会法"有机互补，适应着现代社会的二元结构。市民社会与政治国家的并列分立，其根本意义在于普遍利益与特殊利益的划分。作为普遍利益正式代表的政治国家，是实现市民社会的手段和必要保障；而作为特殊利益代表的市民社会，则是政治国家的基础和根本目的。这就要求出自国家的"国家法"借助公共意志，以全社会利益的面目来设定国家权力和社会权利及主体权利义务，并对公共利益和特殊利益予以界定，借此来限制、协调和保障

---

① 〔德〕P. 科斯洛夫斯基：《资本主义的伦理学》，王彤译，中国社会科学出版社，1996，第3、44页。
② 当然，伦理道德也关照政治国家生活及其与市民社会的关系（即存在政治伦理），但法治条件下，它主要的是通过价值形态转化为法律而起作用。而在市民社会生活中，伦理道德则发挥更直接、更具体、更广泛的调整和规范作用，而且，这种作用也是通过社会主体的自觉遵行得以维持和实现的。因此说，它在根本上是"社会法"。

特殊利益并使其得以合理有序地实现。因而"国家法"是一种外生性、他律性规范。同时，法律是以国家意志表现出来的，是普遍理性的凝结和对社会主体共同价值追求的提炼与升华，因而它又是一种高于元规范的次级规范。而作为"社会法"的伦理道德，不仅出自市民社会，而且是通过市民社会力量来得以维系的，因而是与"国家法"对应的内生性、自律性规范和元规范，① 从而为市民社会秩序提供了基本的自律规则。由此可见，"国家法"和"社会法"具有不同属性和功能。

无疑，伦理道德要通过价值形态进入法律，使法律与道德在市民社会与政治国家关系的价值追求和准则上具有吻合性，在最基本行为要求和规范上具有重合性，并对伦理道德规范具有保障作用，但外生性、他律性、次级规范的"国家法"不应也不可能把市民社会的一切纳入其中，这也是自主自律这一市民社会基本精神的必然反映和要求。伦理道德从而为"国家法"设定了在市民社会的触角边际：只限于对公共利益，也即对各个特殊利益和权利予以有效保障的必要。② 否则，国家法将造成扩张的公共利益对正当特殊利益和权利的侵损，法律也必将受到市民社会的本能抵制而归于无效，以致适得其反而发生社会秩序崩溃的危险。诚如马多佛所言："法律不曾亦不能涉及道德的所有的领域。若将一切道德的责任，尽行化为法律的责任，那便等于毁灭道德。"③ 当代社会经济发展要求国家干预的领域进一步扩大，法律对国家和市民社会生活的调控范围及力度是扩展和强化的趋势，但这从根本上也是对法治社会中平等权利的"福利性"保护。而作为内生性、自律性规范和元规范的伦理道德，不仅融涵市民社会成

---

① 之所以称之为元规范，是因为伦理道德在很大程度上是市民社会成员价值追求的直接反映和本真表现。
② 这也是法律只能反映社会基本伦理价值这一原则在规范层面上的必然要求和反映。
③ 〔美〕马多佛：《现代的国家》，转引自肖金泉主编《世界法律思想宝库》，中国政法大学出版社，1996，第402页。

员对个人与国家和社会关系的价值认知，还辐射市民社会自由自主活动的广泛空间。也就是说，道德规范并不局限于普遍利益与特殊利益关系上的规范要求，而是广延于几乎市民社会主体活动的所有领域，为其提供价值准则和行为规则。因而它的触脚在市民社会中没有边际，自由有序的市民社会生活，也恰是通过"社会法"更高、更广、更自觉的规范要求来自律协调并获得重要保证的，这弥补了"国家法"在调整范围及刚性方面表现出来的有限和不足。这样，"国家法"和"社会法"的有机互补与契合，使市民社会与政治国家的二元社会结构得以有效维系和保障。

（三）在秩序层面上，伦理秩序是基础，法律秩序为主导

规范和秩序是紧密相连而又并不相同的存在形态。[①] 在前资本主义社会，法与道德附庸于权力而呈一体化色彩，人们不是自由地去服从，而只是勉强地服从而已，意志的规则对他来说只不过是专制的规则。[②] 因而其社会秩序在更大意义上是被动的、一体化的伦理权力秩序，并呈现周期性的危机和震荡。近代法与道德的独立与分离，也必然导致法律秩序与伦理秩序的独立与分离。由于法治条件下"国家法"成为规制国家生活与社会生活的总纲和基本准则，因而伦理秩序主导必然转为法律秩序主导，而且在世界现代化进程中，法律控制进一步加强，道德控制逐渐减弱也是一个不断发展的趋势。然而，"近代社会的秩序是以建筑在'意志'之上的法与伦理为主要支柱的"，这一点是确定无疑的，而埃利希确立的与"国家法"对应的"活法"[③]及千叶正士确立的与"官方法"对应的"非官方法"[④]也都表明他们

---

① 无论法律规范还是道德规范，其本身都并非目的，而是要将其通过实施和遵行而化为现实的社会秩序。诚如有学者指出的，"法律是法律秩序的前提，法律秩序是法律实施的结果，是被实现了的法"。（吕世伦主编《当代西方理论法学研究》，中国人民大学出版社，1997，第373页）伦理道德亦是如此。
② 参见〔日〕川岛武宜《现代化与法》，王志安等译，中国政法大学出版社，1994，第20页。
③ 沈宗灵：《现代西方法理学》，北京大学出版社，1992，第272页。
④ 〔日〕千叶正士：《法律多元》，强世功等译，中国政法大学出版社，1997，第6、7章。

对与法律秩序相匹配的其他社会秩序给予了极大关注,"活法"与"非官方法"的相当成分便是伦理道德的,也就是说,法律秩序的建立和实现离不开伦理秩序的支持和补充。

我们说法治的普遍理性规则具有他律性和外生性,因而它所形成的是一种外在性的国家强制秩序。但这一外在性却不可能再建立在前资本主义社会那样的宗教神谕和武力强制的基础上,而必然立足于合理性、合法性认同和自愿服从的基础上,即法治国家的秩序"必须来自人民自身——自觉自愿地遵守从心底里拥护的、大家共同分享的道德价值观念的要求和约束。"① 这表明,现代法律秩序的他律性和外在性,隐含着自律性和内在性要素。而伦理道德是一种高度自律自觉的元规范,因此伦理秩序呈现的是与市民社会精神相吻合的内在性自律秩序,同时,法律规范所不及的领域也由道德规范来调适而形成具有重要弥补作用的"法外秩序"。从这一意义上讲,法律秩序是一种有限性的"显秩序",而伦理秩序则是一种广延性的"隐秩序"。如果没有自主自律的道德人格和以内生信仰为基础的伦理要求,以伦理道德为基础的法律内在价值就难以得到有效认同和内化,没有自律性的"隐秩序"和"法外秩序"的存在,外在强制的"显秩序"和"有限秩序"也难以真正确立起来。为此,有国外学者称,"狭隘地依赖重视惩罚的法律理性,其结果就是人们普遍地采取只遵守条文、寻找法律漏洞的策略,从而避免惩罚,对此就需要严格先前的法律,弥补漏洞,而这会使得法律更加严厉。如果所有人都把自己的事业发展限制在法律的范围内,那么生活就会变得不可忍受","也就"导致奴役而不是带来自由了"。② 巴尔在分析了美国 25 年来道德剧变所引发的犯罪和各种社会问题后也指出,目前通过政府和新的法律来解决这些问

---

① 〔美〕巴尔:《三种不同竞争的价值观念体系》,力文译,《现代外国哲学社会科学文摘》1993 年第 9 期。
② 〔美〕文森特·奥斯特罗姆:《政治文明:东方与西方》,潜龙译,载刘军宁等编《经济民主与经济自由》,三联书店,1997,第 272 页。

题成为社会普遍的期待，但我们最迫切的问题不是由我们法律中的缺陷引起的，而是起因于应该支持法律这一道德共识的分崩离析。由于"民众的政府及其法律必然依赖于某种先于国家和人为法律而存在的基本的道德秩序"①，因此，解决问题的关键并不在于法律上的修补，而是对公共哲学及道德秩序的重建。可见，西方人对过分依赖法律的醒悟在警示我们，尽管法治社会中必须倡导和建立法律秩序主导的模式，但不可忽视伦理秩序的基础作用和必要支撑，否则，法律秩序是很难真正得以建立的。

（四）在治国层面上，必须是法治立国，而不能德治立国或德治与法治杂糅并用

法律、道德和宗教是迄今为止人类社会最主要的社会控制工具。但自"上帝死了"以后，宗教力量开始衰退，法律与道德无疑成为社会秩序的两根主要支柱。然而在治国方式上，二者却很难等量齐观。

第一，以何者立国，就是以何者作为国家治理的根本依据、基本手段和方法，进而实现理想社会秩序目标的大问题。由于道德固有属性中的非确定性易导致过度弹性、自觉自律性易导致缺乏普遍有效性、非普遍性易导致标准多元化、过多至善理想易导致缺少宽容和衡平等因素，使其很难适应二元社会结构条件下对国家治理规则的更高要求，而具有确定性、普遍性、合理性和强制性的法律，恰好为多元复杂的利益关系和自由自主的主体活动提供了纲领性的规制和"居中仲裁"的规则。因此，现代国家只能法治立国，而没有德治立国的余地。

第二，近代政治解放把被颠倒的市民社会与政治国家的关系重新颠倒过来，使市民社会获得自主性并成为国家权力的最终决定力量，因而它必然要求国家权力归属于公民共同体并受到严格制约和限制，

---

① 〔美〕巴尔：《三种不同竞争的价值观念体系》，力文译，《现代外国哲学社会科学文摘》1993年第9期。

社会主体权利获得充分保障进而实现国家生活和社会生活的民主化。这就需要体现公共意志而非个人或权力意志的普遍理性规则，来保障这种民主化生活和实现国家的治理，确立现代民主与法治。因此，法治立国也是现代市民社会与政治国家作用关系的必然要求，而伦理道德在这种作用关系面前则力不从心。

第三，历史上的道德立国在根本上都是不成功的。应当说，封建中国是道德立国的典型，倡导道德理想主义。然而事实表明，不仅宫廷王位的更迭具有血迹斑斑的非道德性，而且"圣君贤相"的背后多为昏君贪吏，农民起义和王朝更迭也十分频繁。以至于黑格尔偏激地认为，在中国虽然有政治上的道义性，但是却使当时中国人的巨大的不道德成为必然。① 有的西方学者甚至把道德理想主义视为暴力的一个重要来源。② 历史事实也表明，法国大革命中一个很重要的教训，就是把道德理想主义毫无保留地付诸实践，直接地把价值理性定位于政治设计和操作，结果"出现政治国家高踞于而非服从于市民社会的态势：政治国家高居不下，以道德鸟瞰的方式裁夺市民社会"③。不仅把道德由私人事务上升为强制性公共状态和国家、政治乃至文明历史唯一基础的企图未能实现，罗伯斯庇尔作为颠覆者最终也被颠覆。④ 我国"文化大革命"期间极"左"思潮的超革命化和高度政治演化，在一定意义上也是道德理想主义在作祟。而经典作家在阐发马克思主义民主观、国家观时早就指出，相信国家是"永恒的真理和正义所借以实现或应当借以实现的场所"⑤，是产生国家崇拜和"权力拜物教"的重要根源。由此可见，作为治国方略，道德是靠不住的，而只有法治才能保障国家和社会生活民主化及其秩序的稳定性、开放性和进

---

① 参见川岛武宜《现代化与法》，王志安等译，中国政法大学出版社，1994，第22页。
② 参见〔美〕西摩·马丁·李普塞特《一致与冲突》，张华青等译，上海人民出版社，1995，第336页。
③ 参见朱学勤《道德理想国的覆灭》，三联书店，1994，第281页。
④ 参见朱学勤《道德理想国的覆灭》，三联书店，1994，第267页。
⑤ 《马克思恩格斯选集》第3卷，人民出版社，2012，第55页。

步性。

综上所述，法与道德表现为四个层面的多维系统的有机联系。虽然我们不能断言这些层面是截然分开、泾渭分明的，但它们彼此间还是能够廓清的。从价值—规范—秩序—治国层面，形成一个由里及表、由应然到实然、由目标到结果的有机关系链，从而构成法治条件下法与道德关系的完整面貌。通过对这一面貌的清晰准确的认识，可以使我们更好地把握和处理现实生活中的二者关系。

三 正确把握法与道德的关系，推进中国法治进程

著名社会学法学家庞德曾指出，"法律必须稳定，但又不能静止不变，"而要使其"对稳定性的需要和对变化的需要方面这种相互冲突的要求协调起来"，就必须研究和把握法与道德的关系。[1] 这在现代法治条件下表现得更为突出，也可以说，法与道德关系是法治进程中必须予以充分关注的重要环节。然而，我们过去未能从不同维度来审视法与道德的关系，这不仅造成二者关系在理论上存在某种程度的笼统含混，也给实践中正确处理二者关系及其难题带来一定阻碍，既影响法治进程，也影响精神文明建设。因此，从法与道德关系的多维性出发，在不同环节正确认识和处理二者地位及作用关系，则显得十分重要和紧迫。

1. 在立法环节，应遵从伦理价值，弘扬社会主义法的时代精神

法与道德在价值层面上的有机联系，是通过现实的立法环节来获得集中表现的。因为，在法精神、法规范和法秩序诸形态中，只有法精神才呈价值状态，才能与伦理价值直接通约和融合，而法精神恰是立法的根本依据和准则，并通过立法环节从应然走向实然。同时，法律规范是一种具有国家强制力和普遍性、确定性的客观规则，而作为立法、执法、司法、守法和法律监督活动结果的法律秩序，也呈明确、

---

[1] 参见〔美〕罗斯科·庞德《法律史解释》，曹玉堂等译，华夏出版社，1989，第 1 页。

稳定和可预测的规则性状态，它们与表现为非强制、非普遍、非确定的主观存在的伦理价值，是相互排斥的，也就是说，法规范和法秩序对价值状态的伦理来讲，是"刚性"的、封闭自守的，只有立法环节的法精神才是"弹性"的，才能对伦理价值开放性地进行吸纳，进而为价值层面上法与道德关系的整合提供了现实空间。这就需要把握好以下方面。

首先，应克服道德统化和"纯粹规则"两种倾向。在谈及法与道德的关系时，我们经常见到"法律是最低限度的道德"、"法律道德化"、"道德法律化"、"法律是强制的道德，道德是自觉的法律"等表述，虽然上述表述都有其合理成分，但一定程度上均混淆了法与道德在不同层面上的关系，不适当地把价值层面关系扩大化、普适化了，因而极易产生实践上的道德泛化。尽管现实中有的道德规范被确立为法律规范，但也绝不可因此得出伦理道德可直接进入和转化为法律的简单结论。事实上，这些法律规范是伦理道德与法律在价值上的统一和在规范上的个别竞合。因此，从根本上说，法与道德在价值层面上的关系只能限于立法环节，而不可扩大适用。另一方面，也必须拒绝把法律视为"纯粹规则"的观点，其忽视、排斥乃至否认伦理价值对法律的导引作用，实际上是把法与道德在规范层面上的关系不适当地适用于价值层面了，这必将导致法律价值的缺损。而只有使立法接受和遵从伦理价值的取向与评价，才能确保良法得以有效确立，只有确立了良法，它才能获得普遍遵守，法治也才能最终实现。

其次，要弘扬社会主义法的时代精神。面向新世纪的中国，正在建立社会主义法治国家宏伟目标下加速建构着市场经济法律体系。然而，它不应仅仅是法律规范体系的重构与转型，而更重要的应是法律价值的变换和重塑。只有使外在性要素（躯干）和内在性要素（灵魂）同步革新，才能建立起适应市场经济发展需要的法治秩序。因此，在市场经济法律体系的构建过程中，必须弘扬法的时代精神。应当说，社会主义法的时代精神，主要反映着社会主义时代发展和进步要求的各种价值取向和目标，自然包括以邓小平理论为指导的新时期的政治主张、市场经济的公平效率追求及对客观规律性的尊重等。但其非常重要的组成部分，就是对正当性、合理性的时代追求——正义原则下的法精神。[1] 而按经典作家的观点，"只要与生产方式相适应，相一致，就是正义的；只要与生产方式相矛盾，就是非正义的"[2]，因此，"真正的自由和真正的平等只有在公社制度下才可能实现"[3]，可见，在以公平效率为目标的市场经济条件下，正义法精神主要表现为社会主义自由、平等和人权价值追求。这就要求在当前的依法治国过程中，克服工具主义、实用主义倾向，防止立法的极力扩张，大力弘扬法的时代精神。

再次，在推进依法治国的进程中，切勿推行"道德法律化"。强调道德法律化，往往是不分价值和秩序层面，而在立法环节直接把道德要求和规范演化为法律要求和规范，形成"道德的法律强制"。然而，由于法律只反映社会基本伦理价值，并决定其在市民社会的触角边际，因此，立法对伦理道德价值的遵从绝不可演绎为道德的法律强制，即便是极力主张道德强制的德富林也不得不提出法律强制实施道德时应遵循四个原则。[4] 如果通过道德法律化过度地、强行地赋予"社会法"以"国家法"意义和角色，极易把市民社会自决、自律的较高标准，不当地上升为他律强制的国家标准。这种外在性的裁剪划一的做法，使法律跨越其触角边际而成为套在市民社会身上的枷锁，因而必会受到市民社会的抵制而难以获得普遍遵行，也极易造成专权以道德理想主义的法律化身侵吞市民社会权利的恶果。而这种被"外

---

[1] 马长山：《公民意识：中国法治进程的内驱力》，《法学研究》1996年第6期。
[2] 《马克思恩格斯文集》第7卷，人民出版社，2009，第379页。
[3] 《马克思恩格斯全集》第3卷，人民出版社，2002，第482页。
[4] 四个原则即容忍与社会完整统一相协调的最大限度的个人自由，容忍限度的改变，尽可能充分地尊重个人隐私，法涉及最低限度的而不是最高限度的行为标准。参见张文显《二十世纪西方法哲学思潮研究》，法律出版社，1996，第425页。

在化、法律化了的道德""不但不是道德，而且是反道德的了"①，不仅对道德本身是个致命的伤害，对法律和市民社会权利也造成了严重贬损。因此它所形成的"法律不法律、道德不道德"的"夹生"规范，不但建立不起良好的规则秩序，反而可能成为破坏规则秩序的一个祸根。可见，虽然推进依法治国进程中要把国家和社会生活纳入法制轨道，且立法要遵从基本伦理价值取向，精神文明建设也需要法制保障，但绝不可推行道德法律化，否则后果是严重的。

2. 在执法司法环节，法律与道德不可混淆和替代

执法司法活动主要是把法律规范适用于主体行为并进而调整社会关系的过程，故而它所涉及的法与道德的关系，在根本上是处于规范层面，因此，在这一环节上绝不能使法律与道德这两种不同的规范相混淆和互相替代。

（1）以道德替代法律，必然冲击法律权威。如果说"法律是最低限度的道德"的结论在价值层面尚可的话，那么它在规范层面则很难行得通。事实表明，现代社会之所以普遍主张确立法治秩序，就在于具有至上权威的"国家法"能为二元社会结构中多元复杂的利益关系提供有效的调适和规制，其评价标准也具有统一性和客观性，这是作为"社会法"的道德所无法企及的。而把法与道德在价值层面的逻辑延伸到规范层面，用伦理原则、道德价值去评判、衡量乃至否定具体法律规范，则使他律刚性、普遍化、外在理性的"国家法"附庸于自律弹性、多样化、内在主观的"社会法"，造成道德泛化，严重消解"国家法"的应有性质和功能。也就是说，"如果法律规则与道德要求之间的界限是不明确的或极为模糊不清的，那么法律的确定性与可预见性就必定会受到侵损"②。在"社会法"面前，"国家法"的至上性和强制效力会黯

---

① 梁治平：《寻求自然秩序中的和谐》，中国政法大学出版社，1997，第269页。
② 〔美〕E. 博登海默：《法理学—法哲学及其方法》，邓正来等译，华夏出版社，1987，第228页。

然失色，不仅市民社会与政治国家的相互关系及多元自主、开放竞争的市民社会生活难以得到有效调适和保障，法律秩序也会悄然退让于伦理道德秩序。而一旦发生法律秩序的衰退，伦理道德秩序也终会失去保证。要避免这种情况的发生，主要应从如下几个层面入手。

首先，在执法司法环节必须严格区分"国家法"和"社会法"，防止二者的角色错位，即只能以"国家法"为依据和准绳，而不能适用"社会法"和为"社会法"提供插足空间。现实生活中虽然也存在着法律直接设定、援引道德规范的个别情况，但这里的道德规范已不再是原来意义的道德规范，而是以道德规范形式表现出来的法律规范，因此对"公平"、"诚信"、"公认的商业道德和惯例"等不能使其具有相对主义色彩或依个人偏好而进行任意解释与适用，而必须符合公认原则、法律价值及法理要求，且应在具体案件处理过程中，与同案其他相关法律的适用有机结合，而不可在单纯道德规范的意义上来解释和适用。

其次，在立法环节上，伦理道德基本要求已由价值形态注入"国家法"，因而法律标准本身就包含着基本道德价值标准，如果在执法司法过程中再脱离法律而适用道德规范，就等于在价值和规范上重复使用道德标准，势必使带有个别化色彩的道德标准，冲击原有法律标准中已确认的道德标准并导致其变异[①]，这也会造成道德名义下的权力专断和枉法裁判。

再次，封建中国曾是将道德贯穿于法精神—法规范—法秩序始终的典型，但结果并不理想。官吏依成文的法律行事就是在执行道德，因而"他们在很多情况下会有充分的理由背离成文的律令，因为道德原则要求具体情况具体处理"[②]。这样，法庭成为道德教化的场所，亦

---

① 国内有学者对此已有详论，参见刘作翔《法律与道德：中国法治进程中的难解之题》，《法制与社会发展》1998 年第 1 期。
② 梁治平：《寻求自然秩序中的和谐》，中国政法大学出版社，1997，第 283 页。

出现但求止讼不问曲直的遗风。最后造成黑格尔所称的"中国人既没有我们所谓法律,也没有我们所谓道德"的状况,[①]这一历史教训也告诉我们,要厉行法治,必须在执法司法环节排除道德标准。可见,只有严格区分法与道德两类不同规范,排除其价值层面关系在规范层面上的泛化,严守法律标准,才能确保法律权威性及其应有功能的充分发挥。

(2) 在执法司法环节,以道德灵活性补充法律迟滞性是难以成立的。由于法律不像道德那样灵活而具有一定的迟滞性,这使得它可能与社会实践不断发展的要求产生某种距离乃至矛盾,但这绝不可通过所谓道德的"灵活性"去"补充"和代替法律,或是直接将道德引入执法司法活动来解决,而只能通过在价值层面上的及时立法修正来解决。否则,就会为"社会法"取代"国家法"、任意取代规则及拒斥法律权威提供口实和可乘之机,最终导致的不是法律迟滞性的弥补,而是法律的名存实亡。这种严守法律的"僵死教条"对个别案件或事件的处理来讲可能是不公正的,但可以个别的不公平换取普遍的公正。如果说这是一种"危险"的话,那么它也是以较小"危险"去消除更大"危险"的当然选择和必须付出的有意义的代价,[②]也是法治精神的内在要求。当然,在执法司法环节,同样不能扩大法律适用的幅度和范围;在评价上,不能用法律评价取代道德评价;在适用上,不能用法律规范替代道德规范;在具体问题处理上,也不能以法律手段代替道德手段,也即在完全由"社会法"调整的地方,"国家法"的强制力量必须驻足,从而充分实现"社会法"对"国家法"的补充和保障市民社会自治权利。

(3) 法律解释不能成为道德切割法律的理由。法律是价值与规范

---

① 转引梁治平《寻求自然秩序中的和谐》,中国政法大学出版社,1997,第328页。
② 以理想主义态度去要求法律是不现实的。法律固然有其一定的弊端,但绝不能因其小弊而弃其大利,何况道德也不是完美的。如果在规范层面再以道德去裁制法律,则不仅法律受到侵蚀和消解,道德最终也难以立足。

技术的统一体，因而必须带有高度的抽象性、概括性，在具体适用过程中，需要相应的法律解释。尽管自然法学家认为"道德要求影响对法律的解释"，"法官在确定法律标准时，受到道德标准的影响"，[①]且法官的法律解释是在"造法"的"法律创造说"也受到广泛接受，但对这种法律解释仍有严格的限制，只能在法律规定的"隙缝间进行立法"，卡多佐法官极有感触地总结到，"当与束缚法官的规则的数量以及压力进行比较时，法官的创造力便微不足道了"[②]，可见，美国法律的严肃性、权威性和完整性是有保证的，而绝非用道德来裁剪法律。因此法律解释应受以下限制：①法律解释只能在法律疏漏的"隙缝间"进行；②法律解释只能遵从立法本意，不可随意缩小扩大解释或更改原意；③如果按立法本意解释某部法律确已不符合已变化的实际要求，则只能从成为立法精神与原则的伦理价值观出发进行合理解释，而不能任意解释或者从一般道德原则出发来解释；④不管何种类型、何种情况下的解释，都必须符合法理和法治精神，与法治原则相违背的解释应归于无效。

总之，只有使法律与道德在其恰当范围内发挥作用，确保二者各自的独立性和互补性，才能使执法司法做到公正、严肃和准确，也才符合法治国家的根本要求。

3. 在社会控制环节上，应建立法律秩序与伦理秩序相契合的规则秩序

任何国家和社会都存在社会控制，没有社会控制就无异于自我毁灭。尽管在不同时代、不同国家有不同的控制模式，但都是通过适当手段来实现既定目标的过程，其核心是建立合理有效的社会秩序。在现代社会控制论中，已开始把系统理论与行动理论结合起来，既包括

[①] 〔英〕戴维·M. 沃克：《牛津法律大辞典》，转引自肖金泉主编《世界法律思想宝库》，中国政法大学出版社，1992，第 403 页。

[②] 〔美〕E. 博登海默：《法理学——法哲学及其方法》，邓正来等译，华夏出版社，1987，第 542、543 页。

"一定系统层次所要求的控制模式,及其系统整体价值和规范的控制作用",也包括"个人动机和行为,以及个人行为聚合在社会系统所要求的控制行为之中"。① 现实也表明,以伦理秩序为主导的控制模式已无立足之地,而忽视伦理秩序,过分的"社会法律化"也会导致"吉诺维斯综合征",② 因此,在社会控制环节,必须建立以法律秩序为主导,以伦理秩序为基础的相契合的规则秩序。这恰恰是法与道德在秩序层面关系的必然要求和体现,因而必然排斥以立法环节和执法司法环节上的法与道德关系的标准来处理问题,只能把立足点放在法律秩序与伦理秩序的契合上。对我们这样一个法治现代化进程中的国家来说,首要的问题便是"创建一个合法的公共秩序",③ 十五大报告也再次强调,"法制建设同精神文明建设必须紧密结合,同步推进"。因此,在价值层面和规范层面加强立法、法律规范和道德规范建设,并确立二者并立互补关系的同时,必须着力搞好法律秩序与伦理秩序的构建,而使这两种秩序得以契合并获得支撑的一个关键性因素,就是公民意识的普遍有效确立。

其一,公民意识为伦理秩序提供了必要支撑。一方面,伦理秩序尽管是内在自觉的秩序,但仅凭直觉、情感和良知为基础的元伦理是不够的,只有诉诸规范伦理,良好的伦理秩序方能建立起来。规范伦理构建的主要途径是伦理价值的制度化,伦理价值的制度化使其从最一般的原则转化为社会系统中具体的地位和角色。公民意识通过理性角色进行认知,其能够把道德信念和伦理价值,放到国家与社会、个人与国家和社会的现代社会结构关系中去把握,从而为伦理价值注入了理性力量,不仅使伦理价值走出权力附庸和习俗樊篱,也使其从群体本位道德走向独立的自主道德,不仅把伦理价值从直觉和良心的自

---

① 〔荷〕盖叶尔、佐文:《社会控制论》,黎鸣等译,华夏出版社,1989,第164页。
② 沈宗灵主编《法理学》,高等教育出版社,1994,第215页。
③ 〔美〕塞缪尔·亨廷顿:《变革社会中的政治秩序》,李盛平等译,华夏出版社,1998,第8页。

在状态提升到原则和规范状态,也把单纯的个体道德提升为共同体中的社会伦理,从而有效地促进了伦理价值的制度化。另一方面,伦理秩序是靠"软强制"来维系的,因此,相对于外在的道德原则和规范,人的内在道德能力和品质更具重要意义。公民意识作为社会成员在国家和社会生活中最基本的理性角色认知,是人的"第一天性"与"第二天性"的结合而突出"第二天性",因而以理性道德价值追求和道德角色意识,来关照自身,联结社会和对伦理道德原则与规范的认同,从而培养起人的内在道德品格,才能奠定伦理秩序的重要基础。正是公民意识在这两方面的重大作用,使其成为支撑现代伦理秩序不可替代的重要力量。

其二,公民意识为法律秩序提供着重要支撑。诚如前文指出的,现代法治必须建立在制度价值与社会成员共同价值追求相吻合的基础上,才能获得稳固持久的效力,而法律制度和规范只有内化为社会成员自觉的价值选择和行为准则,法律秩序才能化为现实。这一过程则主要是凭借公民意识来完成的,即通过赋予法律制度和规范以合理性认同而使其获得合法性,进而形成全体公民的积极守法精神,普遍理性主义法律秩序方可有效建立。因此说,公民意识是法律秩序的根本性内在支撑。

其三,公民意识使伦理秩序与法律秩序得以有机契合。我们说,公民意识是伦理秩序与法律秩序的共同支撑,二者都是以公民身份和角色为基点的理性认知,但同时,公民意识对伦理秩序的支撑,具有一种由价值到制度化的走向,而它对法律秩序的支撑,则具有一种由制度规范到价值内化的走向。在这里,"理性价值与道德价值的结合是不可避免的;事实上,它们都是接近合法性的基础,也是对合法权威所作的各种决定默认的基础。"[1] 因此,正是公民意识,化解了伦理规范与法律制度规范产生的碰撞和摩擦,增进了二者的亲和,使伦理

---

[1] 〔法〕弗朗索瓦·佩鲁:《新发展观》,张宁等译,华夏出版社,1987,第175页。

秩序和法律秩序得以有机契合。而且，公民意识的普遍性和一致性，能促进伦理秩序的稳定性和普遍性，从而更好地发挥其在社会秩序中的基础作用，而作为公民意识之轴心的法律意识和法制观念，又能使法律秩序更好地发挥其在社会秩序中的主导作用。这样，法治社会中良好的社会控制模式就能有效建立起来。

4. 在国家治理环节上，必须确立法律至上观，推进依法治国

在社会控制环节，法律与道德是相辅相成的有效手段，但用作治国方略时，道德便无法与法律相提并论了。我们必须认清优秀传统文化在现代化国家（尤其是我国）的重要地位和作用，但把它不恰当地升格到治国层面，则不应该也行不通了。在法治中渗入德治因素，或直接地将法治德治杂糅并用，则必然产生不良后果，即使不是现时也是将来。目前，党和国家已明确提出"依法治国，建立社会主义法治国家"的宏伟目标，这适应了社会主义市场经济发展和社会进步要求，全社会也都为之振奋。然而，学术界仍不难见到道德理想主义和"新儒家"的理论主张，在剖析"道德滑坡"和论证精神文明重建的过程中，有的还表现出"返璞归真"的情怀和泛道德主义倾向。就是在极力倡导法治的法学界，也能见到法治与德治并重的观点，这不能不令人感到不安。实际上，这是把法与道德在价值、规范或秩序层面上的关系，泛用到了治国层面。我们必须清醒地认识到，法律作为现代社会的治国方法和手段，是具有排他性、唯一性的，就是说，这一层面不应有道德的主宰空间。只有克服治国方略上的德法并重思想和做法，才能确立法律的至上权威，才能把法律作为治理国家和规范社会生活的根本准则，实现国家和社会的依法治理，从而推动社会主义法治国家的早日建立。

（本文原载于《法学研究》1999 年第 1 期）

反　思

变法，法治建设及其本土资源

苏 力

一

在建立与社会主义市场经济相适应的现代法治的讨论中，许多学者主张，政府要运用国家强制力尽快建立一个现代的法律体系，以保证市场经济的顺利发展，同时主张更多并加快移植经济发达的国家和地区的法律制度，即所谓同国际社会"接轨"。笔者在本文中称这种强调政府运用强制力规制经济和社会的法制建设模式为"变法"模式。①

这些观点并不错，而且在实践上也促进了中国的法治建设，但在理论上有一些重大弱点，并在实践上可能带来一些意想不到的问题。首先，这种观点的理论基础是，法律是一种上升为国家意志的统治阶级的意志，因此要利用法律这种工具来规制社会。这样的理论似乎符合我国法理教科书上所陈述的马克思主义关于法律的基本观点，但仔细推敲起来却从根本上违背了马克思和其他思想家关于经济基础与上层建筑的关系的基本观点。由于其割断了法律和市场经济的内在、固有的联系，而过分强调法律对市场经济和社会的塑造作用，因此有明显的"唯意志论"倾向。②

大量的实践也已经证明了这样一点，即这种模式并不总是成功

---

① 蒋立山将此称为"政府推进型"的法制现代化，以区别于"自然演进型"的法制现代化，见《中国法制现代化建设的特征分析》，《中外法学》1995年第4期。
② 有人可能强调，马克思主义认为法律对社会生活有巨大的反作用。但是，唯物辩证法只是指出了一个理解、研究问题的方向，而不能替代对具体问题的分析。　（转下页注）

的，而相反，一些初看起来并不激烈的，甚至保守的法律制度变革却获得了成功。激烈的法国大革命尽管提出了《人权宣言》，提出了一系列现代法治原则，[1]然而，法国革命者的"成就远较……他们自己最初想象的要小……他们在不知不觉中从旧制度中继承了大部分的感情、习惯、思想……"[2]而英国的光荣革命，尽管是"一切革命中最温和的"，却是"最成功的"。[3] 19世纪初，边沁曾在英国大力倡导法典化，尽管他的努力产生了相当深远的影响，然而英国却坚持和保持了其普通法的传统。[4] 欧洲大陆各国之所以能够法典化，重要的原因之一就在于其历史久远的罗马法传统和其哲学的理性主义倾向。[5] 20世纪以来，尽管几乎每个西欧国家都（有时甚至是多次）试图引进美国的司法审查制度，但没有一个国家建立起美国式的司法审查，相反倒是出现了一种欧洲式的司法审查。[6] 即使是日本和亚洲其他一些国家和地区，法律的变革和现代法治的基本形成也并非如同我们想象的那样只是一种法律移植和理性设计的"变法"的产物。[7]

因此，从历史经验上看，我们似乎就可以提出本文的结论，同时也是本文试图论证的命题，中国的法治之路必须注重利用中国本土的

（接上页注②）否则，这种辩证法的观点就可能成为一种可以任意玩弄的口实，可以被用来在任何时候为任何一种主张服务。这种"概念法学"必须被人们所摒弃。

[1] 参见由嵘主编《外国法治史》，北京大学出版社，1992，第228~230页。
[2] 〔法〕托克维尔：《旧制度与大革命》，冯棠译，商务印书馆，1992，第29页。
[3] Bertrand Russell, *A History of Western Philosophy*, Routledge, 1972, p. 604.
[4] 参见〔美〕萨拜因《政治学说史》（下册），刘山等译，商务印书馆，1990，第756页。
[5] 关于罗马法对法国法和理性主义对德国法法典化的影响，参见〔德〕茨维格特和克茨《比较法总论》，潘汉典等译，贵州人民出版社，1992，特别是第6、11章。
[6] See Louis Favoreu "Constitutional Review in Europe," in *Constitutionalism and Rights: The Influence of the United States Constitution Abroad*, eds. by Louis Henkin and Albert J. Rosenthal, Columbia University Press, 1989.
[7] 例如，日本和韩国在二战之后同为美国占领并在美国的指导下进行了宪法和法律变革，但上述法律变革在两国所取得的结果相当不同。而在一定层面上看，日本和"亚洲四小龙"对传统文化的保留和继承远比大陆要多。日本人喜欢通过协商而不是诉讼解决纠纷的文化倾向并没有——如同一些中国学者在批判中国传统法律文化时所指出的那样——阻碍现代法治社会的建立。参见〔日〕小杉丈夫《美国法文化对日本法律实务的影响》，《中外法学》1995年第4期。

资源，注重中国法律文化的传统和实际。尽管这个观点曾以多种形式为人们所重复，但其实问题还很多。首先，仅仅有历史的例证并不具结论性和确定性。太阳天天升起可以使我们相信明天太阳照常升起，但一个人每天早晨醒来却未必保证明天他还会醒来。因此，恒常性（regularity）如果没有理论阐述的支撑，就不能使人获得确定的预期。而人们需要理论，是因为他可以据此来说服别人，更重要的是说服自己。因此，对于当代中国法学界和法律界，我们不仅要指出依据和利用本土资源建立法治的范例，而是要从理论上说明为什么要借助本土资源。

此外，我们还必须回答我们能否，以及在多大程度上利用中国的本土资源。一些学者之所以强调"变法"模式，是因为他们认为中国传统法律强调宗法关系，强调和谐，因而不符合现代社会需要，因此至少从总体上是必须抛弃的、无法借鉴的，能借鉴的最多也只是某些具体的、个别的做法和观点。[①] 因此，我们必须论证利用本土资源我们可以超越传统，可以建立与中国现代化相适应的法治。

二

要建立现代法治，首先一个重要问题是要重新理解法律。我们的法律教科书习惯从政治学的角度对法律下定义，因此，法律被仅仅理解为，或过分强调为上升为国家意志的统治阶级的意志。[②] 然而，从社会学的角度来理解法律，我们可以发现，法律的主要功能也许并不在于变革，而在于建立和保持一种可以大致确定的预期，以便利人们的相互交往和行为。从这个意义上讲，法律从来都是社会中一种比较保守的力量，而不是一种变革的力量。[③] 正是由于这个原因，几乎法律总是同秩序相联系的，许多法学家都从这个角度界定法律，而制度

[①] 参见陈端洪《对峙——从行政诉讼看中国的宪政出路》，《中外法学》1995 年第 4 期。
[②] 关于这一点，笔者另有尚未发表的专论《关于法律本质的哲学和社会学思考》，这里只能简单提及。
[③] 这并不否认在一定条件下法律可能或可以被用作一种社会变革的工具。

经济学家更从这个角度把法律确定为一种能建立确定预期的正式的制度。①

大致确定的预期之所以重要,是因为只有在比较确定的预期下,我们才能进行一切社会交往和社会活动。我们之所以存款,是因为我们知道银行明天不会倒闭,知道我下次用存折取款时可以取出来,知道我的这些钱不会作废、不会过快地贬值,等等。可以说,我们的任何社会活动都是建立在一大串我们认为比较确定的预期之上的。而法律和其他各种在功能上起这种作用的规则(习惯、惯例)就在许多领域(并不是一切领域)保证着这个世界不会突然改换模样,不会失去我们赋予其的意义。正是在这一点上,尽管我们时而也喜欢新鲜感,但实际上我们同样需要,甚至可以说更需要确定和稳定。② 也正是如此,法律的稳定性和灵活性或变异性,守法与变法一直是东西方法学中一个永恒的问题。③ 的确,如果法律经常变化、朝令夕改,即使法

---

① 例如,韦伯认为,资本主义生产和发展都要求法律可以理性地算计(Max Weber, *On Law in Economy and Society*, Harvard University Press, 1954);卢曼认为,法律的功用就是协调人们的预期,以排除偶然性(Niklas Luhmann, *A Theory of Sociology of Law*, Routledge & Kegan Paul, 1985);霍姆斯认为法律就是对法官将如何行为的成功预测("The Path of Law," *Harvard Law Review*, vol. 10, 1897, p. 457),卡多佐认为法律是确定的行为原则或规则,以合乎情理的确定性证实一种预见(Benjamin Nathan Cardozo, *Selected Writings of Benjamin Nathan Cardozo*, Fallon Publication, 1947, p. 52);波斯纳的法律经济学分析的基础就是人的理性预期(Richard A. Posner, *Economic Analysis of Law*, 4th ed, Little Brown and Company, 1992),规则的作用就在于减少信息费用,减少不确定性(〔美〕波斯纳:《法理学问题》,苏力译,中国政法大学出版社,1994,第58页);霍贝尔认为法律的首要功能就是确定社会成员间的关系,以表明社会允许什么行为、禁止什么行为(E. A. 霍贝尔,《初民的法律》,周勇译,中国社会科学出版社,1993,第309页)。
② 实际上,即使新鲜感,甚至冒险也总是需要一定程度的确定预期来支撑,人们有的时候甚至希望"乱",那也是因为乱之后其状况有可能变好一些,如果是100%变糟,恐怕只有疯子才会希望乱。
③ 中国古代这方面的论争很多,在此无须一一例证;但法律史学界对这些论争的理论分析常常非常欠缺,而较多简单化的政治性评判。就西方思想家来说,托马斯·阿奎那曾指出,即使是有利于一般社会福利的法律变革,由于法律发生改变这一事实本身在某种意义上讲就有害于公共幸福,因此应当慎重(《阿奎那政治著作选》,马清槐译,商务印书馆,1963,第125页)。美国有许多旧日的法律得以保留下来,并不是因为这个法律的理由是对的,而是因为有很多人正在依赖这条法律。

律再公正，条文再细密完全，机构再健全，执法人员素质再高，还是等于无法，因为在这种变法中，人们往往无所适从。

但并不是唯有法律才能确立这种大致确定的预期，各种习惯和惯例都起到这种作用。因此，每个社会中，即使没有国家正式颁布的法律，由于社会生活的需要，也总是会形成一些习惯，它们实际上起到法律的作用。而且在比较简单的社会中，这些习惯比法律甚至更为便利和有效，它降低经济学上所说的交易成本，对各种社会交往起到了建立预期、规制人们行为的作用。① 例如，在市场不发达的社会中，商品交换常常是易物交换，小额交易，交易双方可能同居于一村一地，彼此比较熟悉，风土人情和行为习惯都很相似，同时各自的声誉对交换双方的未来的交易都构成一种潜在而有效的制约。在这样的条件下，交易比较容易成功。因此，即使没有国家统一的法律，只要有当地的习惯或惯例或双方熟悉，就可以促成交易。②

但随着社会的扩大，特别是在现代的市场经济条件下，交换经常是跨地域、跨国度、跨文化的。潜在的买方和卖方都是复数，交换双方不很熟悉，甚至完全陌生，既无法在短期内建立起足够的信任，又无共同的习惯惯例可依赖；由于语言和习惯的差别，很可能产生误解；由于人员流动性，有了错误欺诈也难以追究经济责任，而且交易额经常很大，风险很大。在这种情况下，要形成实际的理性的交易，交易费用将极为巨大，以致过高的交易费用会使交换者无利可图，从而使人们放弃市场交易。

这时，社会中原有的一些习惯仍然起到一定的规范人们行为的作用，但由于诸多原因，这些习惯惯例效力有限。首先，习惯往往是地

---

① 参见恩格斯关于法律产生的论述，"在社会发展某个很早的阶段，产生了这样一种需要：把每天重复着的生产、分配和交换产品的行为用一个共同规则概括起来，设法使个人服从生产和交换的一般条件。这个规则首先表现为习惯，后来便成了法律。"《马克思恩格斯选集》第 2 卷，人民出版社，1972，第 538～539 页。

② 由此，也许我们可以理解为什么在中国封建社会中，正式的民法很少。

方性的，各地习惯不同，会产生不便和误解，一旦发生纠纷，难以确定以谁的习惯为准。其次，虽然有些地方性的习惯性规则如果假以时日可能演化成适应全国性市场经济的规则，但这需要较长时间。再次，习惯往往依赖社会舆论来保证遵守，而在全国性的跨地区的交易中，由于市场经济条件下人们的利益不尽相同，往往不可能形成统一的舆论，甚至可能出现完全对立的舆论，这时舆论将失去其制裁和规范作用。即使有统一的舆论，由于种种原因（例如交易额较小、交易双方地位不平等），许多应当遭社会舆论制裁的交易行为有可能看不见、听不见，因此实际上受不到舆论的制裁。就在这里，国家的制定法变得不可缺少。

尽管如此，这些社会生活中形成的习惯和惯例仍然起着重要的作用，它们甚至是法治的不可缺少的组成部分。这不仅因为法律不可能规定一切，需要各种习惯惯例才能起作用，而且更重要的是许多法律往往只是对社会生活中通行的习惯惯例的确认、总结、概括或升华。从这个角度来看，国家制定法的出现和增加只是由于社会生活，特别是经济生活方式变化而引起的制度变迁。[①] 当然，国家法律有国家强制力的支持，似乎容易得以有效贯彻；其实，真正能得到有效贯彻执行的法律，恰恰是那些与通行的习惯惯例相一致或相近的规定；一个只靠国家强制力才能贯彻下去的法律，即使其理论上再公正，也肯定会失败。哈耶克曾经指出，在一个传统和惯例使人们的行为在很大程度上都可预期的社会中，强制力就可以降低到最低限度。[②]

三

从上述观点出发，在中国从计划经济向市场经济转换、建立全国

[①] 参见〔美〕道格拉斯·C.诺斯《制度，制度变迁和经济实绩》，刘守英译，上海三联书店，1994。

[②] 参见〔英〕哈耶克《个人主义：真与伪》，《个人主义与经济秩序》，贾湛、文跃然等译，北京经济学院出版社，1991，第23页。

性统一大市场的过程中，必定要求和引起法律和习惯的变化，最终要求形成与市场经济相适应的法治。尽管目标已经明确，但中国法治却不能仅仅按照理论上论证的那种与市场经济相适应的法律制度，或者外国行之有效的法律制度来建立。这是因为市场经济所需要的并不是一种抽象的法治，而是一种从总体上最大限度地减少交易成本、促进交换发生和发展、促进财富配置最优化的规则和制度，其中包括正式的法律和大量的习惯惯例。变法引出的制度变化并不必然符合市场经济需要，它不能替代社会生活中所需要的大量习惯惯例；法律移植也不可能完成这一点。特别是由于中国的市场经济的建立与西方的历史发展不同，前者在很大程度上是一种自上而下的改革。这就必然带来了中国法治之路的不同。

在西方国家中，法治传统或相当一部分法律制度是在市场经济"自然"发生过程中逐渐演化变革形成的，例如合同法、财产法、公司法、侵权法、票据法、银行法等。原先西方社会中一些不适应现代市场经济的法律制度在长期的实践中，由于经济人追求财富最大化的动力而不知不觉地被改造了、废除了。因此，即使当西方国家政府颁布有关的法律规则或进行法典化的时候，其法典内容中的很大一部分也是对已经通行于市民社会中的习惯性制度的认可（这类法律在大陆法系被称之为私法），而不是或主要不是法学家或政治家的创造，作为制度的法律与作为制度的习惯差距并不大。[①] 这类法律，即使是国家颁布的，由于有比较深刻的社会基础，因此无须太多强制就可以为社会所接受。这种法律制度的变迁，实际上是渐进的，水到渠成的。在英美法国家，由于遵循前例的根本原则和司法法院的作用，其法律和制度的变化也基本是演进式的。

但"变法"，即由于立法活动而引起的制度的变革却效果不那么

[①] 例如，法国《拿破仑法典》对法国习惯的吸纳，参见〔德〕茨维格特和克茨《比较法总论》，潘汉典等译，贵州人民出版社，1992，第7章。

理想。例如20世纪30年代以来许多国家都对经济和社会实行了更多的干预。对这类法律制度的评价往往有很大争议。一些经济学家的研究结果表明,即使是出于好的、善良动机的立法,也常常引出不好的、缺乏效率的结果。例如,为保证消费者的需求而长期限制某种产品的物价,结果是这种产品数量更少,消费者更难以得到满足,甚至会出现有价无市的现象。① 正因为此,美国法律经济学家们,总是赞美习惯法和普通法,而对政府颁布的成文法持怀疑或否定态度。② 究其原因就在于,普通法遵循先例的原则是经过长期实践检验,不断改进并为人们所接受的行为规则,而大多数成文法,特别是干预经济的法律,即使是在周密的计划、算度后颁布的,却由于利益集团的压力以及其他太多的难以预测的因素,而未必获得好的结果。同样,20世纪60年代初,为促进不发达国家的现代化和经济发展,曾有一些西方学者主张这些国家实行法律移植,一度声势颇为壮观;但仅仅10年之后,这些学者就开始反思这一现代化战略,他们认为强制性的法律移植实际上是不可能的,并对法律移植运动进行了反思和批判。③

西方法律的这一历史经验对我国社会主义市场经济变革中的法治设计和建立应当有警醒作用。我国历史上的市场经济不够发达,从来没有形成过统一的大市场,因此,商业习惯全国并不统一,长期的计划经济,使原来就不健全不完整的商业习惯更加零落。可以说,当代

---

① 参见〔美〕弗里德曼《有害的法令》,载《弗里德曼文萃》,高榕、范恒山译,北京经济学院出版社,1991,第159~161页。
② 如〔美〕波斯纳:《法理学问题》,苏力译,中国政法大学出版社,1994,第58页;〔美〕道格拉斯·C.诺斯:《制度,制度变迁和经济实绩》,刘守英译,上海三联书店,1994,特别是11章;又见〔英〕罗纳德·科斯《社会成本问题》,《论生产的制度结构》,盛洪、陈郁译,上海三联书店,1994。
③ 例见,David Trubek and Marc Galanter, "Scholars in Self-Estangement: Some Reflections on the Crisis in Law and Development Studies in the United States", *Wiscomsin Law Review*, 1974; 又见戴维·杜鲁贝克《论当代美国的法律与发展运动》,《比较法研究》1990年第2、3期;〔英〕奥·凯恩·弗伦德《比较法与法律移植》,《比较法研究》1990年第3期。

中国绝大多数人都是在几乎完全没有规矩的条件下,一下子进入了或被抛入了市场。同时在立法上,由于近代以来的西方中心主义,立法机关以西方的法律形式、分类和模式为标准进行立法,对我国传统的商业习惯、民间习惯研究重视非常不够,总倾向于视其为封建的旧习惯,甚至视而不见。由于这种种原因,我们在立法时往往是借鉴所谓的现代外国法律多于考察本土的习惯、惯例。自清末以来,中国法律制度的变迁,大多数都是"变法"——一种强制性的制度变迁。这样的法律制定颁布后,由于与中国人的习惯背离较大或没有系统的习惯惯例的辅助,不易甚至根本不为人们所接受并成为他们的行动规范(这也许可以部分地说明为什么中国近代以来法律现代化的努力总是不很成功)。[1] 这样的法律往往,至少在实施的初期,并不能便利人们的行为(即不能有效地减少交易费用),相反,可能会使人们感到是在添麻烦。人们为了追求交易费用的减少,往往会规避法律,而借助于一些习惯的纠纷解决方式。结果是国家法律的普遍无效和无力。[2] 当然这并不是说不应当变法,而在于指出"变法"型制度变革和法治建设的一些弱点:即使是西方一些国家通用的法律或做法,即使理论上符合市场经济减少交易成本这一要求的法律和制度,如果与本土的传统习惯不协调,也需要更多的强制力才能推行下去。这说明了要在我国建立一个有效力并有效率的社会主义法治,依据、借助和利用本土的传统和惯例的重要性。

四

利用本土资源,还有几个问题必须回答。第一,从哪儿去寻找本土的资源?第二,这些本土的资源是否能与我们的目标模式和现代法

---

[1] 例如费孝通 1936 年的调查发现,尽管 1929 年宣告生效的民法以保障男女平等为由改变了中国社会的传统继承制,然而在 7 年之后,就费氏所调查的那个村子而言,"没有任何实际变化的迹象"。参见费孝通《江村经济》,江苏人民出版社,1986,第 56、57 页。

[2] 参见苏力《法律多元与法律规避》,《中外法学》1993 年第 6 期。

治兼容？如果不能，我们又何以进行一种"创造性的转化"？

寻求本土资源、注重本国的传统，往往易被理解为从历史中去寻找，特别是从历史典籍规章中去寻找。这种资源固然是重要的，但还要从社会生活中的各种非正式的法律制度中去寻找。同时，研究历史只是借助本土资源的一种方式，而且本土资源并非只存在于历史中，当代人的社会实践中已经形成或正在萌芽发展的各种非正式的制度是更重要的本土资源。

传统并不是形成文字的历史文献，甚至也不是当代学者的重新阐述，而是活生生地流动着的，在亿万中国人的生活实际中影响他们的行为的一些观念，或者从行为主义角度来说，是他们的行为中体现出来的模式。这种东西，无论中国当代法律制度在其他方面是如何的西方化，都仍然在对中国社会起很大作用。经济学家樊纲的研究发现，中国传统的宗法关系深深地影响了当代华人企业（包括中国大陆和其他国家和地区的华人企业）的组织结构和运作，实际上成为华人企业组织结构的一个重要因素。[①] 这种借助于宗法关系建立的华人企业制度，尽管在理论上和实践上都与理想型的现代市场经济运作并不协调，并可能造成一些问题，但樊纲的研究指出，这种借助于宗法关系的企业制度之所以存在，是因为这种历史传统在一定程度上、在一定时间内有利于减少交易成本、建立比较稳定的预期，因此无论对内对外都有利于企业的稳定和市场经济的形成和发展。我并不想过分赞美中国传统的宗法制度对现代的影响。但问题是，我们无法通过宣传和教育，或是以法律禁止的方式来彻底清除这种传统的"消极"影响，我们有必要借助这种传统的"积极"影响来逐渐形成并发展出一些适合中国社会的制度。必须指出，这个例子所要说明的并不是中国应当

[①] 参见费孝通《晋商的理财文化》，《读书》1995 年第 5 期；李亦园：《乔家大院的大红灯笼》，《读书》1995 年第 5 期；樊纲：《中华文化、理性化制度与经济发展》，《21 世纪》1994 年第 4 期。

依据或借助传统的宗法关系来建立法治，而在于说明，即使是宗法关系这种几乎为所有当代学者批判的文化传统，其中也可能对制度的形成和转变产生一种积极的作用。①

更多的人会担心，借助中国本土资源和传统形成的制度也许很便利，但从长期来看，其仍然不符合理想的现代法治。例如，借助宗法文化的影响可能强化宗法关系。这种担心是有理由的。但随生产方式的变革，人口的流动，应当说使宗法关系或变相的宗法关系得以强化的经济制度基础将不断削弱。我之所以强调借助中国的本土资源建立现代法治，正是因为在经济体制变革这一根本前提下，借助本土资源并不必然也不可能恢复昔日的全部做法。

法治建设借助本土资源的重要性还在于这是法律制度在变迁的同时获得人们的接受和认可，进而能有效运作的一条便利的途径，是获得合法性——即人们下意识的认同——的一条有效途径。实际上，随着社会的发展，由于各种力量的合力或互动，任何法律和制度都是不断变迁的，而保留下来的仅仅是形式。②而这种形式的保留，不仅有利于制度和社会的稳定，而且这种变革会使一种制度产生出当初的创制者难以设想的、几乎是化腐朽为神奇的功用。③

可以以近十几年的中国经济体制改革——实际上也是法律的变革——为例。这一变革的成就是巨大的，但在这一变革中最成功、似乎也最容易的无疑是农村的改革。仅仅数年间，中国的农业生产就发生了一个突变，取得了极大的进步。初看起来，中国农村的改革仅仅

---

① 国外诸如此类的思考和研究，可参见〔英〕J. G. 弗雷泽《魔鬼的律师》，阎云祥、龚小夏译，东方出版社，1988，该书论述了被某些人认为是迷信的一些仪式和制度在另一些社会中其实起到了维持统治秩序、保护私有财产、确立婚姻制度和保障人身权利的作用。
② 参见〔英〕梅因《古代法》，沈景一译，商务印书馆，1959，第 15~17 页。
③ 我所见到的最佳例证是霍姆斯对海商法中"对物诉讼"之演进所做的谱系分析（O. W. Holmes, *The Common Law*, Little Brown and Company, 1948, p.25）；又见韦伯对西方程序法得以发展的原因所进行的颇具穿透力的分析（M. Weber, *On Law in Economy and Society*, Harvard Vniversity Press, 1954, p.60）。

是由于中央政府政策的改变，因此在这个意义上看，似乎是一种"变法"的结果，但是若将这一变革放到中国农村经济法律制度的历史长河中，我们发现从中国农村改革中出现的家庭承包责任制几乎是中国历史上农村经济的一种长期坚持的制度。在这个意义上，我们可以说，中国农村改革的制度创新是在这种传统本土资源下产生的，其之所以成功和"容易"恰恰不是因为其打断了传统，而是因为这一改革在很大程度上回归了传统。①

另一个中国经济变革的成功范例是中国乡镇企业的持续高速发展。然而，我们看到乡镇企业发展最迅速的却不是最先进行农业改革的四川省和安徽省，而是苏南地区。而苏南地区之所以能够迅速发展起来，除了其他地缘和文化因素之外，一个公认的很重要的原因是先前公社制下就已经出现的社办企业。② 尽管后来人民公社制度被抛弃了，而其中的一些结果却成为有用的资源在发挥着作用，影响着后来的经济和制度变革。

相比之下，自1984年开始的中国城市的经济改革，尽管是在思想更为解放、准备更为充分、计划更为周密的条件下进行的，但我们至今仍在"摸着石头过河"。这并不仅仅因为这一改革更复杂、范围更广，而在于在中国建立社会主义市场经济，这是一个前无古人的事业。所谓"前无古人"，就是说我们缺乏经验和传统，缺乏足够的制度资源和理论资源。我们不得不在改革中逐步积累经验，实际是积累资源，逐步建立起一种"传统"，使个人、企业以及政府机构都能逐渐接受或习惯市场经济的运作。中国的经济改革和法治建设都因此必然显示出一种渐进的模式。

---

① 这一点是湖北省政法委的邹斌在我们之间的通信中指出和论述的，在此致谢。
② 费孝通先生普以为苏南地区经济兴盛的原因是中共十一届三中全会以后农村的农副业商品生产的发展，但"后来经过实地调查，才发现苏南地区兴盛的主要和直接原因是社队工业的迅速发展"，参见费孝通《行行重行行》，宁夏人民出版社，1992，特别是第22～27页以及其他文章中论及乡镇发展的段落；又见周尔鎏、张雨林主编《城乡协调发展研究》，江苏人民出版社，1991，特别是第41～41页以及费孝通的"后记"，第318～319页。

五

现代意义上的结论,作为一种制度的法治之所以不可能靠"变法"或移植来建立,而必须从中国的本土资源中演化创造出来,还有另外一个理由,即知识的地方性和有限理性。具体的、适合一个国家的法治并不是一套抽象的无背景的原则和规则,而是涉及一个知识体系。一个活生生的有效运作的法治社会需要大量的不断变化的具体的知识。假如我们可以确定我们关于建立现代中国法治的知识是完全的,或者假定外国的法治经验已经穷尽了法治建设的知识,或者假定建立法治所需要的所有具体的信息可以以某种方式汇合到一个大脑或一个中央权威机构的话,那么我们可以说建立现代法治并非难事,只需按图索骥,演绎成章。

然而,所有这些假定都是不成立的。如同计划不可能穷尽关于一个社会中经济活动的一切信息或知识,不能获得关于人们偏好的一切知识一样,[1] 任何法治建设的规划也不可能穷尽一个社会中法律活动的全部信息或知识,无法有效地对社会中变动不居的现象做出有效的反应。因此,我们不可能仅仅依据我们心目中的理想模式或现有的理论来规划建立出一个能有效运作的现代法治。

外国的法治经验的确可能为我们提供启示和帮助,同时在对外交流日益频繁的今天,这些经验也正在影响着我们的社会,有的已经融进了我们的传统。但基于如下原因,这种启示和帮助将是有限的,不可寄予过高期望。首先,社会活动中所需要的知识至少有很大部分是具体的和地方性的,[2] 这些地方性的知识不可能"放之四海而皆准"。

---

[1] 参见〔英〕哈耶克《知识在社会中的作用》,载哈耶克《个人主义与经济秩序》,贾湛、文跃然等译,北京经济学院出版社,1991。

[2] See Clifford Geertz, *Local Knowledge, Further Es-says in Interpretive Anthropology*, Basic Books, 1983. 参见〔英〕哈耶克《个人主义与经济秩序》,贾湛、文跃然等译,北京经济学院出版社,1991,第76~78页以及休谟的观点,"确定普遍的政治准则,应当慎之又慎;〔因为〕在精神领域和物质世界中经常可以发现无规律的和异常的现象。" （转下页注）

其次，外国的经验也不可能替代中国的经验。再次，由于种种文化和语言的原因，任何学者在试图客观描述外国法治经验之际都不可避免地有意无意扭曲了其试图真实描述的现象。"书不尽言，言不尽意"实在是人类社会中的一种普遍存在的并且是无法解决的问题。[①]因此，无论我们如何细致描述、界定、概括外国的法治，都必须切记这些都不等于外国法治经验本身。提醒这一点并不是要拒绝借鉴，而是指出借鉴之艰难。

正是由于一个社会中现代法治的形成及其运作需要大量的、近乎无限的知识，包括具体的、地方性的知识，因此，如果试图以人的有限理性来规划构造这样一个法治体系，可以说是完全不可能的。正是在这里，知识论再一次提出了利用本土资源，重视传统和习惯以建立现代法治的必然性。

哈耶克在论证市场经济之所以有效时曾指出，市场经济的运作需要大量的信息，这些信息无法通过计划而集中汇总起来并自动地做出有效率的反应，我们只能通过市场这个体系才可能对立最有效地加以运用。[②] 任何一个社会中法治的形成和建立在一定程度上也应当如此，同时也必定是如此。霍姆斯曾指出，美国的"普通法体现了一个民族多少世纪发展的历史，因此不能像一本充斥着定理和公式的数学教科书一样来研究法律"。[③] 中国现代法治不可能只是一套细密的文字法规加一套严格的司法体系，它是与亿万中国人的价值、观念、心态以及行为相联系的；要建立法治，在一个维度上看，就是要重新建立人们

（接上页注②）参见《关于某些异常惯例》，载《休谟政治论文选》，张若衡译，商务印书馆，1993，第109页。格尔兹认为所有的知识都是地方性的、具体的，休谟和哈耶克则认为至少有一部分知识是地方性的。

① See Cf. Micheal Foucault, *The Order of Things*, An Archaeology of the Human Sciences, Vintage Books, 1994, especially Ch. 3.

② 参见〔英〕哈耶克《个人主义与经济秩序》，贾湛、文跃然等译，北京经济学院出版社，1991。

③ O. W. Holmes, *The Common Law*, Little Brown and Company, 1948, p. 1.

在社会生活中对他人行为的确定预期（政府行为也还是通过一个个具体的他人的行为来完成的）。正是在这个意义上，中国的法治之路必须依靠中国人民的实践，而不仅仅是靠几位熟悉法律理论或外国法律的学者、专家的设计和规划，或全国人大常委会的立法规划。中国人将在他们的社会生活中，运用他们的理性，寻求能够实现其利益最大化的解决各种纠纷和冲突的办法，并在此基础上在人们的互动中（即相互调整和适应）逐步形成一套与他们的发展变化的社会生活相适应的规则体系。

强调这一点，同时也是尊崇人民的创造性。而之所以尊崇人民的创造性，并不是因为什么抽象的民主价值或关于人民的神话，而是因为我们认为每个个人（包括历史上的个人——因此要珍重传统留下的知识）都拥有一些别人所没有的或无法拥有的、具体的知识。而就是这些基于个人的具体知识的无计划、无指导的行为，甚至似乎是非理性的行为的相互作用、相互限制、相互碰撞和相互调整，才使社会得以形成许多人类赖以取得成就并仍然在发挥作用的规章制度——包括市场经济、国家和法治。这些制度都只是人类行动的结果，而并不是人类设计的结果。[①] 如果说中国的经济体制改革对中国现代法治建设有什么重要启示，那么这应当是最重要的启示。

六

与上述的论点相一致，本文没有，不可能也不打算勾勒一条中国

[①] 关于市场经济，这就是亚当·斯密在《国富论》中所论述的"看不见的手"的观点。关于国家，参见亚当·弗格森《文明社会史随笔》，转引自哈克《个人主义与经济秩序》，贾湛、文跃然等译，北京经济学院出版社，1996，第 7 页。休谟也认为"政府的起源是较为偶然而又不大完善的"，参见〔英〕休谟《论政府的起源》，载《休谟政治论文选》，张茗衡于译，商务印书馆，1993，第 25 页。似乎与弗格森和休谟的观点相反的是霍布斯、洛克等人的国家观，后者认为国家是社会契约的产物。但这两种观点其实未必矛盾，重要的是要区分国家的实际形成和关于国家存在的正当化理论，弗格森和休谟所说的是前一点，而霍布斯和洛克等人讨论的是后一点。混淆这两种论点，并进而把社会契约当作国家起源的错误在中西方学者中都时有发生。

法治之路。事实上不可能有先验确定的中国法治之路。尽管如此，本文还是隐含了一些对我们当前的法治建设和法律实践或许有意义的命题或观点：例如，我们长期以来倾向于将法律视为社会变革的工具，而忽视法律的一个最重要的特点是保持稳定，是一种保守的社会力量，因此，在我们频繁地"修改完善法律法规"不仅不可能建立法律的预期和权威，而且有可能破坏本来法律所要保证的已经建立的社会预期，这实际上非常不利于法治的建立；又如，我们的法律在许多方面是已经西方化了的，但许多中国人并不习惯这种法律，因此在许多地方出现了法律规避和违法现象，这种现象的出现，或许表明的不是违法者或法律规避者的无知或邪恶，而是我们形式上西方化的法律本身的问题。也许法律和法学工作者，更应当重视研究和发展中国社会中已有的和经济改革以来正在出现和形成的一些规范性的做法，而不是简单地以西方学者关于法治的表述和标准来否认中国社会中规范人们社会生活的习惯和惯例。我们切不可在赞美民主的同时又鄙视、轻视中国民众以他们的实践而体现出来的创造力，不可以高歌平等的同时又把中国人（包括古人）的实践智慧和理性视为糟粕。也许过去的这种现象是激烈的社会变革所不可避免的，有时甚或是必要的，但一旦形成一种思维定式，一种意蒂牢结，就会成为中国现代法治建立的障碍。

也许，中国现代法治的建立和形成最需要的是时间，因为任何制度、规则、习惯和惯例在社会中的形成和确立都需要时间。孔子曾说过："七十而从心所欲，不逾矩"；萨维尼曾说过，"一切所有权都是因时效而成熟的他主占有"。[1] 前者强调了在观念和行为模式的形成中，后者强调了在制度和合法性的确立中，时间的重要性；而这是超出任何个人或一些人的能力的，是"上帝"的事业。事实上，时间本身并不可能有什么神力，而只是一种简便化的标记，它标记的是各种

---

[1] 转引自〔英〕梅因《古代法》，沈景一译，商务印书馆，1959，第144页。

资源的累积、传统的承接或转换、合法性的确立。我们的责任只是,在中国经济改革的大背景下,注重研究和解决中国的实际问题,这就是在创造、积累资源。还是中国人的老话,"尽人力,听天命"。这调子也许不那么高,可是理未必错。

(本文原载于《中外法学》1995年第5期)

法治社会中法律的局限性及其矫正

秦国荣

法律的局限性问题是自法律产生以来就一直困扰着人类（尤其是法学家）且至今尚难有定论的社会课题。对于有着几千年人治与专制传统，从未产生过现代法治观念的中国而言，研究法律的局限性问题固然与依法治国的时代主旋律略显不和谐，且很可能为法治怀疑论者或人治主张者提供反对法治的口实和理论依据，然则那种过于迷信法律的功能，将法律视为能够解决一切社会问题的"灵丹妙药"的观点，同样会给中国的社会进步与文明发展带来诸多危害。本文原旨在于主张法学界应以理性精神对待法律，对法律的本质应做深入分析和冷静思考，法律实践部门更应以科学的思维理解法律的功能，做到既最大限度地发挥法律的效能，也充分认识到法律的内在局限，既不因法律具有其他社会控制手段所无可比拟的优越性而否定法律的局限性，也不因法律存在诸多局限而否定法律的权威性与至上性，以期内彰法治，外防法律拜物教，真正实现文明社会的善法之治。

一 法律局限性：法学家们的思考与认识

较早对法律的局限性进行考察的，是古希腊思想家柏拉图。柏拉图在其早期著作中指出，个性的差异性、行为的多样性以及人类事务无休止的变动性，使得人们无论在什么时候用什么技巧都不能制定出绝对适用于所有问题的规则。立法是为整个群体制定法律，而法律是由抽象、原则性的观念所构成的，故而法律不仅永远不能准确地给予每个人以其应得的东西，而且过于简单的法律原则不能用来解决纷繁复杂的人类事务。柏拉图由此得出结论说：法律绝不可能发布一种既约束所有人又对每个人都真正有利的命令。法律在任何时候都不能完全准确地给每个社会成员做出何谓善德、何谓正确的规定。① 当然，柏拉图并没有以此否认法律的作用。相反，他用严肃而认真的语气告诫我们："人类必须有法律并且遵守法律，否则他们的生活将像最野蛮的兽一样。"② 亚里士多德作为柏拉图的学生，他虽然并不苟同柏拉图贬抑法律的态度，而对善法之治和法律至上思想给予了充分肯定与颂扬，但他同样也认为"法律确实不能完备无遗，不能写定一切细节"③。

如果说柏拉图对法律局限性的理解是受人治思想影响所致的话，那么，在法治观念已深入人心的近现代西方社会，法学家们对法律局限性的认识无疑是其理性思考的产物。美国学者 E. 博登海默指出："尽管法律是一种必不可少的具有高度裨益的社会生活制度，它像人类创建的大多数制度一样也存在某些弊端。如果我们对这些弊端不引起足够的重视或者完全视而不见，那么我们就会发展为严重的操作困难。"④ 他认为法律的弊端来自三个方面。其一，由于法律所提出的社会政策毕竟是某个特定时间和地点的产物，因而其必然呈现出"保守的倾向"。其二，由于法律规则是以一般的、抽象的术语来表达的，因而在法律规范框架中，其形式结构便固有地存在某种僵化呆板的因素。其三，法律作为社会控制手段受着许多因素的限制，特别是法律的控制作用常常会被过度使用。在某些历史条件下可能会现出管理转

---

① 参见〔美〕E. 博登海默《法理学—法哲学及其方法》，邓正来、姬敬武译，华夏出版社，1987，第748页。
② 法学教材编辑部、西方法律思想史编写组：《西方法律思想史资料选编》，北京大学出版社，1983，第27页。
③ 〔古希腊〕亚里士多德：《政治学》，吴寿彭译，商务印书馆，1965，第168页。
④ 〔美〕E. 博登海默：《法理学—法哲学及其方法》，邓正来、姬敬武译，华夏出版社，1987，第388页。

化为强制、控制转化为压制的现象。①

庞德指出，法律作为一种社会控制手段，存在三方面的内在固有局限。其一，法律所能调整的只是人的行为，且只能是人与事物的外部，而不能及于其内部。其二，法律制裁所固有的局限表现为只能以强力对人类意志施加强制。其三，法律规则不能自动执行，它必须依靠某些人或某种手段来使其运转。②对于法律实施的局限性，科特威尔总结道："法律经常通过严格的规则和凝滞不变的机械程序，阻碍经济活动。"由于"法律的强制命令代替了道德评价"，因而"法律统治必然导致规则统治，然而规则仅仅是规则而已，它并不考虑社会的道德价值和政治理想。所以充分合理的社会秩序的实现，需要付出沉重的代价：世界彻底'摆脱了幻想'，僵硬的规则代替了理想的憧憬，人们被囚禁在韦伯所称为秩序的'铁笼'里。在这里，人们别无他求，唯一的需要就是日益加强的'秩序'"。这样，"在庞大的规章体系面前，个体显得渺小而没有任何办法——也没有任何道德或政治的理由——去反抗它在他们生活中的合法统治"③。

需要指出的是，近现代西方法学家们在研究法律局限性的问题时，均是在充分肯定法律乃是迄今为止人类所发明的最佳社会关系调控器的前提下进行的，因而他们并非否定法治而是主张改良。在坚持法律至上观念的同时，这些近现代西方法学家们希望适当引入其他社会控制手段（如道德等）与法律相配合，或适当扩大法官与其他司法者的自由裁量权以弥补立法之不足等。④ 20 世纪初兴起于欧洲大陆的

---

① 参见〔美〕E. 博登海默《法理学——法哲学及其方法》，邓正来、姬敬武译，华夏出版社，1987，第 388~390 页。
② 参见〔美〕罗斯科·庞德《通过法律的社会控制、法律的任务》，沈宗灵、董世忠译，商务印书馆，1984，第 130~132 页。
③ 〔美〕科特威尔：《法律社会学导论》，潘大松等译，华夏出版社，1989，第 182 页。
④ 有学者研究发现，西方学者对法律缺陷的分析大多与扩大法官自由裁量权的主张紧紧相连，他们认为适当扩大法官的自由裁量权，让法官依靠正义和公平观点来处理案件，可以弥补法律的不完整、不周全、不明确、不合理等缺陷，同时也并不违背法官忠实于法律、对法律负责的法治精神。参见刘作翔《论法律的作用及其局限性》，《法制与社会发展》1996 年第 2 期。

利益法学派认为，法律存在缺陷的根源在于法律的正式渊源并不能覆盖司法活动的全部领域，因而在某些领域需要依靠法官具有创造性或能动性的自由裁量权来做最终裁决，但这种自由裁量权只能依据客观原则而不能完全根据法官自己不受控制的、任意的个人感情来行使。① 所以说，法官依法所获得的自由裁量权本身仍然是对法治原则的坚持而不是否定。

二 法律局限性：外在表征及理论分析

确实，如果单从技术层面上说，法律无疑是最理想和最具权威性的社会调控手段，但正如世界上不存在尽善尽美的事物一样，法律在运行中存在的诸多缺陷应当说并非不可理解。国内学者同样对法律局限性的问题给予了学术关注，认为法律的局限性是指"法律基于其防范人性弱点工具的特质在取得其积极价值之同时不可避免地要付出的代价，是法律由于其技术上的特点不能完善地实现其目的情况"②。这种局限性具体表现为不合目的性、不周延性、模糊性和滞后性。③ 此外，法律在创制过程中、自身属性上、运行过程中以及社会组织功能上均存在局限性。④

那种主张法律万能，可以包揽和调整一切社会关系的"泛法治主义"论者，其基本思想包含着一种不切实际的浪漫理论前提：法律在道德上是高尚的，代表了人类社会的一般价值判断和正义理念；法律在理论上是科学的，完全符合社会规律和人类理性；法律在执行中是公正无私的，每个司法执法者都能忠实地运作法律；法律在实施结果

---

① 参见〔美〕E. 博登海默《法理学—法哲学及其方法》，邓正来、姬敬武译，华夏出版社，1987，第137~138页。
② 徐国栋：《民法基本原则解释——成文法局限性之克服》，中国政法大学出版社，1992，第137页。
③ 参见徐国栋《民法基本原则解释——成文法局限性之克服》，中国政法大学出版社，1992，第137~142页。
④ 参见胡水君《法律局限性探讨》，《法学天地》1996年第1期。

上是理想的，法律规制下的社会必然会形成良好的秩序。但现实社会中的法律并不能承载法学家所赋予的过多过大的社会重任，并不能完全按照法学家所设定的理想模式进行运转，相反，无论是在立法，还是在司法与执法过程中，它都存在着自身难以克服的诸多缺点。从立法和司法的角度而言，法律运作的弊端主要有以下几点。

1. 时滞性

从本体论角度来说，法律作为人类意志的产物，其滞后于社会现实乃是客观必然的。面对丰富多彩、生动复杂而又不断变化发展的现实社会，法律总难免会表现出相对"滞后"与"僵化"的特征。梅因指出："社会的需要和社会的意见常常是或多或少地走在法律的前面，我们可能非常接近地达到它们之间缺口的接合处，但永远存在的趋向是要把这缺口重新打开来。因为法律是稳定的，而我们谈到的社会是前进的。"[1] 所以，基于人类主观认识的有限性与外部世界（尤其是人类社会）发展的无限性之间永难解决的矛盾，立法本身必然存在着自身无法克服的内在局限——无论立法者的认识水平和立法技巧多么高超，要想做到使法律与不断发展、变幻无常的社会现实保持一致，并将所有社会利益关系及其客观需要囊括殆尽，都是非常困难，几无可能的。所以，面对复杂多变的社会生活，法律常常表现出难以应对的尴尬。

立法的意志性特征决定了它必然受制于立法者对现实社会关系状况的认知与判断能力，立法的利益本质则决定了它必然受制于社会不同利益集团之间的相互角力与博弈结果。现实社会关系尤其是政治、经济关系的不断变化，会不断滋生出新的利益需要和诉求，法律必须要在对各种利益的性质做出判断的同时表明自己对其肯定、否定、默许、排斥的明确态度。立法过程由此必然充满了利益争斗与对抗，这使得社会迫切需要的法律往往难以出台，而已经出台的法律也仅表明

---

[1] 〔美〕梅因：《古代法》，沈景一译，商务印书馆，1959，第15页。

各个不同阶层、利益集团及社会力量之间就某种利益关系的安排暂时达成了妥协，并不表明他们对已经制定的法律都持赞同与支持态度，更不表明社会民众对法律会自动接受并产生尊崇和信仰的观念。法律创制过程中的利益对立性以及调和妥协性，决定了法律必然要受各种非公正或非理性因素的影响。

法律创制是如此，法律修改同样不能消除时滞性和免受非理性因素的侵扰。法律修改是一个程序性极强、同时又可能遭到既得利益集团反对的复杂事情。尤其是当某部法律已经成为既得利益的保护屏障时，这种法律修改就可能或因受到既得利益集团和强势社会力量的抵制和影响而无法启动，或因程序过于繁杂而使已修改的法律仍然落后于社会现实需要。所以说，法律修改程序的繁杂性和社会利益关系的复杂性，常使立法者为维持社会稳定而不愿或不敢随意变动修改法律，由此就有可能使成文立法趋向保守与滞后。特别是当一个社会处于内部结构变迁与转型的特殊时期时，法律对于社会利益关系的分化、重组与嬗变往往难以迅速做出回应。正如 E. 博登海默所说，"法律中的'时滞'问题会在法律制度各种不同层次中表现出来……一个立法机关在履行其改革任务时，可能会受到一些在维持现状方面具有一种既得利益的有影响的群体的阻碍。另外，立法过程往往是缓慢而棘手的，且立法者易于更为迅速地重视即时政治利益，而对修改过时的法典或使充满传统性的司法法律现代化等问题的反应迟钝"[①]。

2. 非全真性

法律一经制定颁布，就成为全体社会成员必须共同遵守的行为规则。所以，立法作为对人的行为建章立制或"定规立矩"的活动，乃是一件非常神圣和困难的事情。正因为此，自古以来，人们或认为法

---

① 〔美〕E. 博登海默：《法理学—法哲学及其方法》，邓正来、姬敬武译，华夏出版社，1987，第389页。

律来自神谕与神灵，或认为"一切存在物都有它们的法"，[1] 或认为人定法外还有自然法。青年时代的马克思也认为立法者"他不是在创造法律，不是在发明法律，而仅仅是在表述法律，他用有意识的实在法把精神关系的内在规律表现出来。如果一个立法者用自己的臆想来代替事物的本质，那么人们就应该责备他极端任性"[2]。确实，外在客观世界尤其是人类社会本身及其发展的变幻莫测，以及现实社会中各种利益关系格局的错综复杂，使得人类不仅难以真正认清事物发展的真谛，而且极易受到各种假象和错误信息的诱导，这使得立法者制定的法律或难以适应社会发展，或使立法者心目中的法治理想与社会客观现实之间成为彼此分离的两个世界。

更为关键的是，现实生活中"人们为之奋斗的一切，都同他们的利益有关"[3]，这使得在法律和利益的关系问题上，"利益占了法的上风"，[4] 使得"凡是在法曾给私人利益制定了法律的地方，它都让私人利益为法制定法律"[5]。而法律实质上是以国家意志表现出来的统治集团的共同意志，它与政治国家的本质一样，只是"统治阶级的各个人借以实现其共同利益的形式"，[6] 只是统治集团将其"看作自己的排他的权力的官方表现，作自己的特殊利益的政治上的确认"[7]，这就决定了在政治国家中，任何社会利益只有得到统治集团的确认才有可能成为合法的利益，任何社会行为规范只有经过立法者的认可才有可能成为法律，立法者作为政治上占统治地位的利益集团的代表，它们在立法过程中不可避免地因受本集团利益需要的影响而出现立法偏私现象。

---

[1] 〔法〕孟德斯鸠：《论法的精神》，张雁深译，商务印书馆，1961，第1页。
[2] 《马克思恩格斯全集》第1卷，人民出版社，1995，第183页。
[3] 《马克思恩格斯全集》第1卷，人民出版社，1995，第82页。
[4] 《马克思恩格斯全集》第1卷，人民出版社，1956，第179页。
[5] 《马克思恩格斯全集》第1卷，人民出版社，1995，第179页。
[6] 《马克思恩格斯全集》第1卷，人民出版社，2009，第378页。
[7] 《马克思恩格斯全集》第2卷，人民出版社，1957，第158页。

在法律受统治集团意志决定且受制于各种利益关系的情况下，法律便与生俱来地存在着难以克服的诸多缺陷：或可能其只是立法者主观设定的社会理想，或可能其只代表统治集团的利益，或可能其只是协调社会利益关系的权宜之策。立法者在创制法律的过程中，总是在维护统治集团根本利益的前提下，根据自己的主观判断对各种利益做出取舍和调整，希望找到平衡各种社会利益关系的法律结合点，并力图以此达到解决各种社会利益冲突的目的。诚如庞德所言，"法律的任务就是调整各种相互冲突的利益，减少人们之间的相互摩擦和不必要的牺牲，以期最大限度地满足人们的利益需要"[①]。在现实社会各种利益关系和社会力量的对比并不均衡的情况下，立法理想与社会利益关系的现实要求之间就难免会产生偏差，这使得法律难以全面地反映现实社会的客观需要。

由此可见，即使我们假设立法者是循守公正信念且不受任何偏私和非理性因素影响的道德高尚者，同时也是相关领域的社会专家或技术里手，要保证其所制定的法律能够做到"既能洞悉人类的全部感情而又不受任何感情所支配的最高的智慧，它与我们的人性没有任何关系，但又能认识人性的深处；它自身的幸福虽与我们无关，然而它又能很愿意关怀我们的幸福"[②]，应当说也是非常困难或勉为其难的。正因为如此，卢梭才极为感慨地说道："要为人类制定法律，简直是需要神明。"[③]

3. 不周延性

退一步说，即使完全公正无私的立法者基于过人的智慧和卓绝的学识所制定的理性法律确实精确地反映了各种社会关系的本质和利益要求，法律所固有的局限依然是难以避免的。因为法律毕竟是人类内

[①]〔美〕罗斯科·庞德：《通过法律的社会控制、法律的任务》，沈宗灵、童世忠译，商务印书馆，1984，第35~36页。

[②]〔法〕卢梭：《社会契约论》，何兆武译，商务印书馆，1980，第53页。

[③]〔法〕卢梭：《社会契约论》，何兆武译，商务印书馆，1980，第53页。

在主观意志的外化结晶，其内容是以文字、概念、逻辑、原理等技术载体来传达与表述的，而面对生动、丰富和复杂的现实社会生活，人类的任何语言和文字都是苍白的、抽象的。立法受制于文字表述技术或语言媒介载体的事实，决定了它确实难以将各种社会现象、社会关系的本质完全精准地表达出来，并且难以使民众在理解法律过程中做到完全不出现偏差。①

对于语言文字的局限，亨廷顿·凯恩斯曾经指出，"世界上的事物比用来描述它们的语词要多得多"，而最关键之处在于"当我们用词把这样形成的抽象观念固定下来的时候，我们就有发生错误的危险。词不应看作是事物的准确图画，它们不过是某些观念的任意规定的符号而已，不过是凭借历史偶然性选择的符号而已，随时都有改变的可能"②。所以，语言文字作为人类创设的用以传递意志信息的符号，难以成为尽善尽美地反映事物原貌的工具。法律是一种用语言文字进行表述的价值理念和行为准则，因此，立法者运用专业的概念、判断、逻辑、理论以及其他立法技术工具所制定的法律，不可避免地可能会使司法者、执法者和守法者因对法言法语表述理解的不同而产生歧义或误解。确实，"文字虽为表达意思的工具，但究系一种符号，其意义须由社会上客观的观念定之。因而著于法条之文字，果能表达立法者之主观意思否，自非立法者所能左右。然则立法者纵属万能，但因其意思须藉文字以表达之故，亦势难毕现无遗，则成文法之不能无缺漏而非万能也明矣"③。

---

① 国内学者一般把立法技术区分为广义与狭义两种。广义的立法技术泛指在法的创制过程中所形成的一切知识、经验、规则、方法和技巧等的总和，包括立法体制技术、立法程序技术和立法表达技术。狭义的立法技术专指如何表达规范性法律文件规定的知识、经验、规则、方法和技巧等，包括法律文件的内部结构、外部形式、概念、术语、语言、文体以及立法预测、立法规划等方面的技术。参见孙国华《法理学教程》，中国人民大学出版社，1994，第349～350页。
② 洛克语，转引自〔英〕丹皮尔《科学史》，李珩译，张会校，商务印书馆，1975，第271页。
③ 郑玉波：《民法总则》，台湾三民书局，1979，第39页。

法言法语毕竟是对某种或某类社会现象的抽象性概括，是对社会行为规范的原则性规定，因此，立法语言文字本身所具有的不周延性不仅使得普通民众因思想观念、知识结构与理解能力等方面存在着差异而对成文法规定可能产生各自不同的理解，而且由于司法与执法者本身也存在着素质上参差不齐的情况，他们在具体法律实践活动中，需要将抽象的法律原则与具体案情联系在一起，需要根据不同案情确定适用于该案的法律，这就难免会出现不同的司法者或执法者在根据自己的判断与理解进行司法与执法的过程中，对同样的案件做出不同判断结论的结果，从而使法律在实际运作过程出现了"变异"现象。

4. 外部性

法律是统治集团意志的体现，是立法者制定或认可的并由国家强制力保证其实施的行为规范体系。强制性被公认为是法律的本质特征之一。[①] 在耶林看来，没有强制力的法律就像"一把不燃烧的火，一缕不发亮的光"那样不可思议。相对于其他社会控制手段而言，法律不仅有其规范完备的制度体系，更有保障法律系统运行的程序设计和国家机器，从而为实现立法者心目中的理想社会关系和秩序提供了可资操作的强力工具。法律运行绝不是靠自律与说教，而是在要求社会主体自觉守法的同时，以强制力作为保障其实施的重要后盾。正因为法律有了以强力为保证的外在约束功能，成文法才能够不仅仅停留于意志层面，而具有对社会成员行为和利益关系进行调整规范的强大作用。

问题在于，法律的他律性及其对强力的过于依赖乃是一柄"双刃剑"，既有其利亦有其害。正如庞德所指出的，"我们力图通过有秩序地和系统地适用强力，来调整关系和安排行为……但我们最好记住，如果法律作为社会控制的一种方式，具有强力的全部力量，那么它也

[①] 参见卢云《法学基础理论》，中国政法大学出版社，1994，第38~43页。

具有依赖强力的一切弱点"[1]。特别是当这种强力一旦为权力、私利所左右，那么法律就很可能成为维护私利和强权，背离公理与正义的邪恶工具，成为个别利益集团甚至个别人用以压制他人自由和正当权益的手段。因为毕竟"所有的法律制度都基于需要依靠个别的人来使法律机器进行运转和对它进行操纵"[2]。而政治社会中的某些利益集团或某些人总难免会受各种非正义、非理性因素的影响和驱使，一旦这样一些集团和个人掌握和操持着具有强力的法律，就会使"本本上的法律并不总是与实际中所运用的法律相一致的，甚至在执意主张用法治进行管理的社会中，也还是存在着权力失控的飞地"[3]。

在现实生活中，纵使制定得极为完备的法律本身可能代表着真善，但法律运行过程中对强力和对人的依赖，仍然不可避免地会使法律的实际运作效果与其预期目的之间产生巨大差距，甚至出现相互背离的现象。因为这种以强力为后盾进行运行的法律既可以为"性善者"所掌握而成为维护民众福祉和社会公益的"善法"，也可以为"性恶者"所操纵而成为压制民众自由与人权的"恶法"。诚如俄罗斯学者所云："法在自己的任何部分既可以成为自由的生命，也可以成为奴役和专横的工具；既可以成为社会利益的妥协，也可以成为压迫的手段；既可以成为秩序的基础，也可以成为空洞的宣言；既可以成为个人权利的可靠支柱，也可以使专制的暴政和无法无天的局面合法化。"[4] 追溯一下法律运作的历史，无论是远古的暴秦，还是近现代的纳粹法西斯，均将"法"的强力统治发挥到了极致，但这种法律统治带给民众的是残暴和苦难，带给人类的是文明退化和社会退步，个中

---

[1] 〔美〕罗斯科·庞德：《通过法律的社会控制、法律的任务》，沈宗灵、童世忠译，商务印书馆，1984，第10~11页。

[2] 〔美〕罗斯科·庞德：《通过法律的社会控制、法律的任务》，沈宗灵、童世忠译，商务印书馆，1984，第130页。

[3] 〔美〕E. 博登海默：《法理学——法哲学及其方法》，邓正来、姬敬武译，华夏出版社，1987，第343~344页。

[4] 〔俄〕依列斯特：《三种法律思想》，《外国法译评》1993年第1期。

历史教训确实发人深省。

5. 形式性

法律尽管是人类社会迄今为止所发现的最为权威的社会控制手段，但其利弊共存的最大特点在于运行的形式化，主要表现在以下几点。

其一，以统治集团的共同利益和意志为内容，以国家强力为后盾进行运作的法律，对于社会主体而言属于外在他律物。法律作为具有强制约束力的行为规范体系，它能够调整的只能是人们的行为，而不能及于人们的思想与个人私生活。从这个意义上说，法律所实现的社会控制其实只能是对社会民众外部行为的表面控制。

其二，虽然说立法者企望通过立法将社会公平与正义的观念转化为现实的社会关系秩序，并力图通过法律的运作实现法律所内蕴的社会正义，但法律事实上只能实现形式公平与正义。对此，恩格斯曾以劳动契约和婚姻关系为例做了极为深刻的剖析。他指出，"劳动契约据说是由双方自愿缔结的。而只要法律在字面上规定双方平等，这个契约就算是自愿缔结。至于不同的阶级地位给予一方的权力，以及这一权力加于另一方的压迫，即双方实际的经济地位——这是与法律毫不相干的……至于经济地位迫使工人甚至把最后一点表面上的平等权利也放弃掉，这又是与法律无关的"[①]。"在婚姻问题上，法律即使是最进步的法律，只要当事人让人把他们出于自愿一事正式记录在案，也就十分满足了。至于法律幕后的现实生活发生了什么事，这种自愿是怎样造成的，法律和法学家都可以置之不问。"[②] 恩格斯对法律形式正义或形式理性的这段分析可谓入木三分。

其三，法律所实现的平等是指全体社会成员规则适用上的平等，其只是意味着每个社会成员在竞争资格、机会和遵守与适用法律上的

---

① 《马克思恩格斯选集》第 4 卷，人民出版社，2012，第 84 页。
② 《马克思恩格斯选集》第 4 卷，人民出版社，2012，第 84 页。

平等性，它既对现实社会中个人在先天禀赋、家庭出生、人生际遇等方面的差异所带来的实质不公平竞争结果给予默认，更对竞争导致的社会成员之间的巨大贫富差距给了明确肯定。这就表明，法律形式化的公平实质上就是奉行弱肉强食的"丛林准则"，这种形式正义观在自由市场经济中必然带来社会的矛盾与对立，最终危及社会稳定和法律正义的真正实现。

其四，虽然立法者、司法者和执法者运作法律的目的在于惩恶扬善，修补被违法犯罪行为所破坏的社会秩序，但法律其实并不能承担起这一"重任"。因为"法律只是在受到践踏时才成为实际有效的法律"，它并不能阻止人们将内心的思想外化为行为，也不能阻止由该行为所引发的后果，因而现实生活中"预防性法律是不存在的"。① 法律只能对那些已经发生的行为进行事后判断，只能对已经发生的破坏性或损害性行为的后果进行物质替代性、象征性或精神性的事后救济，它所实现的永远只是"迟到"的正义。法律所设定的各种补偿、惩罚与救济手段，尽管在一定程度上可以恢复曾遭破坏的社会秩序，从某个角度说也能够给受害人以一定的物质补偿和心理慰藉，但它永远不能彻底弥合违法犯罪行为给受害人所造成的缺憾、创伤与痛苦，永远不能对已经遭到损害的受害人的身心和社会关系实现完全意义上的"恢复原状"。庞德对法律的这种局限性有着非常清醒而深刻的认识，他认为法律秩序所使用的四种手段（惩罚、特殊补偿、替换补偿以及预防措施）均有其不足。庞德引用狄更斯的一段精彩描述道出了法律的这种尴尬与无奈："崇拜他们的法律，这些法律把正义的永恒原则同英镑、先令以及便士的永恒原则结合起来。它们把这一成果适用于所有的民事妨害案件上面，从对一个人的名誉的毁坏到对一个人的鼻子的伤害。你们毁了我的女儿——用英镑、先令和便士来补偿！你给了我当头一棒——用英镑、

---

① 《马克思恩格斯全集》第 1 卷，人民出版社，1995，第 176 页。

先令和便士来补偿。"[1]

由此可见，尽管由违法行为所引发的社会后果已经成为既定事实，作为一种历史性存在，任何社会手段都无法使之完全消弭，或彻底恢复原状，尽管对于已经发生的损害结果和被破坏的社会秩序而言，法律作为一种事后惩罚或补救手段，或许乃是实现社会正义和公道的最佳方式，尽管上述所谓法律的局限性并非都是法律本身的过错，但法律只能对已发生损害的行为及其后果进行事后救济的这一形式正义性特征，恰恰证明了法律并不是也不可能是万能的社会调控手段这样一个基本事实。

三 法律局限性矫正：基本思路与对策

法律及其运作存在着自身难以克服的诸多局限性，因而我们在肯定和强调法律乃是现代社会最具权威和效率的社会调控手段的同时，需要注意理顺法律运作过程中的各种社会关系，注意运用社会综合控制手段矫正法律的局限性。

第一，在建设法治社会的过程中，应特别重视道德、教育以及社会治安综合治理等社会控制手段功能的充分发挥。

法律及其调整手段所固有的局限性，决定了仅靠法律运行是难以对整个社会系统进行有效调控的。因此，对于过去那种摒弃法治、否定法治功能的法律虚无主义思想，我们固然要从根本上予以批判，但那种认为有了法律就可以万事大吉，只要实行了法治就可以解决一切社会问题的思想同样是非常幼稚和有害的。事实上，过分依赖法治所带来的负面影响和社会病态已引起了西方社会深刻的反思。比如海外学者余英时就曾指出，西方法治观念已经给西方社会带来了"过度发展的个人主义、漫无限止的利得精神、日益繁复的诉讼制度、轻老溺

---

[1] 〔美〕罗斯科·庞德：《通过法律的社会控制、法律的任务》，沈宗灵、董世忠译，商务印书馆，1984，第30页。

幼的社会风气、紧张冲突的心理状态"①等不良影响,他理智而深刻地指出,上述现象均属社会病态而决非现代社会所要追求的目标。

对于法律局限性以及单纯依靠法治所带来的种种社会问题,中国传统法律文化有着自己的独到理解。强秦因法制完备而致兴盛,也因法律过于严苛而致败亡的教训,给了后世历代统治集团以深刻的思想启迪。汉代以后,经过儒法之争,主张"礼法"并举的儒家文化逐渐占据主导地位而成为古代中国社会的"正统"思想,应当说这并不是偶然现象。中国传统法律文化在重视"法治"的同时特别注重"德治",强调"德法并举"、"出礼入刑",其倡导诸种社会控制手段综合运用的做法早被实践证明为高明理智之举,对于维系社会共同体的内部稳定起到了巨大作用。历史与现实均已证明,"德法并举"是在东方国家具有普适性的治国之道,它反映了中国古代思想家和政治家们对人性与法治本质的深刻领悟,是中国古代政治家们经过世代传承所积累的治理多民族大国的成熟经验和高超技巧。我们说,古代中国之所以能够长期领先世界,保持文化上的先进性,甚至我们的文化在近现代仍然能对包括日本、韩国、新加坡等在内的东方国家的法制文明发展产生巨大而深远的影响,应当说与此不无关系。

事实上,法律与道德以及与其他社会控制手段之间存在着相互依赖与相互促进的关系,法律只有与包括道德在内的各种社会调整手段有机结合,形成彼此协调互动的运行机制,才能真正有效地发挥其内在功能。因为人类社会毕竟是由每个活生生的个体所组成的有机集合体,人类在需要物质生活维系生存的同时,更需要精神生活维系社会有机体的存在。那种离开了道德、文化等精神生活内涵的社会绝不是人类社会,只能是"动物世界"。尽管法律与道德在内容上是相互包容涵盖的,但再完善的法律也不能自动提升社会的精神风尚与人们的道德水平。所以,要保证法律的良性运作,我们就要在提高公众法律

---

① 余英时:《中国思想传统的现代诠释》,江苏人民出版社,1989,第4页。

意识的同时，着力提高公众的道德素质。因为一个民族、一个社会的公众整体素质与文明状况往往并不仅仅取决于该民族、该社会的法律意识情况，而恰恰在于整个社会的道德素养。从行为心理学的角度说，道德素养较好的人，虽然法律知识欠缺，但因其恪守内心的价值信念和道德底线，往往能够做到严守自己的做人准则，其违法的概率一般相对较低。而那些法律意识较强但道德素质很差的人，由于没有起码的道德防线和规则意识，不能用道德信念来克制与约束自己的行为，往往难以抵制诱惑，容易滋生犯意和邪念，其违法犯罪的概率一般相对较高。比如那些穷凶极恶的刑事犯罪分子，其在实施故意犯罪时应当说完全知道自己的行为后果，他们不仅有很强的"法律意识"，而且懂得如何钻法律的漏洞以逃避法律的制裁。所以，要建设现代法治文明，我们就应当将社会公众法律意识和道德素质的同步提高作为基本标尺，在重视法治的同时，大力弘扬中华民族的传统美德和反映社会进步的价值观念，提升社会公众的道德水准，形成积极健康向上的社会道德环境和良好社会风气氛围，应将法治与道德等社会控制手段紧密结合在一起，将法律和道德所内蕴的价值理念转化为社会公众内心牢固的思想信念，使之自觉以此来反省、判断和约束自己的行为，从而缩小乃至消除法治理想与法律运作效果之间的落差，实现法律效益的最大化。

第二，既要重视法律的形式理性，更要重视法律的价值理性，在保证法律的形式正义实现的同时，实现法律的实质正义。

中国传统法律文化在强调"德主刑辅"的同时，虽然建构起了庞大的行政司法体制，但其法律的内在精神和功能在于维护皇权的专制统治，而不是维护普通民众的基本权益，因而中国传统法制充满了残暴、腐败和黑暗。新中国成立后，由于我们长期忽视法制建设，使得法律虚无主义盛行。"文化大革命"期间，法制更是遭到严重破坏，公民的基本人权都不能得到保障。所以，中国法治现代化建设所面临的任务特别繁重、艰巨,这就要求我们在建设社会主义法治国家的进程中,首先应当按照法治运作的要求建构体系完备的现代法制模式,实现法律的形式合理性:在立法上建构概念科学、逻辑严密、内部结构和谐统一的法律体系;在司法上建立程序严格、运作规范、各司法机构相互制约与配合的司法机制;在执法上建构严格执法、依法办事,既保证国家公权力的有效运作,又使这种权力能得到有效监督的执法体制;等等。只有建立起形式合理、完备的法律机制,才能为现代法治社会提供可靠的制度保障。

建构形式理性的法律制度是确保实现法律平等与规则正义的前提,而要使法律能够实现良性运作,我们还必须对立法进行价值选择与定位,实现法律的价值合理性。历史反复证明,法治既可以正向价值为依归,成为维护民主、自由、平等、人权、正义,保障社会公众福祉及其正当合法权益不受非法侵害的有效手段,也可以负向价值为取向,成为推行专制和压制、维护特权和私利、实行暴政和法西斯专政的工具。只有实现了法律的价值合理性,法律才能真正成为社会安定的保障器、公民合法权益的保护器、社会文明的推进器。

法律价值理性和形式理性的有机统一是克服法律局限性的有效途径。法律形式理性指向的是法律自身的结构或程序意义,它着眼于法律的操作功能,注重法律的逻辑严谨性,从技术层面说明了法治是一种"真法之治"。法律价值理性指向的是法律所内蕴的价值目标,它着眼于法律的精神理想,注重法律本身的"合法性"和普遍性,说明了法治是一种"良法之治"。现代社会中的法律只有实现了形式理性与价值理性的和谐统一,才能真正赢得全体民众从内心深处对法律心悦诚服的信任和敬仰,真正使法律成为令人信服的社会理想和社会民众自觉遵行的行为规则。

法律形式理性与价值理性的统一是法律具有权威性的保证,要做到这一点,就需要我们在进行法律制度设计时,注意从古今中外吸取既适合于我国现实国情，又适应社会发展需要的法制运作的成功经验，精心建构结构精巧、程序完善细备、运作精良的法律机器，敏锐洞察社会发展的必然趋势与要求，准确把握社会前进的脉搏和主线，将那些反映中华民族优秀传统文化和民族心理气质，反映中华民族特有的世界观和生活方式，反映人类文明发展的共通要求和一般道德观念，反映世界各国所共同接受的通行规则和一般价值理念的内容纳入到立法之中，真正使立法能够代表中国"先进社会生产力的发展要求"，代表中国"先进文化的前进方向"，代表中国"最广大人民的根本利益"。我们应"与时俱进"地注意防止法律出现"时滞"现象，及时改良法制运作中存在的弊端，剔除与社会发展要求不相适应的内容，始终保持法律的先进性与科学性。

第三，既要重视法律的制度建设，又要重视司法执法人员素质的提高，做到法治的"硬件"与"软件"相配套。

新中国成立以来，我们长期忽视法制建设，这使得执政党以及党的领导人失去了有效的法律监督与制约，给社会主义建设事业带来了巨大损害并直接导致了"文化大革命"浩劫的发生，邓小平同志对此透辟地分析道，"我们过去发生的各种错误，固然与某些领导人的思想、作风有关，但是组织制度、工作制度方面的问题更重要。这些方面的制度好可以使坏人无法任意横行，制度不好可以使好人无法充分做好事，甚至会走向反面"[1]。他认为，"领导制度、组织制度问题更带有根本性、全局性、稳定性和长期性。这种制度问题，关系到党和国家是否改变颜色，必须引起全党的高度重视"[2]。这就告诉我们，我们能否真正有效地防止权力滥用，能否真正做到保障公民合法权益，能否最终建立井然有序的社会秩序，关键在于能否建立完善、系统、严密的法律制度体系及其运作机制。

---

[1] 《邓小平文选》第 2 卷，人民出版社，1994，第 333 页。
[2] 《邓小平文选》第 2 卷，人民出版社，1994，第 333 页。

更应看到的是，再完美无缺的法律制度毕竟都是人设计出来并靠具体的人去推动和实施的。法律的地位越重要，它对立法、司法和执法者的素质要求就越高。从某个角度说，"法不能独立，类不能自行。得其人则存，失其人则亡。法者，治之端也；君子者，法之原也。故有君子，则法虽省，足以遍矣；无君子，则法虽具，失先后之施，不能应事之变，足以乱矣"①。实践证明，法律的实际运行状况与法律操作者的素质之间有着密切的内在联系。制定得良好的法律制度如果有了高素质法律人的操作，必然能发挥其强大的"善法"功能。而如果没有素质良好的法律操作者，则再好的法律制度都可能会形同虚设、变形走样。

在建构现代法制的过程中，我们一方面要加强"硬件"法律制度的建设，形成完整配套的对公权力行使进行有效监督与制约的权力制衡机制、对权力行使者进行问责落实的责任追究机制、对非法的公权力行使造成损害时予以赔偿的司法救济机制、对法律操作者进行遴选、考评、提拔、监督、奖惩、淘汰的组织用人机制，将公权力行使严格限制在法定范围内，确保法律操作者能够按照法律规定的内容和程序严格依法办事；另一方面，我们更应注重法律人才的"软件"建设，必须在思想意识上加强对法律操作者的道德素质教育，使其养成忠于法律，信仰法律，愿为神圣的法律献出一切的意志品质，加强业务素质教育，使其做到精通法律、熟谙法律的正当程序和操作技巧，成为法律实务上的行家里手，等等。只有使法制做到制度"硬件"精良精巧，人才"软件"优品高质，法治才能得到良好的实施与运作。

第四，既要加强法制建设，更要重视法制运作的社会环境和基础条件建设。

近现代以来的历史告诉我们，脱离社会现实基础和客观条件的法制变革是不可能取得成功的。对于法律与现实社会生活条件的内在关

---

① 《荀子·君道》。

系，马克思指出："但社会不是以法律为基础的。那是法学家们的幻想。相反地，法律应该以社会为基础。法律应该是社会共同的、由一定物质生产方式所产生的利益和需要的表现，而不是单个的个人恣意横行。"① 所以，尽管法制变革对社会发展和文明进步具有推动作用，但从根本上说，法律的内容和性质是由社会的政治、经济、文化条件所决定的，法制变革能否成功也往往取决于后者。中国戊戌变法的失败与日本明治维新的成功，其关键之处并不在于变法者的态度是否坚决，也不在于变法的内容是否先进，而在于这种变法具不具备必要的政治、经济、文化和民众支持等现实社会条件。

中国以现代法治社会为建构目标的法制现代化进程，有着极为特殊而复杂的国情背景和阻碍因素。中国古代社会长达两千多年的皇权专制统治和落后封闭的小农经济，严重窒息了民主政治和市场经济的生长发育，"官本位"、"义务本位"等传统观念则时时侵蚀着现代法治文明理念。这就决定了在中国建设现代法治将是一个极为漫长艰难的过程，我们绝不能企望仅靠法制变革就能一蹴而就地实现现代法治社会，而必须要在加强法制建设的同时，加强法制的外在运作环境建设，使已经建构起来的现代法制模式获得良性运行和实施的社会基础条件。

我们所说的加强法律制度建设，是指要加强对立法、司法及执法的内在规律研究。在立法上应当要革除现有立法体制中的弊端，促进立法活动本身的法治化、民主化和公开化，推动高度透明、高效运作的现代立法体制模式的建立，从而迅速提高我国立法的科学性、先进性和实施的有效性，并使我国的相关立法实现与国际先进立法和通行规则的接轨；在司法上应当要在法律上和体制上真正赋予司法机关以司法独立权，坚持司法运作的公开性和透明度，同时要完善对司法机关的法律监督机制，从而有效地遏制和防止司法腐败，切实维护法律

---

① 《马克思恩格斯全集》第 6 卷，人民出版社，1961，第 292 页。

的权威性和公正性；在执法上要使各级政府部门养成严格按照法律和法律的正当程序办事的习惯，遵循政府行为"法无授权即非法"的理念，坚决摈弃过去那种不按法律法规和程序规定，而只按上级"红头文件"、"会议纪要"甚至是"领导批示"来办事的做法，做到行政行为的适法、公开和透明。

加强法制的外在运作环境建设是指要按照建设现代法治社会的要求，改革和完善现有的政治体制、经济体制和文化体制，形成民主政治、市场经济和良好的现代文化氛围，从而为现代法制运行提供强大的社会力量支持。

我们要加快现代民主政治建设，形成和完善权力相互制衡的政治体制，建立健全一整套完善先进的对公务员进行遴选、考核、评价、回避、升降、淘汰的管理制度，以及形成相对完备的对公务员非法行政行为进行责任追究与处罚的法律制度，要通过法律明确规定各级政府机关的权力范围、义务内容和角色定位，在赋予其行使公共行政权力的同时，明确其应承担的社会公共事务管理和服务的义务与责任，切实改变行政机关存在的"官僚主义"、"衙门作风"等恶习，使行政机关及其工作人员牢固树立服务公众的"公仆"意识。我们要形成高效顺畅和法治化的政府运作机制，建立廉洁精干的公务员队伍，培养行政机关注重行政行为的公开合法性和依法行政的习惯，从而能够做到对行政机关及其工作人员的行政权力行使进行有效的监督与制约，以确保一切权力的行使都必须依据法律和法律的正当程序才能做出，任何社会主体的正当权益因行政权力的非法行使而致损害的都能依法得到救济，一切违法违纪的官员都应受到法律追究。

我们要加快市场经济建设，建立能够对市场主体、市场行为、市场管理和市场秩序等进行有效调控的现代市场运行机制，完善宏观调控体系、证券金融监管体系、市场管理体系、社会保障体系等法律制度，将一切市场主体的营利行为都纳入法律所设定的规则范围内，使其在享有法定范围内最大限度的经营自主权和自由竞争权的同时，能够做到公平竞争和守法经营。如果其行为扰乱了市场公平竞争秩序，侵害了其他市场主体和消费者的合法权益，就必须要受到法律的追究与制裁，并使受害当事人能够依法得到补偿，从而确保市场经济的健康安全运行，使市场主体的正当合法权益能够得到法律的平等保护。

此外，我们还要在社会民众中培育和普及现代法律意识，大力建设与现代民主政治、市场经济相适应的现代法律文化。从根本上说，法制改革与政治、经济、文化体制的改革之间既互为内容与目标，也互为手段与途径。因为现代文明社会乃是法治社会、民主政治和市场经济的高度和谐统一，而现代民主政治与市场经济建设乃是传统法制向现代法治转变的最重要保证，是中国最终建成现代法治文明社会的最深刻或最根本的标志。唯有大力推动现代民主政治、市场经济以及法治文化建设，现代法制才真正得以建构，社会主义法治国家才能真正得以建成。

（本文原载于《法学》2005年第3期）

策　略

国家治理中的司法策略：以转型乡村为背景

栗 峥[*]

引 言

改革开放三十余年以来，我国一直处于剧烈而持续的国家转型期。《中共中央关于构建社会主义和谐社会若干重大问题的决定》中，将这一时期概括为"经济体制深刻变革、社会结构深刻变动、利益格局深刻调整、思想观念深刻变化"。"四个深刻"足以说明改革的风险与维护稳定任务的艰巨。而农村工作又是重中之重。轰轰烈烈的改革正是从农村始发，促成中国乡村秩序格局经历着"千年未有之大变局"。"大变局"必然带来更大的社会波动。中国乡村法治建设恰恰处于这一宏大的转型波动之中。探寻现代法治由城市转向乡间的下沉路径、实现农村稳定发展是这一特殊时期的一重大课题。

转型期的独特现实要求我们冷静观察乡土社会的纠纷解决与正义表达的方式，尤其要求我们关注转轨过程中国家法与民间法之间的夹层区域与无主地带。乡村传统治理方式究竟发生了怎样的改变？司法机关的司法策略如何定位？有效解决纠纷、化解社会矛盾的标准和方式是什么？为什么选择"大调解"和"能动司法"？通过对这一系列问题的追问与回答，我们可以看到现代司法在解决乡土社会纠纷过程中的策略，也可以发掘国家法与民间秩序博弈对抗之后所形成的法治

---

[*] 栗峥，中国政法大学诉讼法学研究院教授。

实践的真正格局。

一 司法策略的背景：乡村传统治理术的衰退

(一) 乡村传统治理术衰退的现象

司法策略的产生源自于乡村传统治理术的衰退与纠纷解决的现实需要，调查发现，[①] 村庄自主解决纠纷的内生能力弱化，宗族力量、伦常秩序、道德规范、风俗习惯、面子人情等传统治理术明显式微，难以自成体系地独立完成某些规制功能。

第一，道德规范对越轨行为的惩治方式从行为淡化为言语。传统社会，道德规范一直是维系秩序的基本依据与社区性力量。[②] 违反道德的越轨行为成本巨大，名誉、面子、财产、人情皆损。为了惩治偷盗、奸淫、乱情之类严重破坏道德秩序的行为，传统道德规范注重惩处的行动性，如"打屁股"、"写逐书"、"现丑"、"游街"等。[③] 随着法制进驻乡村，当下乡村道德行动惩戒的合法性需要接受法律尺度的评判，上述惩罚行为已被"国家"所扬弃。"罪与罚"的决定权"收归国有"打破了村庄内部道德原有的稳定结构，道德捍卫者"敢怒、敢言却不敢动"[④]。丧失惩罚力度的道德规范多存留于茶余饭后的村舆乡议之中，渐趋于言语化，对村民行为的外在约束作用微乎其微。[⑤]

第二，伦常秩序的差序格局正经受考验。传统伦理秩序以孝道及其衍生的相关伦理原则为村庄治理的依据。而今，伦常秩序因血缘、亲缘关系的疏离与生产生活的自立而逐步缩小至"家庭"这一最基本

[①] 调查资料与数据基础来自贺雪峰主编的《中国村治模式实证研究丛书》（共16本），该丛书对全国十多个省不同村庄的调查记录与数据支持了本文部分观点。
[②] 参见庄孔韶、赵旭东、贺雪峰、仝志辉、卢晖临、林聚任等《中国乡村研究三十年》，《开放时代》2008年第6期。
[③] 谭同学：《桥村有道：转型乡村的道德权力与社会结构》，三联书店，2010，第384页。
[④] 杨华：《绵延之维——湘南宗族性村落的意义世界》，山东人民出版社，2009，第182页。
[⑤] 参见王小军《转型之痛——赣中南路东村调查》，山东人民出版社，2009，第127～128页。

的社会联结单位,[1]"伦理本位"日趋向"家庭本位"转移。[2] 在家庭内部,代际权利义务关系失衡,年轻人与长辈间的认知结构、生活境遇、资讯获取方式迥异,[3] 家长话语权在信息不对称的情况下相对式微。[4] 遵守孝道的法则因父母对子女的主观迁就和外出求学打工的客观距离而淡化。[5] 在家庭外部,血缘与亲缘关系则日渐疏离,"有用性"成为首要原则,[6] "熟人"间与"外人"间纠纷解决方式的差异已并不明显,利益冲突可以轻易击破熟人间的信任关系。[7] "各家管各家"的行事原则湮没了伦常秩序维持社区整合的效力。在这种离散的格局下,伦常之道通常仅延续在足够丰富的家庭关系与宗族层面上,带有了更多象征与说辞的色彩。[8]

第三,宗族力量的牵制力削弱。在纠纷解决中,宗族和睦的处事原则依旧可以平衡调节同宗内的关系,[9] 但"长老统治"所掌握的地方性知识仅仅是信息时代"知识爆炸"中的"一块碎片"。[10] 调处纠纷所需要运用的综合性知识,超越了"长老"或"乡绅"一族的知识结构。"德高望重"也不再是介入村庄公共事务的必备条件。[11] 宗族规则与国家法的出入成为其备受指责和遗弃的主要原因。对违背宗族规范者,宗族权力却往往因违规者受国家法律所保护而无法对其施以传统

---

[1] 参见刘洋《村庄发展的社会基础———一个豫东村庄的村治模式》,山东人民出版社,2009,第23~24页。
[2] 参见王跃生《制度变革、社会转型与中国家庭变动——以农村经验为基础的分析》,载《开放时代》2009年第3期。
[3] 参见陈辉《古村不古——浙西衢州古村调查》,山东人民出版社,2009,第32页。
[4] 参见张世勇《积极分子治村——惠州村治模式研究》,山东人民出版社,2009,第55页。
[5] 参见张世勇《积极分子治村——惠州村治模式研究》,山东人民出版社,2009,第56页。
[6] 参见骆建建《十字路口的小河村——苏北村治模式初探》,山东人民出版社,2009,第14~25页。
[7] 参见陈辉《古村不古——浙西衢州古村调查》,山东人民出版社,2009,第203页。
[8] 参见郭亮《走出祖荫——赣南村治模式研究》,山东人民出版社,2009,第139页。
[9] 参见杨华《绵延之维——湘南宗族性村落的意义世界》,山东人民出版社,2009,第162页。
[10] 张世勇认为:"实体的宗族和具有高度凝聚力的宗姓意识在龙峰村似乎看不见了。"参见张世勇《积极分子治村——惠州村治模式研究》,山东人民出版社,2009,第16页。
[11] 参见陈辉《古村不古——浙西衢州古村调查》,山东人民出版社,2009,第183页。

的惩戒。因此，运用宗法之规大多以双方认同为前提，且仅仅成为一种参考，而不再具有决定性。宗族规则以"促和式"的积极性调和作用于纠纷，法律规则则以"裁断式"的消极惩训作用于纠纷，两者互为消长。

第四，行政治理方式弱化。近些年，因村庄"去单位化"和农户分散化，村委会和村干部在村落集体生产生活中的掌控地位日益淡化。[1] 过去，村委会对村民的"控制"主要来自两个方面：一是农业税的征收，二是计划生育的防控。一个"要钱"，一个"断根"，明显与农民的利益追求相悖，直接限定着村民的生存与发展。所以，村委会的力量举足轻重。但是，农业税的取消[2]与生育观的改变[3]使村委会失去了"两只臂膀"，其真正的控制职能日趋萎缩。同时，村干部既有的"施政"经验需要不断调试，以迎合如今变幻多样的自上而下的政策与自下而上的诉求。村干部的"为官之道"与乡村变化之间的张力已经呈现出来，[4] 对公共利益的关注与私人利益的算计之间的平衡问题一直是考验村干部廉洁性的主要参数。[5]

（二）乡村传统治理术衰退的原因

乡村传统治理术的衰退有其深刻的现实原因。

第一，以市场化为特征的现代性因素和以政策为标志的国家力量改变了乡村的既有秩序。[6] 中国乡村秩序格局的变化因经济结构的巨变而显得尤为激烈。市场经济的持续深入，打破了小农经济的格局，引发大量农民进入沿海或大中城市务工、经商，打工收入对家庭的经

---

[1] 参见项继权《中国乡村治理的层级及其变迁——兼论当前乡村体制的改革》，载《开放时代》2008 年第 3 期。
[2] 有关农业税取消前后的差别以及免税后基层干部的行政无力感，参见陈辉《古村不古——浙西衢州古村调查》，山东人民出版社，2009，第 32、207 页。
[3] 张世勇记录分析了徽州龙峰村轻"生"重"育"的现象。参见张世勇《积极分子治村——惠州村治模式研究》，山东人民出版社，2009，第 55 页。
[4] 参见陈辉《古村不古——浙西衢州古村调查》，山东人民出版社，2009，第 193 页。
[5] 参见谭同学《桥村有道：转型乡村的道德权力与社会结构》，三联书店，2010，第 403 页。
[6] 参见李德瑞《山村的彷徨——鄂西北村村治模式研究》，山东人民出版社，2009，第 233 页。

济贡献愈发明显。这种"打工经济"催生了"即劳即酬"的观念和"以自我利益为中心"的处事方式，它们对村庄生活的"风化"持续不断"驱逐"了原有的传统规则，挤压了规约农民行为的旧有方式，加速了村民内部市场化规则的铺展进程。① 农民以其朴素的方式来迎接或感受着市场化的好处与负面影响。同时，国家政策，如取消农业税、新农村合作医疗、养老保险、工业"反哺"农业、城市支援农村、合村并居、土地流转、农村社区发展等，在村庄中也产生了未曾预期的多重效果，这些国家政策也在某种程度上成为推动乡村秩序格局变革的主流力量。②

第二，传统治理术因信息渠道的多元和便捷而改变。现代社会，传媒技术一直在推动着信息的传递与交换。传媒技术触角遍及乡村社会的各个角落，促使法律的传播迈向纵深。司法的呈现方式借此大为改观。首先，电子媒介、网络媒介与信息技术的突飞猛进，使远距离交流成为日常行为，彻底突破了纠纷解决依赖于"在场的面对面"的局限。③ 时空限制的放开，使远在"千里之外"的务工农民依旧可以保持与乡土村落的紧密联系。信息渠道的畅通使处理纠纷的思路与方法不再囿于地域风土的约束，乡土的封闭空间被无形消解。其次，大众资讯平台的扩展使得信息无孔不入地渗透到乡村家庭。印刷媒介、广播电视媒介、电子网络媒介的信息传递日趋广泛化、瞬时化，乡土村民也可以在第一时间了解到多种法律讯息、社会焦点案情与影响力大的诉讼案件。广播电台的法律咨询热线、电视台的法制频道几乎全天候提供各种法律资讯、专家律师服务、法律知识讲解等。④ 法律已然不再是上层建筑的"独享物"，而成为通过传媒被大众消费的批量

---

① 参见李德瑞《山村的彷徨——鄂西北村村治模式研究》，山东人民出版社，2009，第223页。
② 参见李德瑞《山村的彷徨——鄂西北村村治模式研究》，山东人民出版社，2009，第233页。
③ 参见李鸿君、张小莉《一个新型移民社区的村治模式——吉林率子河村调查》，山东人民出版社，2009，第38页。
④ 参见郭亮《走出祖荫——赣南村治模式研究》，山东人民出版社，2009，第22页。

化、商品化和标准化的"消费产品"。最后,现代媒介也成为表达民愿、展示民意的"高速公路",日常琐事或局部矛盾均可在传媒报道之后迅速演变成为公共性事件,底层民众寻求救济、获得政府与领导关注的渠道更为便宜、快捷。

第三,信仰危机逼近乡村,致使村民价值观异化,改变了乡村的秩序观念。如今,祭祀祖先的仪式失去了昔日全民参与的集体性与隆重感,且操持人多为年长者,规模萎缩,效果打折。[1] 物质经济与"外向用力"的人生观取代了自然崇拜观念,催生出更多的功利与私欲,村民更为实际的面向现世生活。而宗教活动在乡村社会的公共生活空间中也渐渐难以承载社区互动与治理的基础性功能。作为传统乡村村民的三大精神支柱——祖先荫蔽、自然崇拜、宗教信仰被一一瓦解。少数人的救赎方式拯救不了集体信仰的严重缺失,更难以抵制金钱至上的观念冲击。[2] 目前,村民价值观大多以己为中心,以自我利益与生存关系的工具性需求而非伦理秩序为坐标,形成了乡土社会横向的同心圆结构。[3] 这种屈从于财富排序的价值观过多地注重向上流动的可能,甚至遗弃了财富获取手段的道德评判。[4] 当然,国家权力力图倡导与推进的集体主义道德秩序与村风德育建设也并没有止步,只是随着基层公共治理状况的下降与村干部对己、对人迥然不同的行事方式而未能为村民所认同。[5] 于是,自上而下的宣示性的德化秩序与自下而上的自发性的财富秩序共同构成了乡村社会的纵向结构。

---

[1] 参见刘洋《村庄发展的社会基础——一个豫东村庄的村治模式》,山东人民出版社,2009,第23~24页。
[2] 参见李鸿君、张小莉《一个新型移民社区的村治模式——吉林率子河村调查》,山东人民出版社,2009,第117页。
[3] 参见黄光国主编《面子——中国人的权力游戏》,中国人民大学出版社,2004,第33页。
[4] 参见郭亮《走出祖荫——赣南村治模式研究》,山东人民出版社,2009,第140页。
[5] 参见李鸿君、张小莉《一个新型移民社区的村治模式——吉林率子河村调查》,山东人民出版社,2009,第104~145页。

第四，乡土村民身份的多元化加剧了乡村传统治理术的衰退。不同身份的群体在不同的社会秩序中以不同的方式经历着社会变迁。[①] 90 年代以后，我国绝大多数村庄卷入整个国家的大市场运作之中，人、财、物在城乡之间急速流动。无论主动还是被动，村民都不可能固守于村庄秩序之内的单一的乡土身份，随着社会生产与消费的广泛参与，现代村民包含了"人民—公民—市民—乡民"等多重身份。"人民"身份赋予村民国家主人的地位，刺激民众政治主体的自觉意识；"公民"身份使村民与国家之间形成了治理、服务与监督的契约关系；"市民"身份强调自由劳动、获得财富的权益保护；"乡民"身份则使村民仍然保持着乡村社区中的伦理成员资格。"身份聚合"致使村民增加了更多欲求，体现为获得城市市民身份的意识与要求增强，如要求享有子女受教育的权利，要求城乡户籍改革等，但因重重限制，其要求城市社会福利的意识使他们的身份认同仍然呈现出分裂、破碎的态势。

（三）乡村传统治理术衰退的结果："流动的规范"

经济竞争的压力、传媒通信的浸染、获取财富的欲求、身份关系的多元等因素深刻影响着传统治理术衰退的乡村，使传统秩序格局发生了"伤筋动骨"的变化。当代乡村治理秩序正呈现出新旧交替时期独特的"结构混乱"[②]的现象，而乡土行为规约的规范机制还难以"独当一面"，于是，出现了一种"混搭"式的"共谋格局"，笔者将之称为"流变的规范"。"流变的规范"承载着乡土社会全部的生活法则与行为准则，汇集了各种规制力量，形成"多中心"治理的秩序格局，[③] 其特点在于以下几方面。

---

① 参见〔德〕布赖恩·特纳编《公民身份与社会理论》，郭忠华、蒋红军译，吉林出版集团，2007，第 1~20 页。
② 董磊明、陈柏峰、聂良波：《结构混乱与迎法下乡——河南宋村法律实践的解读》，《中国社会科学》2008 年第 5 期。
③ 参见谭江涛、王群《另一只"看不见的手"——埃莉诺·奥斯特罗姆与"多中心"理论》，《开放时代》2010 年第 6 期。

第一，弥散性。由于各种治理方式的价值判断与标准各不相同，且往往相互冲突甚至对立，"流变的规范"并没有统一稳定的价值导向与行为规则。纠纷解决依赖各种方式的不断尝试，"管用"即可，其约束力度的大小因人因案而异：对于注重面子与声誉的当事人，舆论道德谴责可能会"派上用场"，对亲疏关联紧密的当事人，宗族规约也可能限制当事人的行为，而对社会"混混"，村干部的行政训导有时会发挥作用。①

第二，变换性。"流变的规范"究竟会在多大程度上发挥作用、约束力有多大都具有极大的不确定性。当事人认同或接受程度是其核心因素，乡村既有的公共性处事范例也是一种参照标准，当然某种即时聚合的村舆乡议也可能瞬时发威。总之，"流变的规范"始终缺乏长效、持久的治理"定力"。

第三，复合性。"流变的规范"实际上是一种纠纷解决的整合性机制，承载着当下乡村松散共同体的"集体记忆"，表达了一种公共性话语。它并没有如法律规范一般的文本载体，而多以口耳相传、道听途说、耳濡目染等非常规方式展开，以潜在的形式在日常生活中发挥作用，既可以约定俗成为一种牵制行为的规约习惯，也可以迅速拆解为"无关痛痒"的象征性规范。它不同于任何一种既成的传统治理方式，而是对被冲击的众多支离破碎的治理方式的"选择性集成"。

二 司法策略的考量原因、目标与标准

"策略"是指"为了实现某一个目标，预先根据可能出现的问题制定的若干对应的方案，并且在实现目标的过程中，根据形势的发展和变化来制定出新的方案，或者根据形势的发展和变化来选择相应的

---

① 参见黄海《灰地：红镇"混混"研究（1981~2007）》，三联书店，2010，第242页。

方案，最终实现目标"①。策略的作用是通过某些方法以实现目标效果的最大化，典型的例子是"田忌赛马"。策略的失误可以导致满盘皆输。正如毛泽东同志所言："政策和策略都是党的生命"，转型社会的深刻变化要求国家治理理念的转变，进而导致国家治理策略的调整。单一的法律规则适用难以满足综合治理的需求，司法实践需要选择更为务实且灵动的策略。

（一）选择司法策略的原因：转型社会的整体需求

第一，国家治理转型的趋势。"在公共生活向后工业、后现代转向的过程中，公共事务的多元共治不仅是物质——功利主义层面的嬗变，而且更主要体现为公共性理念和价值在现代民族国家治理体系中的扩展。"② 我国现代社会的治理正从以"权威—依附—服从"为导向的权力机制，到以"商谈—合作—服务"为导向的治理机制，并向以"理念—规则—程序"为导向的法律机制转变。传统的统治型国家形态缺乏公共服务的责任，法治型国家又需要长期的进化，因而在全球化的今天，伴之民族国家的日益"祛魅"，多元共治的服务型国家逐渐成为社会生活的制度中轴，成为维护社会、调和共同利益的标准方式。③ 服务型治理机制的核心在于治理主体积极主动的介入社会关系，提供更多可能性策略，加强商谈，促进合作，满足需求，形成多元公共行动体系。

第二，社会公共性的要求。社会经济的日益活跃导致社会矛盾纠纷与不稳定因素陡增，但同时，政府治理能力因其规模、编制、资源等因素的稳定而保持在一个恒定区间之中。最大限度的治理能力也远远支撑不了成倍翻增的社会矛盾纠纷与不稳定因素，为了和谐的目标，维稳压力由政府传递到各个机构与组织，司法机关自然首当其冲。

---

① 参考百度词条对"策略"的定义，http://baike.baidu.com/view/117922.Htm，最后访问日期：2011年9月2日。
② 孔繁斌：《公共性再生产——多中心治理的合作机制建构》，江苏人民出版社，2008，第11页。
③ 参见〔法〕皮埃尔·卡蓝默《破碎的民主：试论治理的革命》，高凌瀚译，三联书店，2005，第9页。

一方面，在这种社会大环境下，处理案件不再是独立的司法行为，而成为社会公共事务之组成部分的"司法事务"，也具有了社会服务的"公共性"；另一方面，案件处理的合法性要求却使国家运转的治世逻辑失去了活力，因为程序与规则有时并不利于及时、快捷、有效地化解社会矛盾。所以"合法性"这根司法运转的中轴反而成为提升司法公共服务的某种障碍。在"公正性"与"公共性"之间，理性的司法机关难免在这种"制度性交汇点"上"顾此失彼"，于是"社会管理创新"应运而生，它力图解释司法场域中的自主逻辑，同时还需要适应政治场域中的治理逻辑。

第三，实践操作技术的需要。法律规则的丰富、程序流程的繁复，导致村民诉诸司法以获得救济时，权利被分割"打散"，很难产生"整体抗力"。村民还不适应按部就班的权利行使节奏，而更倾向于权利聚合后的整体爆发与释放。诉讼外的调解或信访因不受限制而成为村民更为"管用"而熟悉的诉争方法。对此，司法机关必须调适司法内外的各种"操作技艺"以应对多样性的争讼手段。于是，权利义务分配过于细化的"微分"手法需要向不断整合的治理的"积分"范式转向，传统的"单一司法"（即只依据司法程序运行的模式）需要向"操作技艺"丰富而多元的"复合司法"偏移。由此可见，司法的策略边界是围绕国家治世的综合治理需要而勘定的。

（二）定位司法策略的目标：和谐社会与法治社会并重

社会转型的过程也是一个社会矛盾突出、社会问题迭起、社会形势多变的过程。对此，党和国家政法工作的政策导向趋向于要求司法承担起改造社会、缓和当前社会矛盾、避免人民内部冲突升级、保护弱势群体的政治功能。我国司法机关的功能定位也一直是以贯彻不同时期国家的中心任务、为社会主义建设保驾护航为基调的。我国司法机关在整个国家治理体系中并没有处于核心地位，司法机关尤其是最高司法机构却勇于在政治权力体系与社会变革大潮中承担责任，一直在试图积极介入国家社会经济事务乃至政治事务，强化自己在国家治理中的应尽职能和应有位置。从这个意义上讲，司法机关作为一个国家法治推进的核心力量，其制度安排与工作方向是进一步寻求与国家政治责任与历史命运的契合，而逐渐偏离了纯粹意义上的司法逻辑。最高人民法院对此并不讳言，2007年3月7日颁布的《关于进一步发挥诉讼调解在构建社会主义和谐社会中积极作用的若干意见》鲜明地指出："人民法院作为国家审判机关，必须坚定不移地服从和服务于这一国家大局和中心任务，高度重视、充分运用诉讼调解这一正确处理社会矛盾的重要方法与构建和谐社会的有效手段，最大限度地增加和谐因素，最大限度地减少不和谐因素，承担起促进和发展和谐社会的重大历史使命和政治责任。"

司法实现其政治功能的基本思路是：社会矛盾导致社会不稳定与政治不安全，运用一切手段最大限度地化解矛盾、维护社会稳定，在这个过程中法律方式与非法律方式"共谋"，以实用主义定原则、以社会效果论成败，尽量在解决纠纷的过程中实现正当性与合法性的再生产，形成持续的长效维稳机制，保障国家柔和平稳地实现现代化转轨。应当指出，和谐社会与法治社会并不存在结构性矛盾，方向是完全一致的。但两者之间确实存在某种张力。这是因为，国家政策、领导讲话、行政文件的"经常性刷新"占据了司法工作日程的主要部分，而对于"任重道远"的法治社会的实现，司法机关却对其紧迫性没有充分的认识。

当然"和谐社会+法治社会"的双目标定位并不会使司法机关左右为难，选择何者优先是根据特定时期社会转型的实际状况、经济基础、司法需求、政治环境、资源配备等多方因素综合做出的："当过分强调和谐而危机法治的底线时，应该倡导法治优先；在过分强调法治而危及和谐底线时，应该倡导和谐优先。"[①] 司法实践中的灵活多变

[①] 徐昀：《"调判结合"的困境——以民事审判结构理论为分析框架》，《开放时代》2009年第6期。

与左右逢源远比理论论争上的非此即彼有趣的多。这是一种典型的"回应型"的司法立场，即以回应社会转型的现实需要、回应自上而下的政治要求、回应自下而上的民众呼声，并在三者之间保持一种必要的张力，使纠纷解决机制尽可能地引导、改造、建构多方面的社会需求。

（三）考量司法策略的标准：纠纷的有效解决

"和谐社会与法治社会并重"的目标要求选择司法策略必须达到有效化解社会矛盾、妥善处理纠纷，即"案结事了"的数量。它对司法工作提出了具体标准，基于这些具体标准，我们可以梳理出"由诉讼向调解倾斜"的当下司法趋势的原因。

第一，"心服"而非"口服"，才是纠纷彻底解决的标志。良好的纠纷解决实际上必须落脚到当事人的心理满足感与信服感。否则"心不平"、"气不顺"所引发纠纷的绵延性只是时间问题。[①] 人们交流的顺畅依赖于三个因素：一是认知结构的同构性，即解决纠纷方式符合当事人既有的认知逻辑；二是生活偏好的同向性，即解决方式符合生活价值取舍的参照体系；三是惯习方式的同源性，即解决纠纷方式符合地域文化的历史传承与因果衔接。相比较而言，要达到心理的认同与接受，理性说服与情感同化并重为上上策。调解相对诉讼更易于将两者统筹兼顾。因为，生活层面上的调解沟通，可以更清晰的把握当事人心智性情的倾向与轨迹。通过话语适当营造或改变情境、突出人情味因素的"掏心交流"相比于法庭上的理性论辩更具冲击力与穿透性，可以直达"人心"。

第二，良好的纠纷解决效果是法治效果、社会效果、实际效果的统一。法治效果指向案件处理的合法性，旨在实现诉讼标的的合理分配；社会效果指向社会关系的修复性，旨在实现资本权力的平衡；实际效果指向生活安排的互惠性，旨在实现生存利益的共赢。达到上述三种效果的整合与互动，从而实现纠纷的妥善解决绝非易事，这需要

[①] 参见顾培东《试论我国社会中非常规性纠纷的解决机制》，《中国法学》2007年第3期。

司法资本、政治资本与社会资本的持续追加，以提供足够解决纠纷的动力支持。所以，矛盾化解、"社会健康"其实依赖于大量的资本"输血"与资源"注射"。立法者单纯的"规则供给"显然改变不了司法资源的有限性问题，司法机关纠纷解决的能力有一定的定数，①应对不断增长的诉讼与纠纷，就需要政治资本的持久"输液"。可以说，司法依赖行政并不仅仅是政治体制格局的权力呈现，这更是司法为了完成有效解决纠纷任务的经济性考量和功利化做法。

第三，纠纷解决机制的选择需要考量资本与权力的实际对比力量是否匹配。争夺资源，无论是纠纷性还是非纠纷性，均取决于争夺者所拥有的综合资本与权力的总量，进而表现为实际的社会生活影响力对比。②面对纠纷，司法程序的确为我们提供了"平等的权利"、"对等的义务（或责任）"等抽象意义上的"平等"与"公平"印象，但司法系统并不顾及司法之外的财富资本、教育知识资本、社会人际资本、乡土权力资本等一系列决定输赢关系的因素，也不会轻易消解这些真实因素。裁判往往只服从于司法框架内的要求，而排除其他。这样的裁判"悬浮"于乡土生活之上，很难得到各方的认同与执行。既判力失灵，司法的象征性贬值，由此引发的对司法不公的偏见以及脱离司法路径的申诉信访将会持续高涨。③相比较而言，调解却可以充分考虑双方的整体社会位置与软硬对比，调解中"讨价还价"及其协议的达成实际上正是基于双方对综合力量的一致评判。比如，在某些案件中，当事人的谈判能力、家庭关系等非核心成分甚至可能成为调解过程中占尽优势的主导因素。

第四，纠纷在司法场域中得到顺畅的解决需要统一的"案件制作

---

① 参见苏力《审判管理与社会管理——法院如何有效回应"案多人少"？》，《中国法学》2010 年第 6 期。
② 参见陈柏峰、郭俊霞《农民生活及其价值世界——皖北李圩村调查》，山东人民出版社，2009，第 176~203 页。
③ 参见申端锋《乡村治权与分类治理：农民上访研究的范式转换》，《开放时代》2010 年第 6 期。

处理术"①。首先是话语体系的切换。法律术语系统对日常生活纠纷有着不同的命名方式与语言姿态。命名方式决定了法律关系的权利义务分类，专业化的话语姿态去除了村民的伦理身份与乡土气质，直接使其成为原告与被告、债权人与债务人、侵权方与加害方。法律语言形塑了法律事实，利益表达也经受了司法规则之辩论对象的限制而默认为法庭习惯的言说方式。由此，利益要求转化为"诉求"，理由变异为"诉因"，有利的事实表达整理为"证据"，法庭描述为"职业对话"的场所，纠纷"建构"为"诉讼"。②司法自成体系的"话语垄断"意味着对纠纷主体确定了行动边界，它实际上打破了村民经常运用娴熟的乡土"话语优势"所建立的心理认同与信任感。而调解却可以实现日常世界的回归。话语系统还原到生活场域，直接面对现实，无须语言"翻译"或词汇"包装"，调解中语言的自由与意义的无障碍使村民的乡土优势与"讨价还价"能力发挥得淋漓尽致，当事人可以自由地运用其话语、知识以及对纠纷的认识与解释，"操作术"更为灵活。

第五，纠纷解决是一种严重依赖于特定时空与具体情境下的实践操持方式，处于司法场域与生活场域的交汇点。它既可以依赖司法程序给予利益诉求的支持，也可以回归生活轨道对纠纷予以日常消解。③也就是说，矛盾作为社会结构与关系中的"病变"，既可能借助"国家法律装置"解决，也可能为非诉讼的民间自生秩序所驯服。前者体现出"国家合法性"的机器化运作（"自动售货机"），后者表达了"自我合法化"的生活实践的需要。两种不同的"游戏方式"各自包含了一套不同的操作技术、话语体系、逻辑轨迹，因而形成了司法内外两种不同场域下的"公正"生产机制。因此，纠纷解决的有效性也

---

① 申端锋：《乡村治权与分类治理：农民上访研究的范式转换》，《开放时代》2010年第6期。
② 申端锋：《乡村治权与分类治理：农民上访研究的范式转换》，《开放时代》2010年第6期。
③ 吴红羽：《司法调解的生产过程：以司法调解与司法场域的关系为视角》，法律出版社，2010，第61页。

依赖于各方（包括裁判者）所立足的实践场域是否处于同一时空场景之中。

三 司法策略的选择：大调解、能动司法与村民对策

2009年，针对新时期人民法院工作面临的形势和任务，最高人民法院王胜俊院长明确提出"大调解与能动司法"的宏大司法政策。在笔者看来，对这一司法策略的诠释正是有效应对上述标准的必然要求与时代选择。

（一）为什么选择"大调解"？

上述分析表明，乡村法治建设的推进，需要相对稳定而坚硬的秩序体系作"外壳保护"。而目前，我国秩序供给还存在种种障碍，可支配资源的存量难以提供全方位诉求的现实需要。[①] 所以，"将法律作为外部性冲突解决的唯一方法是有缺陷的，现实中往往存在多元秩序治理结构，在这种多元治理结构内部，各种规则资源存在着互替、互补的关系，它们都对人类合作秩序的维持和演进做出了重要贡献，这些非官方法律资源和政府实施的官方规范一起构成一个多元化的社会控制体系"[②]。

第一，从价值上看，大调解挽回了社会转型中逐渐失落的传统。马锡五审判方式、非正式开庭等这些饱含了我们民族传统中优秀经验与文化认同的纠纷解决方式都可以通过"大调解"得以实现，尤其是在现代转轨的剧烈变革之中，富有人情味的调解可以缓冲矛盾的破坏力，有利于社会关系的黏合、修复与重建。[③]

第二，从结构上看，大调解属于开放式结构。它超越了纠纷解决

---

① 参见李汉林、魏钦恭、张彦《社会变迁过程中的结构紧张》，《中国社会科学》2010年第2期。
② 张建伟：《国家转型与治理的法律多元主义分析——中俄转轨秩序的比较法律经济学》，《法学研究》2005年第5期。
③ 参见强世功编《调解、法制与现代性：中国调解制度研究》，中国法制出版社，2005，第240～255页。

本身的意义,凝聚了最广大的社会治理力量,"融会"了社会治世的全部规范。大调解更能体现出农民的道义感,更能反映农民的生存伦理与社会正义观。这种道义感并不是以法律的标准要求他人与自己行为的正当性,而是根据他人行为的正当性来权衡自己的行动。法律的框架很难容纳"攀比"与"跟风"行为的合理性,而大调解的开放结构却可以吸收衍生于法律之外的价值与逻辑。[1] 由此可见,大调解实际上是一种多样化的处理矛盾的机制,也是一种为纠纷化解提供更多依据的营养性机制。

第三,从功能上看,大调解契合了村民行事的乡土逻辑。村民对纠纷的理解并不是建立在对具体案件证据的收集和事实的论证之上的,也不注重法律规则的推敲,他们更多地表现为利益上的讨价还价与协商的精神:将各种矛盾粘连起来统一论价,并相互抵消,以确定双方的利益得失。而据理力争之理也非法律规则,而是夹杂了乡土秩序调整中的道德、伦理、纲常、习俗与人情,很难用纯粹的单一权利义务轻易区分。比如,一起遗产纠纷,无论审判还是调解,其化解的根源仍脱离不了亲缘链接、伦理排序、财产比例等基本路数。

第四,从效果上看,大调解疏导了被压缩的情感。法庭上流淌着强烈的人心交流与情感沟通的欲求,甚至大于对理性规范的论争。交谈的顺畅与贴心是至关重要的。除规则解释之外,法官需要打理当事人双方之间的人情事理,需要化解更多的怨恨、仇视和误解。而如果一个纯粹的职业法官,只强调法律判断、剥离非法律因素的话,很可能会引起村民的质疑与不信任,也将影响交流效果。能够实现良好互动、达到有效交流的大调解可以包含更多的人情冷暖与世故情理。

可见,大调解是一种"全能型"装置,它吸收了天理人情、伦理纲常、道德儒化、国家意识、村规族约、风俗惯习、政治价值、社会规训、法律法规、行政控制等一系列社会综合治理力量。可以说,无

---

[1] 参见苏力《关于能动司法与大调解》,《中国法学》2010 年第 1 期。

论是自然化解还是人为规制都可以在大调解过程中充分展示其功能，而经过这一系列治理方法之后，很少有纠纷"顽固"不解，即使未能解决，其对社会秩序与和谐生活的危害力量也被消耗殆尽，进而促成了社会的稳定与健康。大调解是以"有病乱求医"的方式，用足够多的尝试，击破纠纷的种种纠结，使矛盾彻底肢解。其背后体现出的是全部社会治理方式的整体性"复活"与强化。[①]

（二）为什么选择"能动司法"？

第一，能动司法实现自上而下的"统摄"与自下而上的"试验"。中国司法改革可以被理解为一种"双向流动"：自上而下和自下而上，即司法高层与司法基层的合作。司法高层的制度设计与理念宣扬需要足够开放的诠释空间来为司法基层的灵活操作提供便利；而司法基层的贯彻性"试验"则可以防止理念不停留于口号。在这种双向流动中，不确定性将不断涌现，需要司法主动调适。而"能动"的特点就在于既主动积极又未明确（或模糊化）什么行为、什么程度才是恰到好处，充分润滑了自上而下与自下而上的"双向流动"。

第二，能动司法缓和了结构约束与诠释能力之间的张力。我国司法机关始终面临社会政治格局的既定差序，其自身的权力幅度与行动限度受社会政治结构的内在规约，同时，法治固有的逻辑亦同化了司法机关的角色定位。因此，司法机关化解社会矛盾、承担更多社会治理功能的办法即是对能动司法理念诠释的拓展，强化其功能的合理性与合法化。"能动司法"的解释向娴熟的司法行动者敞开，诠释能力的高低决定着通过司法化解社会矛盾的不同效果。

第三，能动司法具有超强的适应能力与学习能力。所谓适应能力，是指面对社会环境等因素的各种不确定性，能动司法可以即时发现、纠正现有缺陷，接受新信息，学习新方法，应对新挑战，改进司法运

---

① 参见栗峥《乡村法治的结构变迁与秩序困境》，《河南大学学报（人文社科版）》2011年第4期。

作的能力。所谓学习能力，是指可以有意识地利用能动司法的相关政策与制度来调整特定纠纷化解的方式与出路。

第四，能动司法其实是一种互动、完整的"规制矩阵"。其一，每一种纠纷解决方式都有自身的设计优势与劣势，且实践效果的好坏存在某些机会成分与偶然性。相对"刚性"的司法程序并不一定是"最管用"的工具，而增加更多规制方式的可能、形成解决纠纷的强大"方阵"是击破"顽固不化"的矛盾的最具威力的"武器"。其二，矛盾纠纷的终点并非在于双方权利义务的法律分配，而在于矛盾纠纷不再对社会产生潜在或显在的影响。因此，单一司法面对纠纷的反复性，只能提供继续不断的"裁判供给"，这易导致再审不断，降低司法权威感和终局力。而能动司法的"规制矩阵"效力可以最大化地恢复受损的社会关系，预防矛盾的尖锐性与焦灼性。其三，能动司法改变传统司法的形态层级节制、效率低下、缺乏想象力的状态，以更具创造力和回应性的多元方式，形成社会治理的"合力"。

所以，能动司法的提出，旨在提供一种不同于以往看待司法形态的角色定位，笔者将其称之为"安抚型司法"。它大致有如下几个方面的特点。其一，它所看重的不是司法体制内部的关系，而是关注司法与国家治理、社会稳定的关系。为此"模糊化利益冲突"以推进不同社会群体或个体的利益协调，而非从社会生活中剥离独立的案件就事论事的解决。其二，它关注的不是宏观结构层面的司法机关与政府及其他机构的权限界分，而是关注于微观实践层面所体现出的动态的、微妙的、日常的纠纷调处。为此，其更多采用"维稳"理念与灵活政策来解决问题，而可能放松对正式法律法规与程序规则的固守。其三，它注重弥合国家表达与实践中的差距，[1]强化各种社会治理力量的统合性，为此，司法机关对纠纷相继提供"规则说服"（即用法律说教）、"精神抚慰"（道德化宣传）乃至"物质帮助"（给予适当

---

[1] 参见黄宗智《清代的法律、社会与文化：民法的表达与实践》，上海书店，2007，第 1 页。

的补偿或赔偿),① 以缓和纠纷恶化所带来的社会不稳定。

总之,无论大调解还是能动司法,当下司法策略均意在通过"组合的规范"形成"合力",以化解社会矛盾、维护社会稳定。这些司法策略的优势在于:它具有超强的解决纠纷的弹性和适应能力,可以形成应对社会变迁所产生的矛盾冲突与现实压力的"缓冲带",在转型的特定历史条件下,起到了消解社会紧张的作用;另一方面,它将传统治理术"打包"整合,植入到司法秩序的框架内部或边缘处,重新吸收了传统治理方式的养分,以延续或重构社会治理秩序,使那些传统规则被兼顾包容在司法策略的"综合逻辑"之下,继续发挥治世作用。

但是,值得注意的是,这些司法策略的广泛铺展与运用也存在其明显的弊端。

第一,司法策略因社会变量而不断调整,因此,其通常是即时性产物,表现为司法机关因当下现实矛盾解决能力的不足所做出的某种"妥协式"或"应急式"方案,临时性所带来的随意性风险不言而喻,即时性本身意味着不稳定。司法策略作为时事性权衡过程的产物,很容易在法治发展的"议事日程表"中被更新替代,在它于制度层面得到恰当配置而成为长效机制之前,司法策略的"短视症"将始终难以根治,司法机关总是"偏爱那些在时间和空间上距离较近的利益的实现。现在和邻近的利益是即时的、清晰的、这往往会使时间上和空间上遥远的利益全面处于劣势地位"②。现实境遇、媒体话语、上级压力和底层上访等各种法外因素可以一下子把某类需求与利益"拉到眼前",这种"拉近"可以轻易打破法治现代化进程应有的节奏与时间表,使司法决策与改革的方略、权重发生偏移。

---

① 参见郑广怀《劳工权益与安抚型国家——以珠江三角洲农民工为例》,《开放时代》2010年第5期。
② 〔美〕詹姆斯·马奇:《决策是如何产生的》,王元歌、章爱民译,机械工业出版社,2007,第168页。

第二，被裹着多种庞杂治理术的司法策略容易失去主线与重心。各种治理方式的简单聚合形成的是一种"松散的规范共同体"，这导致纠纷处理的无主性。在村民从历史的传统治理方式中脱离出来获得"解放"的同时，也意味着其失去了传统所提供的规则、知识、信仰与指导，丢失了传统稳定性所赋予的秩序安全感；同理，当村民难以融入现代法治的体系内，即未被植入现代司法权利义务网络之中时，也意味着法律规则未能为其提供足够的智力支持和利益保障。村民很容易在花样众多的纠纷解决方式中无从选择，反而失去了选择的自主性与便宜性。

第三，司法策略的频频改变也会损害司法尊严，形成不良信号传递，诱使法外利益群体（包括利益集团、媒体甚或大众）对司法机关的渗透与操纵。司法策略关注公共领域与公共话语，而在当今利益多元化的时代，公共领域与公共话语很容易受到某些控制与诱导，如果公共领域传递的信息真伪难辨或模棱两可，司法策略的取向就会左右摇摆，策略选择进而就会陷入一个顾此失彼、循环往复的旋涡之中，易于失却应有的冷静、客观、慎重与全面，表现出背离合理性与统一性的局限。所以，社会环境本身的不确定性也会提升司法策略选择的风险。

（三）村民对策："体内循环"与"体外循环"

村民的权利救济如果是借助于诉讼而达到司法体制内的权益获取的，笔者称之为"体内循环"；如果是通过司法体制外的非诉讼路径而获得司法权限外的利益诉争，笔者称之为"体外循环"。两者相互纠缠交织而成为村民应对司法策略的策略。

一般而言，村民策略选择与行动方式的基础不是利益最大化，而是利益稳定化与风险最小化，即以自身风险的降低，追求权益的稳固，这是面对强大国家权力的迂回之计。两种"循环"相比较，"体外循环"的风险系数要高很多。绕开正面冲突、公开向政府表达诉愿存在着不确定的政治风险,且有可能激化矛盾,使自身受到额外的损害。而采取体制内诉求则可以借助常规司法程序的诸多优势达到获得救济的目的。

但是,司法制度在为村民提供权利与裁判供给的过程中,也常常因某些先天或后天的缺陷而使其效果大打折扣。村民会体察到国家法在从"面前之法"(before the law)转向"身边之法"(with the law)的过程中的隔阂与偏移。对法律知识上的欠缺使村民很容易规避对纠纷中法律问题的深入剖析与解释,而着意追求自己心中的公平与正义。这是一种狭义的、基层的"朴素正义观"①。这种正义观立足于乡土习惯、村规民约、道德规范、伦理纲常等多重标准,以判断一个纠纷案件中的是非曲直与因果关联,其中不乏适合本土的方式方法,也多有智慧与策略。但它并非是法律规则所追求的"司法正义",而且与司法理念存在不小的差距:没有规则的恪守,缺乏程序的考量,丧失立法上的指导。因而,它是一种停留在较为初级层面的、难以言说、包罗万象又因人而异的抽象正义观。

在"朴素正义"与"司法正义"相抵触之际,村民脱离了司法体制,寄希借助于法律之外的政治、媒体、道德等多种可能性力量介入纠纷,从而谋求"体外循环"的支持。这种运作方式看似不经意,实则蕴含着丰富的逻辑和高超的策略,是对国家权力编排、社会力量布局的精准把握,也是其对日常生活世界的公正诉求与维权意识的反映。

第一,社会稳定为基层民众提供了政治信息,一系列"维稳承诺"使民众洞察到"触动哪根神经最管用"。当村民利益表达受阻、难以通过正常的司法救济渠道实现时,或当怨恨与不满的规模和速度已非法律规范所能容纳时,非体制化的诉求渠道(如上访上告、爆料媒体、私力救济等)就成为自觉行为。

第二,当司法机关对社会矛盾纠纷的处理仅以控制事态发展的广

---

① 王小军:《转型之痛——赣中南路东村调查》,山东人民出版社,2009,第135~150页。

度与深度、减少社会影响性为主要目标,"大事化小、小事化了",而不对实质不公做出有力度的矫正之时,矛盾纠纷反而会激化升级,村民排斥司法、脱离体制的情绪与态度会更为强烈。

第三,裁判论证的法律知识铺展不足、理由不够、逻辑不畅或有意隐瞒信息等问题,也容易使作为公正依据的知识、证据、道理与信息出现真空,进而引发村民"被愚弄"的反感心态与"被失信"的不安全感,这也会使村民远离诉讼。

总之,村民在面对纠纷时不是区分司法程序与司法程序之外的纠纷解决方式,而是将司法的"体内循环"与"体外循环"进行搅拌,变成统一的纠纷解决方式。当然,"双向循环"仍是以"体内循环"为主、"体外循环"为辅。这既与我国法律和政治体系的权力对比关系相匹配,也与司法机关采取司法内外两种解决纠纷方式相契合。所以,村民的策略选择是建立在对中国社会情境的准确把握和力量对比关系的清晰判断基础上,并不是单纯地站在追求司法公正的基础上,由此激发的行动也就很有可能游离于法治的轨道之外,但却极具实现实际目的的操作性与灵活性。[1]

结　语

转型期的中国,乡土"大传统"已经肢解为特定地域文化场域中的"小传统"。国家法能否穿透社会分层,直达乡土底层而不变质走形,仍待观察。表达与实践的背离使"台面法"与"现实法"之间的偏差一目了然。司法改革似乎并未完成法治进程历时性与共时性的同步推进。[2] 纠纷及其解决在特定社会、历史、文化场域中均呈现出立

---

[1] 参见〔美〕尤伊克・西尔贝《法律的公共空间》,陆益龙译,商务印书馆,2005,第70页。
[2] 参见夏锦文《当代中国的司法改革:成就、问题与出路——以人民法院为中心的分析》,《中国法学》2010年第1期。

体化、动态化与多元化的向度变换。由此，司法案件的处理实践便不是偶发、孤立的行为，而是与整体性的社会关系和地域结构密切关联。

司法资源的有限存量难以应对社会转型期缓解各种社会矛盾的政治和社会需要，大调解的复兴与能动司法的建构正说明司法机关已经动用一切可资借用的司法策略以适应党和国家的整体政策方向与要求。这一举措既显露出单凭现代司法程序治理社会矛盾的能力不足，也表明国家治理的整体权力布局不可能将权力中心转移到司法机关，即便转移，司法机关的有限资源与能力也担负不起如此宏大繁复的治世任务。因此，司法力量便成为一种"被整合"的治理力量，而不可能成为"整合"其他治理力量的原动力与组织者。所以，司法必须"能动"、积极，以回应政治呼唤，必须以"大调解"的形式模糊司法与非司法的界限，以满足政治力量引导下的"综合协同治理"的整体需要。这是我国司法机关审视自身条件与能力、适应转型环境、满足政治任务的"条件反射"。在此情况下，司法依赖策略的支持，产生了回应社会资源不足、承担公共责任、加强联动治理网络、引导社会自治职能的策略性机制。其核心不是"控制"，而是"协调"，不是建立一种"正式的制度"，而是持续的保持与社会的"有机互动"。由此，有效的司法策略成为满足司法自主要求和社会整合需要的不二选择。它首先是"司法"，其次是"策略"，其中的"司法"体现了司法体系内的价值与制度需要，其中的"策略"体现了司法体系外的社会与大众的需要。

同时，这个剧变的时代也释放出大量的"利"与"不利"。"利"不一定被底层民众所体验，但"不利"却大多会被辗转推移至底层、为村民所吸收。承担更多风险、面对更多不确定性，而救济的方式与路径又相对有限，在此情况下，村民不可能刻意以符合法治价值要求的标准行事，"有病乱求医"既是理性策略也是无奈举措。于是，村民解决纠纷以管用实际为导向，并不在意"法"与"非法"的秩序鉴别。村民游走于体制之内与体制之外这两种循环之间，并不断徘徊、相互映照，以形成"两条腿走路"的争诉模式。这实际是利用了司法与行政之间的特殊关系为自己服务，是转型期中国基层民众灵活与精明的表现。

由此，无论政府、司法机关还是村民都不约而同地选择"综合治理"而非"法制治理"的纠纷解决之道，即"不论白猫黑猫，抓住老鼠就是好猫"。这种多方主体的"共谋"使"现代法治之路"被打碎杂糅在气势恢宏的国家历史进程之中，难以独立清晰地勾勒出自身的面目。司法实践也难以按理论设计的线路前行。而应对转型之需的"国家治理中的司法策略"就逐渐成为一个可以吸纳多种目的、价值、规范、方式和手段的强大磁场。

（本文原载于《中国法学》2012年第1期）

网络公共空间治理的法治原理

秦前红　李少文[*]

引言：将视野投向法治

时下，"网络治理"作为国家治理体系的重要部分，是对治理能力的直接考验。各类网络新媒体/自媒体给政治和社会生活造成了巨大影响，也促成了人们表达自身利益和意志方式的转变。网络为民众提供了宽广的讨论公共事务的平台，利用网络的公民政治参与形成了新的公共空间。公共空间也可以称为公共领域，它是"一个由私人集合而成的公众的领域，但私人随即就要求这一受上层控制的公共领域反对公共权力机关本身，以便就基本上已经属于私人，但仍然具有公共性质的商品交换和社会劳动领域中的一般交换规则等问题同公共权力机关展开讨论"[①]。这种政治讨论手段——公开批判是前所未有的。当它延伸到网络时，公共空间获得了进一步的发展。网络公共空间改变了传统的政治生态。当每个人都有专属于自己的自由媒体和扩音器，而不再需要"传声筒"，就意味着意志表达方式的变革，传统国家治理模式就必然要随之改革。这就要求国家治理体系和治理能力做出及时和有效的回应，基本判断当然是跟上网络时代技术和观念现代化的趋势，实现治理的现代化。

"治理是将不同公民的偏好意愿转化为有效的政策选择的方法手段，以及将多元社会利益转化为统一行动，并实现社会主体的

---

[*] 秦前红，武汉大学法学院教授、博士生导师；李少文，北京大学法学院博士生。
[①] 〔德〕哈贝马斯：《公共领域的结构转型》，曹卫东等译，学林出版社，1999，第32页。

服从。"① 治理将塑造一个能够最大限度促进公共利益、满足不同主体需求的秩序结构。国家治理体系和治理能力是一个国家制度和制度执行能力的集中体现，其过程是一个多中心、多向度、交互式、参与式的结构，要纳入社会组织和公民的力量。从治理对象上看，网络公共空间是"社会生活的一个领域，在其中像公共意见这样的事物能够形成……使得公众能够对国家活动实施民主控制"②。它不仅是虚拟社会的载体，更是现实社会的延展和映射。它与政治联系紧密，因而是一个典型的"政治社会"。治理网络公共空间，既要实现政治社会以及社会整体的秩序，又要约束国家权力，传递其民主价值。法治作为现代社会最基本的治理方式，具有强大的包容力，也是被广泛认可的文明和现代化表征。针对网络公共空间的兴起、扩张和发展，法治不仅能够在制度层面提供治理的渠道，也有利于实现不同价值和利益之间的协调和利益主体的自我约束。

法律和制度在实现治理能力和治理体系的现代化进程中扮演了重要角色。习近平总书记说，"更加注重治理能力建设，增强按制度办事、依法办事意识，善于运用制度和法律治理国家，把各方面制度优势转化为管理国家的效能"③。治理落实到法律和制度层面，正是法治化方式的结果。它通过体制改革和过程控制来发挥作用，因此从体制和过程的角度共同构建治理模式是可期的方向。习近平总书记强调，"既改革不适应实践发展要求的体制机制、法律法规，又不断构建新的体制机制、法律法规，使各方面制度更加科学、更加完善，实现党、国家、社会各项事务治理制度化、规范化、程序化"④。

从价值上看，网络公共空间表征民主，也体现了秩序的需求。这

---

① Beate Kohler-Koch, *Rainer Eising*, *The Transformation of Governance in the European Union*, Routledge Press, 2006, p.14.
② 〔德〕哈贝马斯：《公共领域》，汪晖译，转引自汪晖、陈燕谷《文化与公共性》，三联书店，1998，第125~126页。
③ 习近平：《切实把思想统一到党的十八届三中全会精神上来》，《求是》2014年第1期。
④ 习近平：《切实把思想统一到党的十八届三中全会精神上来》，《求是》2014年第1期。

就决定了网络公共空间的治理必然是一个立体化的格局。对以国家为主体的治理来说，法治能够发挥杠杆式作用，以最低成本、最小规模的投入，实现最大的均衡的目标。从手段上说，"法律是最优良的统治者"[①]。法治是现代文明的成果，它可以化约为"法律的治理"，强调法律在治理过程中的最高性，权力必须遵循法律的规定。[②] 实质意义的法治并进一步要求实现价值层面的目标和建立起制度保障。[③] 充分调用法治资源，运用不同的法治化工具和法律效力实现模式，将会极大提升国家治理的能力。这也是治理体系现代化的重要过程。

在本质上，网络公共空间治理的法治化是将一个"法外之地"纳入到法治的轨道中，需要扩张甚至重构我们的法治模式，在保证言论自由和民主的前提下对网络公共空间进行某种边界制约，实现秩序价值，从而造就虚拟又真实的网络法治社会。通过阐释网络公共空间治理的法治机制及其原理，能够厘清目前网络公共空间的治理体系，本文将在此基础上有针对性地提出一些方案，以应对和解决网络带来的治理危机以及政治困境，并舒缓其中的道德和法律困境。

本文的正文共分为六部分。第一部分说明网络公共空间带来的治理挑战，根本之处在于社会整体的自由化。第二部分将提出网络公共空间治理的两重目标，分别是建设法治社会和控制国家权力，本质上是政治过程法治化，它是民主和法治关系的另一种表现。第三部分讨论两种治理工具，分别是硬法和软法。其中，三个硬法体系分别发挥不同作用，涵盖了网络空间的所有面向。网络软法具有非常强的约束力，它的认受性强化模式极大发展了软法理论。第四部分主要讨论法律的效力实现模式，它有过程控制和司法控制两种情形，前者主要是执法过程，它以严格依法行政来实现民主价值和秩序价值。后者主要

[①] 〔古希腊〕亚里士多德：《政治学》，吴寿彭译，商务印书馆，1981，第171页。
[②] 参见张千帆《宪法学导论》，法律出版社，2008，第6页。
[③] 参见秦前红《比较宪法学》，武汉大学出版社，2007，第53页。

着眼于法律适用,"两高解释"试图提供更为严厉的控制,却影响了法治权威,造成了治理困境。第五部分论述以公民自由权控制国家权力的模式,即以厘定国家的积极义务和消极义务为核心来划定权力边界,这也有助于我们判断国家行为的合宪性。第六部分是结论。

一 "自由化"及其影响:网络公共空间的治理挑战

与哈贝马斯钟情的布尔乔亚公共空间以及后来发展起来的大众传媒公共空间相比,网络公共空间的参与人数更多、公开性更强、接触面更广、信息流通更快、门槛更低,内容也更加多元化,同时具有即时性,并可运用多媒体资料,冲击性更强,这就造成了公共空间的结果转型。[①] 网络公共空间具有形式多样性的特点。微博就是一种重要的意见平台,它具有公开性、快捷性、互动性强等优点。微信公共账号被视为比较典型的网络公共空间平台。微信朋友圈较为独特,它相对封闭,但信息流传速度并没有因此降低,反而因为熟人体系而进一步加快。因为微信有较强的私密属性,它可能不是完全意义上的公共平台。整体上看,朋友圈能够共享信息和意见,也能够借助其他媒介形式获得更大范围的传播,忽视这种现象显然是不明智的。事实上,因为微信的封闭性和私密性,对微信朋友圈的监管难度也会更高。以人人网、开心网为主要代表的社交网络平台,形态上更接近微博,但其意见表达和汇集更加深入,形成"集体意见"的能力亦较强。尤其是这些社交网络逐渐开发出以专业性和兴趣性为主的论坛或小组,其公共空间的性质就更加显著。同时,因为新媒体的外部开放性以及不同社交网络平台之间转换便捷,信息在不同平台上交换迅速,这也让网络传媒(例如新浪、网易等门户新闻网站)的影响力剧增。博客、论坛(天涯)这些传统自媒体平台从未失去过用户关注群体,甚至成为专业、狂热参与者的主要舞台,也因为新媒体和移动技术的发展而

[①] 参见苏钥机、李月莲《新闻网站、公共空间与民主社会》,《二十一世纪》2001 年第 2 期。

获得更大的影响力。

　　网络的勃兴带来了什么？从表面上看，网络公共空间让社会领域变得活跃，也加速了社会的"扁平化"，开辟了一个新的政治社会领域。从实质上看，它是社会整体"自由化"的结果，体现了社会领域进一步扩张的趋势。"自由化"表现为一个重新解释和扩展权利的过程。它是"对个人与集体而言，不受国家或第三方随意或非法侵犯的有效保护的逐渐承认的过程。"① 以新媒体/自媒体为代表的新技术使得公众参与到政治和公共事务的概率、热情都大为增加。民众有了言论平台，有了发挥影响力的机会，曝光的社会现象让民众感同身受，激发了民众的讨论热情。② 这种积极的、广泛的、高效的政治参与是网络公共空间形成的重要基础。事实上，"自由"演进到一个程度就会出现民主的意识和结果"自由化"的程度可以用来衡量民主化的条件。③ 网络公共空间的扩张表征社会的"自由化"，也彰显着民主化的前景。技术促成了社会变革，让公共空间能够在网络上生存并产生更大的影响。通过网络传递的信息和观点速度快、交互性强，让原本分散的民众意见能够迅速汇集、统一而形成群体性意见。网络公共空间因而迅速成为汇集、传递甚至组织民意的场所。④ 这是其政治过程属性的重要表现，凸显了其民主价值。⑤ 这种政治和社会发展趋势的巨大变化以及可能带来的影响，是国家治理真正需要正视和面对的问题。

　　从经验上看，网络公共空间促进自由化有两种具体的作用形式。其一，网上曝光的事件或案件推动法治的发展。其模式类似于2003年

---

① 〔美〕吉列尔莫·奥唐奈、菲利普·施密特：《权威统治的转型：关于不确定民主的试探性结论》，景威、柴绍锦译，新星出版社，2012，第6页。
② 参见吴啟铮《网络时代的舆论与司法——以哈贝马斯的公共领域理论为视角》，《环球法律评论》2011年第2期。
③ 参见〔美〕吉列尔莫·奥唐奈、菲利普·施密特：《权威统治的转型：关于不确定民主的试探性结论》，景威、柴绍锦译，新星出版社，2012，第11页。
④ 参见李少文、秦前红《论微博问政的规范化》，《河南社会科学》2011年第4期。
⑤ 参见秦前红、熊威《从网络公共领域看网络立法》，《中国法学》2014年专刊。

的"孙志刚事件",①但在手段上却是迥异的。②这是维权行动带来的广泛关注,但其对社会整体的意义却远超个案的影响,表现为一种集体性的利用网络表达诉愿的现象——"礼失而求诸野",这是个人或集体转换权利诉求途径的重要体现,因而极大地改变了公民权利救济的制度性结构。其二,通过网络传递(普及)知识和政治见解,促成多元化倾向。这是公共空间的本质特征。前者例如2010年9月的"宜黄事件",当时公众利用方兴未艾的微博对事件本身以及政府行为进行监督、质问,并演化成为具体现实的援助行动。这一事件发生后也加剧了对有关制度和政府行为模式的拷问。后者例如网络上围绕宽泛的政治和社会问题的讨论,包括近年来展开的"左右之争"。它以大量学者、专家的参与为特点,吸引了非常多的知识分子和社会中间阶层的关注,以参与范围广泛、讨论深入、对抗性强、立场鲜明为特点。这两种具体形式都凸显了个人和集体的权利扩张,他们具有更大的空间来表达意见和利益诉求而且不受干预,体现了民主过程的特点。

对个人和集体来说,网络公共空间塑造了一个"新世界"。第一,它具有高度平等性,改变了现实世界中官民地位的差距,③从而在很大程度上消解了政府及其代表所具有的权威性。这在诸多公众事件之后表现得更为显著。第二,自媒体没有门槛限制,公民可以用简单的、浓缩的语言传递信息和表达意见,不再需要借助传统媒介,他们对公共事务的认识和态度可以自由发布并被传播。新媒体具有强烈的放大效应,也起到了推波助澜的作用。第三,不同于传统媒体,由于自媒体/新媒体的网络是向所有人开放的,也就无所谓信息的提供者和使用者之分,也没有传统模式下的"把关人"④。正是由于没有"把关

---

① 参见张千帆《中国宪政的路径与局限》,《法学》2011年第1期。
② 参见秦前红、李少文《微博问政的规范化保护需求——基于社会管理创新的视角》,《东方法学》2011年第4期。
③ 参见秦前红、熊威《从网络公共领域看网络立法》,《中国法学》2014年专刊。
④ 参见秦前红、陈道英《网络空间言论自由的法律界限初探——美国相关经验之述》,《珞珈法学论坛》2003年第3期。

人"，它就难以受到新闻伦理的制约，政府治理直接面向大众舆论，参与公共讨论和监督的行为也难免不会越轨。第四，和其他公共空间一样，网络也具有从无中心到中心化的渐变过程，一些网络"意见领袖"、"网络大 V"是空间内的关键人物。然而，他们并不具有完全的控制力，因为网络是一个直接对话的平台，不同意见的交锋快速、直接，人们获取信息的能力和途径亦空前提高，"自我知识救赎"的机会也就大为增加。第五，它具有"蝴蝶化"效应。一起微小的事件可能引起连锁反应，产生各式各样的外溢现象。当网络空间的某一个角落掀起了涟漪，波纹就会迅速扩散至网络空间的其他领域，进而不断传导、构建起一个基本完整的因果链条，最终形成整个网络空间的"蝴蝶化"效应。[1]

总的来说，公众基于新媒体/自媒体的匿名性、虚拟性、交互性强、传递速度快等特点，能够无所顾忌地讨论公共事务和批评政府及官员，使得监督更加直接、深入和有效。[2] 而且，网络公共空间还有很多缺陷和不足，例如它的虚拟性、易操控性、非理性、匿名性以及由此而产生的无责任性，给社会治理带来了挑战。[3] 网络公共空间的治理要针对网络的特点，面对自由化的现实和趋势，提出新的目标和思路。

二 双重目标：社会法治与公权控制

正如前文所述，国家治理要调和不同的价值，因此需要设定具有均衡性的目标。简单来说，网络公共空间治理的目标分别是建设法治社会和控制国家权力。前者试图将政治社会规范化和程序化，目标在

---

[1] 参见檀有志《网络空间全球治理：国际情势与中国路径》，《世界经济与政治》2013 年第 12 期。
[2] 参见秦前红、熊威《从网络公共领域看网络立法》，《中国法学》2014 年专刊。
[3] 参见秦前红、李少文《微博问政的规范化保护需求——基于社会管理创新的视角》，《东方法学》2011 年第 4 期。

于民主过程的法治化，通过法治来约束民主过程，实现治理的价值和目标，尤其是维护稳定和正常的政治和社会秩序的目标。这也体现了网络公共空间治理本身所具有的政治性。后者主要是保护政治过程所体现的自由和民主价值，因为以国家为主体的治理本身也应当法治化，才能让国家行为严格依法进行，符合法治精神。概言之，网络公共空间治理的法治化分别是对网络的治理和对国家权力的控制。因此，它是一种双重治理结构（见图1）：将在社会领域展开的政治过程纳入到法治轨道，最终建成法治社会；而政治过程本身更需要得到保护，因此要防止国家权力滥用。当然，双重治理的最终结果都是实现法治中国的愿景和目标。

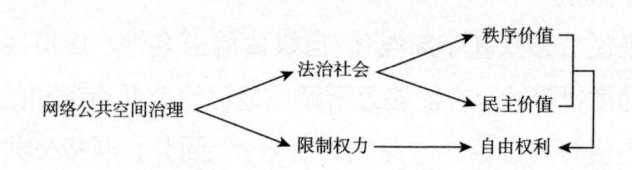

图1　网络公共空间治理的目标与意义

网络公共空间的快速发展既与新技术进步有重要关系，也与传统公共空间不够发达有关。因为舆论环境欠佳，导致了公民意见表达的不充分，自我利益表达需要通过新的途径或通道；政府信息公开不足，人们公共事务的参与愿望不能得到满足。因此，公众通过网络的参与意愿非常强烈。而且，通过网络，民众能够摆脱组织化不足等弱点。同时，网络公共空间的门槛低、成本小、效率高，容易打破政府设置的"信息壁垒"和"监管壁垒"，一定程度上避免了资源不平衡、信息不对称的问题。网络带来的政治参与方式的多样性、意见的多元化、民意汇集的迅速性，极大地提升了网络公共空间的民主价值。

当网络公共空间发展体现为政治过程时，利用法治将其规范化、程序化就显得格外重要。事实上，通过良好的治理，网络公共空间将是推动社会主义民主和法治发展的新动力。它将是民众代表和政府听取民意、取得民众支持的重要渠道,有助于决策的科学化、合理化和公开化,也是增强其决策和执行合法性的重要方面。[1] 作为政治社会的网络公共空间,走向法治化才能保证其有序和有益。这既是对民主过程的约束,也是一种有力保障。它正好符合我们建设法治社会的主张,并将法治社会与通过网络的政治过程有机结合起来,形成全面的治理体系。

把法治社会视作一种发展目标,它就成为政治和社会组织及其行为的导向和实质约束。狭义的法治社会仅指政党和其他社会共同体行使社会公权力过程的法治化。[2] 它首先表现为法治对社会的影响,主要是对国家、社会组织以及公民个人的角色和行为的法治化带来的影响。法治社会的建设目标又会影响国家、社会组织以及公民个人的角色及其行为。国家和社会关系的复杂化促使权力行使方式的转型,进而推动法律的转型。事实上,法治社会必然要求以国家管控为核心的社会管理方式转向"公共治理"。法治社会的多样性、包容性能够充分调动不同主体的积极性,也善于运用不同的治理工具和法治化机制。它结合了开放的公共管理和广泛的公众参与,前者是前提,主要是用来发挥集体选择优势;后者是基础,主要用来发挥个人选择优势。[3] 因此,法治社会能够将不同主体置于合适的位置,并建立起他们之间的良好协作关系,共同表征法治和社会主义民主政治。它既要求建立实现公共利益、满足不同主体需求的秩序结构,同时也有利于法治和民主,保障公民的自由权利。

相较来说,国家治理伴随着国家行为,这就涉及国家立法和行政

---

[1] 参见李少文、秦前红《论微博问政的规范化》,《河南社会科学》2011 年第 4 期。
[2] 参见姜明安《论法治国家、法治政府、法治社会建设的相互关系》,《法学杂志》2013 年第 6 期。
[3] 参见罗豪才、宋功德《公域之治的转型——对公共治理与公法互动关系的一种透视》,载罗豪才等《软法与公共治理》,北京大学出版社,2006,第 21 页。

行为的合宪性问题。国家大规模介入政治社会，对其可能侵害公民基本权利、违反民主和法治基本原则的情形要加以预防，关键在于明确国家权力行使的边界。这就是治理法治化的控制国家权力的目标和任务。

综上所述，网络公共空间的治理运用法治规范政治过程，确保秩序价值；同样也运用法律和制度约束执法者，保障公民的言论自由和网络公共空间的民主价值，推动政治和社会发展。这产生了两重治理结构，分别是对网络的治理（主要对象是公民的网络言论及其表达）和对国家行为（主要对象是国家的治理行为，包括立法和执法）的控制，它们共同构成了网络公共空间治理的任务。

三　工具选择：软法之治与硬法之治

（一）网络硬法的三个体系

在与软法相对的讨论中，硬法的概念才有意义。硬法就是我们常见的那些法律——由国家强制力保证实施的行为规则。综合来看，目前应用于治理网络公共空间的硬法有三个体系，分别是网络安全法律体系、调节公民之间关系的网络言论规范体系和网络信息保护体系。

目前我国已经建立起了一套网络信息安全法律框架。[1] 早期的法律规制集中在网络技术安全领域，例如1994年国务院颁布《中华人民共和国计算机信息系统安全保护条例》旨在维护国家事务、经济建设、国防建设、尖端科学技术等重要领域的计算机信息系统的安全。随后的网络信息立法集中到了网络信息服务和内容安全领域，2000年颁布的《全国人民代表大会常务委员会关于维护互联网安全的决定》对网络空间的违法犯罪行为进行了界定，明确将网络造谣诽谤、窃取国家机密、侵犯知识产权、传播淫秽色情内容、侵犯公民通信秘密等行为入罪。2000年国务院发布的《互联网信息服务管理办法》，也是

---

[1] 参见陈灿祁《我国公民个人网络信息保护的困境与出路》，《天府新论》2013年第6期。

旨在规范互联网信息服务活动，促进互联网信息服务健康有序发展。

与网络安全不同的是，网络公共空间的治理最终要落实到公民的言论及其表达方面。在我国的法律体系中，有关网络言论和意见表达的条款非常多，除《宪法》第3条关于民主集中制的规定、第35条有关言论自由的规定外，还有《刑法》上有关侮辱罪和诽谤罪的规定，《民法通则》、《侵权责任法》有关侵权的规定等。这些法律已经构成了一个比较完整的、层次结构清楚的体系。然而，从作用范围上看，它们主要针对"个人—个人"的关系，没有深入到社会层面（因素）以适应国家和社会治理的迫切需求。从作用方式上看，因为它们主要基于公民个人权益是否被侵害的现实，主要是一个自我体验的问题，在治理意义上就不能发挥出"多元联动"的作用，不同主体之间无法有效协作，治理过程中也就不能确定直接的责任主体。当然，所有治理都要回归到公民个人，涉及公民之间关系的网络言论规范体系能够为网络公共空间的治理提供最后屏障。这也是下文将要讨论的"两高解释"之功效的重要理论依据。

2012年出台的《全国人民代表大会常务委员会关于加强网络信息保护的决定》（以下简称《加强网络信息保护的决定》）能够直接针对网络公共空间发挥作用。它共有4部分12条，内容指向了三个方面，分别是"信息收集、使用与信息安全"、"信息发布与相关服务的管理"和"垃圾信息的处理"，第四部分是侵权责任。综合来看，这三方面的内容又可以化约为两大领域：其一是对传统意义上公民表达自由的保护与限制（控制）；其二是对信息化和网络化时代公民信息自由权和隐私权的关怀。这两大领域都是治理网络公共空间的重要方面，国家介入其中，关键在于授予了哪些权力以及权力行使的具体方式。《加强网络信息保护的决定》第5条规定，"网络服务提供者应当加强对其用户发布的信息的管理，发现法律、法规禁止发布或者传输的信息的，应当立即停止传输该信息，采取消除等处置措施，保存有关记录，并向有关主管部门报告"。从逻辑上看，它是国家向网络服务提供者（服务商）施加的义务，从另一个角度看，这也是一种授权，服务商有权删除网络信息——法律要求他们这么做，否则将承担法律责任。这引起了很多争议①。服务商行使的权力是法律授予的。在现实中它很容易演变成服务商对网络社会的控制权。然而，这种权力及其行使具有非常强烈的公共性，也非常容易侵犯公民的基本权利。那么，国家做出这种授权的法律依据和正当性基础是什么呢？

有人将《加强网络信息保护的决定》第5条视为法律对服务商施加的安全保障义务，"网络服务者应该尽到一个'理性的、谨慎的、具有网络专业知识'的网络服务提供商的注意义务，采取综合判断的方法，加强对其用户发布的信息的管理"②。但这仍然是从调整公民之间关系的视角所做的判断。从治理的角度看，网络服务商在整个网络公共空间和网络信息提供方面扮演着非同寻常的角色，它们掌握着用户的信息，创设了信息交互的平台，提供了传递公众利益和意见的通道，因而可以被视为政治过程的参与者。这种情况下，国家和社会治理要纳入服务商，它就是治理的对象，也是参与治理的社会主体。服务商行使的执法权在治理体系下就有了更大的存在价值。就执法权来说，其根源在于对公民基本权利的限制，它要溯及宪法来寻找依据。《宪法》第35条有关言论自由的规定、第41条有关监督权的规定和第2条有关民主的规定都能够作为公民参与网络公共空间的依据，也说明了公民基本权利的界限。《宪法》第51条则明确规定公民行使权利不得侵犯他人的合法权益、国家和社会的公共利益。这些限制性规定也都能够作为《加强网络信息保护的决定》之第5条的直接宪法依据。

---

① 王晓宇：《网络信息安全立法之我见——以〈加强网络信息保护的决定〉为视角》，《绿叶》2013年第6期。
② 陈灿祁：《我国公民个人网络信息保护的困境与出路》，《天府新论》2013年第6期。

(二)"强硬"的网络软法结构
1. 软法的作用方式

软法之治立足于现代国家承担公共治理之任务的事实。网络公共空间作为一种特殊的社会形态,人虚化为账号,行为表现为言论,影响力来自于信息交换,这些特点决定它可以更依赖软法之治。国家治理视野下的软法是不依赖国家强制力保证实施的法规范。[1] 这个界定范围是非常宽泛的,包括了"国家法中的软法规范"、"政治组织创制的自律规范"和"社会共同体创制的自治规范"。[2] 网络公共空间的治理中已经出现了大量的软法现象,最主要的就是由社会主体发布的具有一定强制约束力的行为规则,根据主体不同又有多种形式。服务商为规范网络平台发布了一系列的行为规则就属其中,(新浪微博),已经发布的《微博社区公约(试行)》、《微博社区管理规定(试行)》、《微博社区委员会制度》、《微博商业行为规范办法(试行)》等就是非常典型的软法。相关行业组织发布了一些倡议、行为规则指南、网络言论和行为的标准,呼吁、影响和约束公民的行为,例如北京网络媒体协会就发布了关于清理整治网上低俗内容的倡议书,首都互联网协会发布坚守"七条底线"倡议书等,其中的一些规则也可以被视为软法。另外,国家颁行了一些不依靠国家强制力保证实施但又有一定约束力的指导性规范、硬法中的缺少制裁的部分规范。行政机关内部的操作性规则和规范性文件也是网络公共空间治理的重要依据和手段,它们中的绝大多数会直接产生外部效力。这些规则也被视为广义的软法。

那么,这些网络软法如何发挥作用呢?一方面,软法衍生出社会强制力,在网络公共空间没有新闻伦理制约的情况下,一定形式的社会强制力具有非常有力的替代作用。另一方面,软法提供了"标准"。

---

[1] 参见罗豪才、宋功德《软法亦法》,法律出版社,2009,第300页。
[2] 参见罗豪才、宋功德《软法亦法》,法律出版社,2009,第366页。

显然不能将道德标准视作"删帖"的标准，而硬法在这方面的制度资源供给又非常不足——因此，软法能够成为一定的替代性手段，尤其是按照合理程序制定并且为所有网络服务使用者同意或认可的那些软法，能够发挥积极作用。严格来说，在网络公共空间的治理过程中，软法扮演着"最高标准"。作为公民言论及其表达的衡量标准，软法、道德、硬法发挥着不同的功能，也代表着社会不同的容忍底线。网络公共空间的软法，一方面是照搬了国家法中限制言论表达的那些规定，另一方面也会将限制言论的规定进行细化，以适应现实生活中可能出现的不同情况，这种细化就有可能将言论及表达的界限标准提高，向更严格的方向推进，出现针对网络言论的更高标准。

那么，软法会不会违反法律的规定呢？理论上不应该这么理解。这是因为尽管软法是更高、更严的标准，但软法本身也提供了比较充分的救济机制，这个救济机制的门槛显然更低、公开性更强、获得认可的可能性更高。同时，软法在个案适用中的错漏，如果不能获得行为人的理解和认可，那么硬法还会提供进一步的救济途径。这就是司法控制的意义，也体现了软硬法混合治理的价值。

软法工具的使用体现了法治的"辅助性原则"，即政治国家对公民社会的横向辅助，公共机构系统内上级对下级的纵向辅助。[1] 社会自治能够自我完成的任务，公权力就不应该越俎代庖；公权力为实现治理目标，应当运用它所掌握的公共资源进行辅助，但应当遵守法治原则。因此，软法具有很强的过程控制功用。受制于软法在司法裁判过程中的地位模糊性，它的作用方式主要不是司法中心主义——尽管也会在司法过程中发挥作用，但主要还是通过相关主体的自愿服从或习惯性服从，以及社会组织的适用以实现其效力。[2] 这将在下文中继续进行讨论。

---

[1] 参见罗豪才、宋功德《软法亦法》，法律出版社，2009，第239~240页。
[2] 参见罗豪才、宋功德《软法亦法》，法律出版社，2009，第374页。

2. 软法的认受性基础

软法和硬法共同作为法治的基石，出现了一种混合法治理的趋势，这在网络公共空间治理领域尤为突出。软法能够弥补单一硬法之治的结构性缺陷，后者通过国家强制力，以使用和拟使用"制裁（法律责任）手段"来迫使公民个人、网络服务商以及国家机关作为或不作为。但它面对网络公共空间这个虚拟但现存的政治社会，针对的主要是"说"或"不说"这样的特殊对象，能够涵盖的治理范围（面积）、涉及的行为主体、具体可用的手段、制裁的标准等都存在一定的缺陷，在实现治理目标上力不从心。软法之治则灵活得多，它充分动员了网络服务商和公民，不仅提供了针对言论的处置标准与手段，也强化了治理的正当性。这些软法的形成是网络公共空间参与者之间的共识，带有强烈的社会领域内自治契约的色彩，因而成员的认可度和接受性更高，更容易获得执"法"的正当性，缓解成员和平台（服务商）之间的矛盾。同时，这种自治契约又受到硬法的指引，并通过硬法来补强自身的合法性，以及获得部分的强制力来制约极端行为，有利于防止自治共同体的崩溃。

同时，《微博社区公约（试行）》等建构了一种交互式的争议处理机制（纠纷解决机制）和权利救济机制，设置了微博社区委员会等这样的自治性"组织"，设计了包括投诉（他人的言论）—判定、申诉—判定、质证、复审等在内的多种手段来处理争议，社区委员会一般要参与争议处理。这极大改变了网络服务商与用户之间的地位，也改善了他们之间的关系，有利于以服务商为主导的治理。前文讨论的硬法主要是作为软法中争议处理机制的后盾和效力保障，这也体现了软法纠纷解决机制、权利救济机制的先导性与协作性。

然而，软法之治的争议在于，社会主体（网络服务商）发布的软法设定了一些权力，对公民的权利义务产生了直接影响。这些权力来源于法律的授权，形成了社会主体"执行法律"的结构。那么，服务商行使的是什么性质的权力？它们的"执法行为"是否适当？如何救济？这些问题直指根本，本文也并非要给出答案。严格来说，如果硬法已经提供了充分的针对网络言论争议的救济途径，软法再前置某种权力加以限制，就是对言论自由的某种侵害，这种侵害尽管是由社会主体来完成，但其本质是基于国家法律的授权。它应该受到审查，以充分保护公民的言论自由，明确国家行为的边界。软法之治的视域或会有助于缓解这种理论上的矛盾：一方面是因为软法不同于硬法，它是基于网络平台上所有参与者的自治意愿，有更宽泛的适用范围和更低的适用标准，因而对言论自由发生侵害的可能性更低；另一方面，正如前文所述，软法已经设计了比较充分的民主规则，将成员自律标准提升到更高的地位，因而具有另一层正当性。当然，这种论证方式并不是绝对的，根本之处还在于下面将要讨论的言论自由的保护程度。

四　效力实现：过程控制和司法控制

实现法治不仅需要完善的规范体系，更需要实现法律和制度的效力。事实上，法律实施或者取得法律实效都需要有一个"过程"，这是法治的必经之路。过程主义和司法中心主义是借用不同的法律效力实现模式发挥作用，也就形成了治理的两种不同控制方式，即过程控制和司法控制。其中，过程主义强调相关主体参与的过程，围绕着国家权力的运行，这里主要讨论网络治理中的行政过程控制。

（一）行政过程控制的组织、行为和对象

国家治理中行政权的角色与限度是行政过程的主要控制对象。关注行政过程就是将不同行政行为和其他行为纳入到系统的法律的视野之中，从过程的角度考察行政效果。[1] 而且，行政过程涉及的主体不仅是行政主体，还有相对人。[2] 行政过程重视参与性和交互性，公众

---

[1] 参见江利红《论行政法学中"行政过程"概念的导入》，《政治与法律》2012年第3期。
[2] 参见江利红《论行政法学中"行政过程"概念的导入》，《政治与法律》2012年第3期。

参与和回应性规制将发挥重要作用。执法要依赖法律规范的效力，以国家强制力保证实施、以法律逻辑结构中的制裁为后盾。过程控制将这一模式强化，并将国家、社会和公民都纳入到治理过程中，充分调动不同主体的积极性。

治理网络公共空间首先要重视行政执法过程的沟通理性，这有两层含义。从形式上看，网络公共空间领域争议的处理、秩序的维护和价值的实现，要强化民主性，建立良好的沟通平台，前文已经讨论的软法中纠纷解决机制和权利救济机制就是典型表现。从内容上看，网络公共空间投射的都是现实政治和社会中的问题。网络提供了一个空间供大家参与和讨论，它本身就是一个沟通理性的平台，是实现公众参与基本路径。我们要运用网络平台这一民意平台的优势，将现实政治中执法的依据、过程和结果进行广泛的公开和说明，尤其是针对个案的维权行动和国家回应。

另一方面，执法必然要影响网络公共空间的政治过程意义。因为网络公共空间本身是公共舆论（public opinion）的集中场所，它输入的是个别公民的意见，输出的可能是集体性的民意，甚至可能是公共意志（公共利益的表达）。治理过程也就应当是传递民意的过程。这也赋予了过程控制不同的内涵，充分体现了网络公共空间治理的复合目标。事实上，国家应当设计出真正有效的听取网络民意的机制，并积极回应网络民意，这才是治本之策。这种治理行为不完全的封闭性也会影响到公民基本权利的实现和治理的效果。

过程控制还要强化组织机构的角色和功能。没有完善的组织结构，何谈控制？健全体制并约束专门机构的行为将有助于治理，这实际上也是治理的核心问题。已经运行的中央网络安全和信息化领导小组、国家互联网信息办公室都是中央层面的专门领导机关和执行机构。它能够回避政出多头的问题，具有直接的针对性和高效性，体现了国家对网络公共空间治理的重视。

（二）司法控制的困境："两高解释"的影响

法治的终端是司法。对于司法能否担当"治理者"，不无争议。但客观上，司法之功效能够在治理体系中展现，这也是本文讨论的立场之所在。这种功效主要就是民事法律、刑事法律和行政法律中设定的法律责任的落实。其中，最为严厉的有两部分。其一是对网络服务提供者的行政处罚。《加强网络信息保护的决定》规定了法律责任，包括对违反规定的网络服务提供者进行"警告、罚款、没收违法所得、吊销许可证或者取消备案、关闭网站、禁止有关责任人员从事网络服务业务等处罚，记入社会信用档案并予以公布；构成违反治安管理行为的，依法给予治安管理处罚"。其二是刑事责任。以新近出台的《最高人民法院、最高人民检察院关于办理利用信息网络实施诽谤等刑事案件适用法律若干问题的解释》（以下简称"两高解释"）为核心。

我国《刑法》规定，以暴力或者其他方法公然侮辱他人或者捏造事实诽谤他人，情节严重的，构成侮辱罪或诽谤罪。司法解释对利用信息网络诽谤他人构成诽谤罪的两个要件"捏造事实诽谤他人"、"情节严重"分别予以明确。根据该解释"捏造损害他人名誉的事实"或"将信息网络上涉及他人的原始信息内容篡改为损害他人名誉的事实"，在信息网络上散布，或者组织、指使人员在信息网络上散布的，即可认定为"捏造事实诽谤他人"。"明知是捏造的损害他人名誉的事实，在信息网络上散布，情节恶劣的，以'捏造事实诽谤他人'论。"该解释还规定，具有下列情形之的，应当认定为"情节严重"：（一）同一诽谤信息实际被点击、浏览次数达到5000次以上，或者被转发次数达到500次以上的；（二）造成被害人或者其近亲属精神失常、自残、自杀等严重后果的；（三）二年内曾因诽谤受过行政处罚，又诽谤他人的；（四）其他情节严重的情形。

适当限制公民的言论自由是为了追求其他价值，比如保障公民的人格尊严、隐私权，以及维护公共利益。刑法规定的诽谤罪，"两高解释"细化了其中的概念，能够针对公民在网络上的言论表达起到预测、威慑等多重作用，对于公民的网络言论及其表达的入罪有直接意义。"两高解释"具有机会管理意义，并且是运用刑法这一严厉的武器来实现的。它间接作用于治理，即作为软法之治、过程控制的后盾。

"两高解释"出台后引起了强烈关注。该解释遭遇了许多的理论和实践挑战，相关的论述汗牛充栋。[1] 有人认为，行为人诽谤他人情节是否严重的标准由他人的行为来决定，可能违反了基本的法理。[2] 还有人提出，"浏览5000次"、"转发500次"的"情节严重"的认定标准如何执行，"明知而散布以捏造事实诽谤他人论"是否作了扩大解释，"信息网络"能否被视为"公共场所"等。在现实中的操作性如何实现，是否有"选择性执法"的嫌疑。这些问题本文就不再赘述，我们要讨论的问题在于，"两高解释"能够实现治理价值和治理目标吗？总体来看，它在司法控制上的作用十分微弱，更无助于前文阐释的过程控制。当然，法律的功能不仅仅是制裁，还有预测、震慑、教育，"两高解释"的法治意义固然存在，然而，当它因设置等原因导致难以被司法适用时反而会损害法律的权威性和法治的价值。这些问题注定了它对治理体系和治理能力的现代化构建而言助益不明显。

五　权力边界：国家的积极义务和消极义务

（一）哪些属于公民自由

网络公共空间聚集民意、影响公共事务，也促成了公民自由的扩

---

[1] 参见赵阳《法学专家释疑"两高"网络诽谤司解五热点》，《法制日报》2013年9月26日，第5版。
[2] 参见李晓明《诽谤行为是否有罪不应由他人的行为来决定——评"网络诽谤"司法解释》，《政法论坛》2014年第1期。

张。国家介入势必会产生公民自由权与法律规制之间的冲突。自由权是指公民在法律规定的范围内，按照自己的意志和利益进行思维和行动，而不受外来约束、控制和妨碍的权利。[①] 网络公共空间主要涉及信息自由和言论自由两种自由权利。信息自由是网络公共空间存在的基础，因为网络公共空间立足于自由的交互式讨论，同时，信息也是治理的直接对象——执法者通过控制传播、删除等手段影响信息。言论自由是公共空间的存在前提，阿伦特在构建公共空间的概念时就将"自由言说"放在最重要的位置。[②] 言论自由具有强烈的民主功能，并被视为是政治和民主的基础。[③]

（二）何种国家义务

公民自由对应着一定的国家义务，包括积极义务和消极义务。总体上看，积极自由对应着积极义务，消极自由对应着消极义务。[④] 网络公共空间治理的法治化既要保护公民的信息自由和言论自由，也应约束公民的自由权（见图2）。然而，当公民的政治参与伤害到一定的利益集团时，利益集团很有可能会打着法律旗号来压制和侵犯公民的权利。治理的法治化应以保护公民自由和权利为目标，对国家义务做出明确规定，并发展出适当的基本权利限制标准（审查标准）。

图 2　国家义务与权力的边界

[①] 参见秦前红《比较宪法学》，武汉大学出版社，2007，第135页。
[②] 参见〔德〕汉娜·阿伦特《人的条件》，竺乾威译，上海人民出版社，1999，第180页。
[③] 参见张千帆《宪政原理》，法律出版社，2011，第1页。
[④] 参见张翔《基本权利的受益权功能与国家的给付义务——从基本权利分析框架的革新开始》，《中国法学》2006年第1期。

信息自由包含积极自由和消极自由。它首先体现为接近信息的权利，其实现需要权利主体和国家的双重努力，既基于主体意愿，也需要国家提供现实的条件，这是积极自由的共同基础。信息自由的积极自由属性还表现在它仰赖于一个开放的、自由的网络和信息沟通平台，平台的建设直接影响到了自由的实现。而信息的真实、健康和合法，同样是其积极自由属性的要求。针对公民的信息自由，国家需要履行的义务主要是信息公开的积极义务，并且应当创造条件，推动网络技术的快速发展，建立更为适宜的网络平台。

　　作为消极自由来说，言论自由拒绝国家的干预，并形成防御功能。因此，保护公民的言论自由需要国家履行谨守界限义务，这也是国家权力边界的理论基础。

（三）国家行为的合宪性控制

　　基于前述理论前提，我们在这里要特别讨论国家治理行为的合宪性。按照传统宪法学理论，基本权利有其保护领域（保障范围），只有在保护领域内基本权利主体的行为，才可基于基本权利的本质而受到保护。[1] 易言之，公民行使基本权利有一定界限。然而，什么才是边界？这就涉及国家介入的程度。简单地说，国家限制公民的基本权利要有"违宪阻却事由"或者"正当化事由"。因此，所有的问题都集中到基本权利限制的正当性是否充分，即国家行为侵入公民自由权的限度是否适当。

　　信息自由要求政府信息公开，并让真实信息有效、及时的传递，目前如火如荼地开设的"政务微博"就是某种体现。它是比较典型的国家积极履行义务的形式——当然也是国家治理的重要举措。延伸开来，信息自由的积极属性，也具有获得真实、有效信息的内涵。其中一个解释就是它要求国家打击传播虚假信息、谣言的行为，从而在整体上赋予国家打击谣言的正当性。此外，国家建立起网络民意的吸纳

---

[1] 参见陈慈阳《宪法学》，元照出版公司，2005，第401页。

机制，让网络反映的民意转化成为执政的内容，将是信息自由的最宽泛解释，为后来的制度设计提供了合宪性支持。

言论自由被视为政治社会的核心价值，"因为要是假定领袖绝不会犯错误或者是能够无事不知，那就把他说成是特蒙上天的启示而超出人类之上了。因此，言论自由就是人民权利的唯一守护神，但须保持在尊敬与热爱我们生活于其中的体制这一限度之内"[1]。在基本权利体系中，言论自由的保护程度属最高的一类。换言之，对限制言论自由的司法审查必然遵循最严格的标准，我们熟知的是美国联邦最高法院发展起来的"清楚而现实的危险"[2]。

虽然对象是公民的言论及其表达，治理网络言论并不必然意味着限制言论自由，但却总会在相关问题上产生争议。网络公共空间治理的法治化考验着国家义务的履行方式和程度，要求限制言论自由必须遵循法治原则，切实保护公民的言论自由，实现民主价值。同时，在我国，言论自由的界限显然不同于"美国标准"，《宪法》第51条明确规定："中华人民共和国公民在行使自由和权利的时候，不得损害国家的、社会的、集体的利益和其他公民的合法的自由和权利。"这是治理过程中限制公民言论自由的重要理据。总体来说，目前我国还没有更为细致而明确的针对言论自由的司法审查标准。

六 结论

网络公共空间的勃兴改变了传统的政治和社会生活。它为社会的扩张提供了庞大、有效和快速的空间，进而促使政治急剧转型。国家、社会和公民的关系在网络时代被根本改变，最直接的表现就是社会的自由化——它反映了公民自主性意识的急剧膨胀。从根本意义上讲，基于利益多样化展开的社会多元化已经成为事实，信息爆炸提供了通

---

[1] 〔德〕康德：《历史理性批判文集》，何兆武译，商务印书馆，1996，第198页。
[2] 张千帆：《宪政原理》，法律出版社，2011，第31页。

道——直至发展到每个人都有一个"麦克风"（自媒体），新媒体交互功能强大，移动工具便捷性无限增强。国家治理模式必须因此而改变，法治无疑是最主要的治理方式之一。网络公共空间的法治化最终使得我们走向法治社会。法治社会的巨大包容力能够适应现代国家—社会—公民关系的转变，它要求建立体现公共利益、满足不同主体需求的社会秩序结构，同时保障民主和公民的自由。本文并无意于描绘网络公共空间治理法治化的全部内容，而是意在提出一个大致框架，阐释部分核心问题，包括治理的对象、目标、工具、模式和国家行为边界。事实上，网络公共空间的治理，不仅有治理方式和效果的问题，还有更为细致的合法性控制问题，后者有待于进一步的研究。法治化要容纳治理要求的多元、沟通、民主和秩序，这要涉及改造法治的模式甚至秩序，本文提出的目标和途径，只是提供了简单思路，并试图舒缓其中的法律和道德冲突，更复杂的问题还有待于深入挖掘。

（《现代法学》2014年第6期，第15~26页）

社会管理法治化论纲

徐汉明[*]

社会管理是运用法律、法规、制度、政策等手段，直接或间接地对社会不同领域和各个环节进行服务、协调、组织、监管、控制的过程和活动。[①] 社会管理需要综合运用多种手段，但法治是社会管理的基本手段和最佳模式，各项社会管理工作最终要实现有法可依、有法必依。笔者认为，社会管理法治化，是指社会不同领域和各个环节的管理活动都严格依法进行，实现"善治良政"，促进人的全面发展。在这个意义上讲，社会管理法治化是针对以往社会管理领域的"人治"提出来的，是加强与创新社会管理的重要任务、重要途径与重要保障。[②] 党的十八大鲜明地提出，要注重发挥法治在国家治理和社会管理中的重要作用，加快形成"党委领导、政府负责、社会协同、公众参与、法治保障"的社会管理体制，实现国家各项工作法治化。这些新提法表明，社会管理法治化是当前和今后一个时期社会管理创新的指导思想、基本路径和主要方法，标志着我国社会管理创新将由典型试验、重点突破、政策引导向科学化、民主化、法治化方向发展。探索社会管理法治化的意义重大，影响深远。

---

[*] 中南财经政法大学法治发展与司法改革研究中心主任，兼任湖北法治发展战略研究院院长、教授、博士生导师。
[①] 参见张欢、何民捷、蔡永芳《关于社会体制改革研究综述》，《人民日报》2012年11月22日，第8版。
[②] 参见江必新《社会管理法治化三论》，《民主与法制》2002年第1期。

一 社会管理法治化的总体思路

社会管理法治化是全面落实依法治国基本方略、加快建设社会主义法治国家的宏观战略在社会管理领域的具体实践，其涉及立法、执法、司法、守法等各个层次、各个方面，需要在总体思路上进行科学谋划、科学定位，并根据中国国情，渐进性地加以推进。

（一）宏观谋略

高举中国特色社会主义伟大旗帜，以邓小平理论、"三个代表"重要思想、科学发展观为引领，是社会管理法治化需要遵循的一个基本准则。只有牢固树立社会主义法治理念，大力弘扬社会主义法治精神，全面落实依法治国基本方略，通过科学立法、依法行政、公正司法、深入普法，做到各项社会管理工作有法可依、有法必依、执法必严、违法必究，才能实现社会管理法治化，为党和国家事业发展营造良好社会环境。

（二）目标定位

目标具有阶段性和引领性，科学、合理的目标定位，有利于促进社会管理法治化工作的健康发展。当前和今后一个时期，社会管理法治化的基本目标，是坚持以人为本、服务为先，制定实施与经济社会发展相适应的国家社会管理法治化建设中长期规划纲要，使我国社会管理法制体系具有中国特色、民族区域特点、时代特征，把各项社会管理活动纳入法治轨道，提升社会管理科学化水平。

社会管理工作格局进一步完善。为适应中国特色社会主义法律体系已经形成的新要求，我们应加快形成"党委领导、政府负责、社会协同、公众参与、法治保障"的社会管理体制，明确党委总揽全局、协调各方的领导核心地位，发挥政府在社会管理中的主导作用，由社会管理综合治理委员会进行统筹协调，各职能部门充分履行社会管理职能，各类社会组织和各方社会力量协同，拓宽群众参与社会管理的渠道、方式和途径，充分发挥社会主义法治对于加强和创新社会管理的保障作用。

社会管理决策活动进一步科学化。我们应完善社会管理领域重大决策的规则、程序和形式，对涉及社会建设、管理、服务全局的重大事项，广泛征询意见，充分进行协商和协调，对专业性、技术性较强的重大事项，认真进行专家论证、技术咨询、决策评估等工作，对同群众利益密切相关的重大事项，实行公示、听证等制度，扩大人民群众的参与度，使社会管理领域决策真正做到依法、科学、民主。

社会管理法律体系进一步健全。我们应深入研究现代社会管理的内在本质、客观规律、运行机制、方式方法，坚持用社会主义法律巩固社会管理成果，全国人大及其常委会及时总结经验，围绕保障和改善民生，逐步完善劳动就业、社会保险、社会救助、社会福利、收入分配、社会组织等法律制度，健全社会管理法律体系。在保证法制统一的前提下，鼓励地方先行先试，加强和优化地方立法。

社会管理执法活动进一步规范。建设服务型政府，规范行政权力，才能从根本上完成社会管理创新的体制改革。[①] 社会管理法治化的目标，客观上要求深入推进政企分开、政资分开、政事分开、政社分开，深化行政审批制度改革，推动政府职能向创造良好发展环境、提供优质公共服务、维护社会公平正义转变。我们应加强和改进社会管理领域的执法工作，使行政决策、执法、监督体制机制健全规范，执法的效果得到社会公认，各级政府在加强社会建设、管理和服务方面的水平明显提高。

加强社会管理领域司法工作的公正性。紧紧围绕实现社会公正，司法机关应切实做到严格、公正、廉洁、为民司法、理性平和，立争司法水平和公信力不断提高。落实中央深化司法体制机制改革的各项部署，优化司法职权配置，使权责明确、相互配合、相互制约、高效

[①] 参见范进学《法学视野下的"创新社会管理"分析》，《政治与法律》2012 年第 4 期。

运行的司法体制更加健全。完善司法保障制度,从体制上保证司法机关依法独立、公正地行使审判权和检察权,维护司法公正的监督制约机制更加完善。

社会管理法律监督进一步加强。各级人大及其常委会加强对社会管理法律实施的监督检查,保证法律在本行政区域内得到遵守和执行。充分发挥检察机关作为专门法律监督机关的作用,依法监督纠正执法不严、司法不公问题,促进执法、司法机关提高运用法律手段协调解决利益冲突、化解社会矛盾纠纷的水平,从根本上维护社会和谐稳定。

社会管理自治功能进一步发挥。社会自治是人民群众当家做主的最直接形式,是社会主义民主政治的基础和重要特征,是还政于民的现实途径。[1] 社会管理法治化要求充分发挥城乡基层社会组织的自治功能,推广一些地方在实践中创造的党建工作区域化、居民自治制度化、社会组织多样化、社工队伍专业化、社区服务精细化、服务项目市场化、投入机制多元化、社区事务信息化的经验,积极培育、发展和规范社会组织发展,各种社会力量依法进行自我调节、自我管理、自我服务的能力不断增强。

社会管理法治氛围进一步形成。社会管理法治化是一种全面、全程、全部的法治化,需要全社会共同努力,使社会主义法治理念不断弘扬,社会主义法治思维、精神、价值、方式得到普遍认同,法治文明不断进步,依法进行社会建设、管理和服务的观念深入人心,国家工作人员特别是领导干部的法律素养和法治观念进一步增强,全社会崇尚法治、尊重法律、遵守法律、维护宪法和法律权威、自觉依法办事的氛围基本形成。

(三)行动进程

社会管理法治化是一项长期的任务,也是一个渐进的过程,必须

---

[1] 参见俞可平《更加重视社会自治》,《人民论坛》2011年第2期。

统筹规划，分步实施。笔者认为，根据我国现代化建设"三步走"的战略和法治建设的实际状况，社会管理法治化需要分为三个阶段来推进：第一阶段为现在至2020年，目标是中国特色社会主义法治体系基本建成；第二阶段为2021年至2030年，目标是依法进行社会管理的理念深入人心，各项社会管理活动纳入法治轨道；第三阶段为2031年至2050年，目标是社会管理的法治氛围逐步形成和巩固，社会管理法治化水平不断提高。

二 社会管理法治化的基本原则

基本原则是事物本质的核心部分，是事物所有原则中起决定、支配作用的原则，决定着事物的根本属性、现实特征和发展方向。讨论社会管理法治化问题，确定其遵循的基本原则至关重要。我国有学者提出，社会管理法治化应当遵循民主化、社会化、科学化和长效化四个基本原则。[1] 还有一些学者从不同角度提出了其他一些基本原则。笔者认为，社会管理法治化是一个渐进式的发展过程，应符合中国特色社会主义的基本国情，符合社会主义法治的基本精神，符合社会主义法律的基本原理，符合加强和创新社会管理的基本实际，注意遵循以下基本原则。

（一）坚持依法管理与合理创新的有机统一

推进社会管理法治化，其基本要求就是将各项社会建设、管理和服务活动纳入法治轨道。首先，社会管理法治化要求坚持依法管理，最大限度地运用法律手段规范社会管理活动，使加强和创新社会管理的过程成为依法加强社会管理的过程。同时，充分考虑我国社会建设还比较滞后，社会管理仍不适应形势发展的要求，还处于不断的变化、变动和变革之中的现状，应鼓励进行合理创新，保持社会的生机与活力。

---

[1] 参见蒋晓伟《论社会管理法治化的基本要素》，《河南财经政法大学学报》2012年第1期。

（二）坚持权力制约与权利保障的有机统一

推进社会管理法治化，主要有规制公共权力与保障公民权利两个方面的要求。一方面，有效制约公共权力，坚持科学执政、民主执政、依法执政，加强对权力行使的监督制约，确保各项社会管理权力的规范运行。另一方面，依法保障广大人民群众的利益，特别是基本的生存权和发展权，坚决防止发生损害群众利益的行为，保障实现全体居民基本公共服务均等化，社会弱势群体的合法权益得到有效保护。

（三）坚持有效管理与优质服务的有机统一

推进社会管理法治化，对于该管理的要有效管理到位，该服务的则要优质服务到位。坚持通过法治手段加强管理，运用法治方式破解难题，使各项社会管理工作有法可依、有法必依。同时，把加强和创新社会管理同人民群众的意愿和需要紧密结合起来，充分尊重人、理解人、关心人，寓管理于服务之中，在服务中实施管理，通过强化社会服务提高社会管理实效，努力实现有效管理与优质服务的有机统一。

（四）坚持各司其职与相互衔接的有机统一

推进社会管理法治化，在加强党委领导、发挥政府主导作用的基础上，相关部门既各司其职、各尽其责，同时又相互沟通、有效衔接，才能形成社会管理的合力。一方面，科学界定各职能部门在社会管理和公共服务中的职责任务，切实解决多头管理、分散管理等突出问题。另一方面，加强各部门在社会管理过程中的沟通、协调、互动，推进行政执法与刑事司法衔接法制化建设，确保社会管理的依法有序进行。

（五）坚持程序正当与高效便捷的有机统一

推进社会管理法治化，既要保证政府管理服务的程序规范化、正当化，又要保证政府管理服务的效果高效化、便捷化。社会管理的法治化客观上要求推进政府管理服务公开，严格执行行政执法程序，严格规范行政裁量权行使，规范政府管理服务行为，确保相关部门依照法定程序行使权力。同时，建设服务型政府，健全完善社会管理服务的承诺制、限时办结制、首问负责制等制度，明确政府管理和服务内容、标准、程序和时限等事项，确保社会管理服务的高效便捷。

三　社会管理法治化的主要任务

社会管理法治化目标决定、指导和引领社会管理法治化任务的内容、履行及实现。推进社会管理法治化是一项复杂的系统工程，涉及社会管理领域立法、执法、司法、守法、监督等方方面面，与上文提出的社会管理法治化目标相适应，其主要任务包括以下几方面。

（一）完善社会管理格局，强化社会管理法治化的保障

社会管理科学化、民主化和法治化，迫切要求发挥法治对于社会管理总体格局的保障作用。其一，坚持发挥党委在社会管理中总揽全局、协调各方的领导核心作用。强化科学执政、依法执政、民主执政的意识，善于领导社会管理方面法律法规的立、废、改工作，善于使党的主张通过法定程序成为国家意志，使法律法规具有统一性、规范性、协调性，便于执行，更具有预见性、引领性，成为社会管理科学有效的调节器、指向标。其二，坚持发挥政府在社会管理中的主导作用。各级政府按照转变职能、理顺关系、优化结构、提高效能的要求，健全政府职责体系，强化社会管理职能，努力建设服务型政府，提供更多更好的公共服务。政府既不能无所作为，也不能大包大揽，而要通过完善法规政策、健全社会管理体系、培育发展和管理监督好社会组织、畅通公民参与渠道等，切实发挥政府在社会管理中的主导作用。其三，坚持通过社会管理综合治理委员会加强协调。中央确定社会管理综合治理委员会承担加强和创新社会管理日常工作的协调任务以来，在抓好重大问题研究的同时，重点抓好实有人口、特殊人群管理等8个专项工作。省、市、县三级综合治理委员会也正在相继调整完善职能，充实加强力量，建立健全机制。充分发挥各级社会管理综合治理委员会在加强和创新社会管理工作中的组织协调作用，切实增强工作实效。其四,坚持各个部门依法履行职责。各职能部门根据自身在社会管理和公共服务中的职责任务,依法各尽其职、各负其责,坚持防止社会管理过程中出现错位、越位、不到位等情况,切实解决一些领域多头管理、分散管理特别是遇到难事推诿扯皮的问题,确保各职能部门形成运转协调的社会管理和公共服务合力。其五,坚持发挥社会各方面力量的协同作用。发挥好工青妇等群众组织、基层群众性自治组织、社会组织、企事业单位的协同作用,形成党委和政府与社会力量互联、互补、互动的社会管理和公共服务网络,最大限度地增强管理的实效。其六,坚持积极引导公众参与社会管理。充分发挥人民群众参与社会管理的基础作用,动员组织群众依法理性有序参与社会管理和公共服务,实现自我管理、自我服务、自我发展,扩大基层民主,扩大公民从各层次各领域扩大公民有序政治参与,深化政务公开、司法公开,拓宽群众参与渠道,健全群众参与机制,积极为群众参与社会管理创造条件。其七,坚持发挥法治的保障作用,全面深入贯彻依法治国基本方略,适应中国特色社会主义法律体系形成的新特点,充分发挥法治在协调社会关系、治理社会问题、化解社会矛盾、促进社会公正、保持社会稳定等方面的保障作用,确保依法建设、依法管理、依法服务。

(二) 健全科学决策机制,扭住社会管理法治化的核心

社会管理法治化的内容多、任务重、要求高,但核心是健全社会管理领域重大事项的科学决策机制。正如学者指出的一样,社会管理创新必须加强行政决策制度建设,通过相关决策内容和决策目标的调整,推动政府职能有效转变。[①] 推进社会管理法治化进程,在科学决策方面主要是抓好两个方面。一方面,坚持依法对社会管理事项做决策。依法执政是新的历史条件下党执政的一个基本方式。各级领导干部在对社会管理各种事项做决策时,应牢固树立法制观念,坚持在宪

---

① 参见应松年《社会管理创新要求加强行政决策程序建设》,《中国法学》2012 年第 2 期。

法和法律范围内活动,带头维护宪法和法律的权威。坚持在法治轨道上推动社会管理工作的开展,更全面、更科学地统筹兼顾各方面利益,使决策的过程变成深入了解民意、广泛集中民智、获得群众认可、取得群众支持的过程,保障公民和法人的合法权益。另一方面,健全社会管理事项的决策机制。逐步规范决策程序,确保依法、民主、科学决策。认真落实重大项目建设和重大政策制定的社会稳定风险评估机制,健全社会管理重大决策公开征求意见制度,凡与广大群众利益密切相关、社会涉及面广的社会管理重大事项,都通过报纸、互联网、电视等公众媒体,以及通过座谈会、社会问卷调查、重点走访等方式向社会公开征求意见,充分考虑群众的承受能力,做到办实事符合民意,做好事不超越民力。

(三)科学推进立法工作,奠定社会管理法治化的前提

美国著名法理学家富勒曾明确指出,如果要使人类行为根据规则来加以治理,一个不言而喻的前提是要有规则可循。[1] 社会管理法治化的前提是社会管理领域有法可依。坚持以人为本、服务为先,用社会主义法律巩固社会管理成果,为加强和创新社会管理奠定法制根基,是实现社会管理法治化的重要前提。科学推进社会管理领域立法,主要是把握两个方面。一方面,加强全国性立法。适应中国特色社会主义法律体系已经形成的形势任务,紧密结合社会管理领域立法仍相对滞后的实际情况,全国人大及其常委会要进一步总结各地特别是35个社会管理创新综合试点城市的成功经验,以社会主义法治理念为指导,坚持科学立法、民主立法、法制统一、体系完备等要求,[2] 切实加强社会管理领域的立法工作,填补社会组织等方面的立法空白,完善相关领域滞后的立法规定,修改相关法律中不合时宜的要求,形成社会管理领域的"良法"体系,为实现"善治"奠定基础。另一方

---

[1] 参见沈宗灵《现代西方法理学》,北京大学出版社,1992,第58页。
[2] 中共中央政法委员会:《社会主义法治理念读本》,中国长安出版社,2009,第127页。

面，加强地方性立法。由于社会管理的观念理念、体制机制、措施方法等还没有定型，我国地区发展不平衡、各地面临的矛盾和问题千差万别，因此鼓励一些地方先行先试，[1] 积累经验，并将成熟的内容上升为地方性立法是一项重要的任务。在保证法制统一的前提下，借鉴一些地方的成功做法，把加强和优化地方立法作为推进社会管理法治化的重要内容，将一些地方先行先试的成果用法律法规固定下来，为制定全国统一的法律制度积累经验。各市、州、县也根据本地实际，解放思想、敢于担当，善于运用法治思维和法治方式破解社会管理难题，适时总结基层企业、社会组织、社区民主决策、民主管理、民主监督、有效自治的经验，引导企业、社会组织、社区提高自我管理服务的水平。

（四）切实做到严格执法，把握社会管理法治化的关键

法律的生命力在于实施。法治的实现不仅要重视立法工作，还要注意建立和创造能够使法律规范落到实处的机制和环境，以保证所制定的法律得以有效实施。[2] 在继续完善社会管理领域立法的同时，需要高度重视执法工作，更加注重社会管理领域法律、法规、规章的实施工作，全面落实有法必依、执法必严、违法必究的法治要求。社会管理领域严格执法主要涵盖以下层次。首先，严格执行法律规定。职权法定是法治的重要原则，也是严格执法的合法性基础。根据职权法定原则的基本要求，承担社会管理职责的执法机关的权力必须来自法律具体而明确授予，执法机关必须在严格依据法律规定的权限内履行职责。相关行政机关要按照建设服务型、责任型、法治型、效能型、廉洁型政府的要求，依法行使法律赋予的社会管理权力，全面履行法律赋予的职责。其次，严格遵照法定程序。法定程序既是严格执法的重要依据，也是严格执法的重要保障，同时还是遏制执法过程滥用职

---

[1] 参见王诚《改革中的先行先试权研究》，法律出版社，2009，第117页。
[2] 参见蒋传光《良法、执法与释法》，《东方法学》2011年第3期。

权和腐败现象的重要武器。承担社会管理职能的相关部门，严格遵照法定程序执法，严格遵守行政程序中主体的权利与义务，规范行政执行程序、行政裁决、行政听证、行政公开、行政监察、行政赔偿等，确保政府依法行政、依法管理、高效服务。再次，严格落实责任追究。违法必究是社会主义法制的基本要求，也是社会主义法律统一、尊严与权威的重要体现。一切国家机关和武装力量、各政党和各社会团体、各企业事业组织都必须遵守宪法和法律，任何组织或者个人都不得有超越宪法和法律的特权，一切违反宪法和法律的行为必须予以追究。在加强和创新社会管理过程中，坚持违法必究，对于违反社会管理法律、法规和规章的各种行为，都要毫无例外地依法受到追究和惩罚，确保社会管理真正步入法治轨道。

（五）始终坚持公正司法，恪守社会管理法治化的底线

司法机关行使司法权，依法追诉和惩治犯罪，保障人权和公民各种合法权益，审理和裁决纠纷冲突，解决刑事、民事、行政诉讼中的纷争矛盾，监督有关国家机关依法办事，本身就是维护社会秩序、实现社会公正的过程，也是直接参与社会管理的过程。[①] 推进社会管理法治化进程，坚持公正司法是一项重要内容，特别要把握两个方面。一方面，各级司法机关要忠实履行宪法和法律赋予的职责。司法机关忠实履职，要求坚持实体公正与程序公正并重，既严格、公正、廉洁地为民司法，又理性、平和、文明、规范地司法，努力让人民群众在每一个司法案件中都能感受到公平正义，不断提高司法水平和公信力，维护社会公平正义，维护社会主义法制的统一、尊严、权威。同时，司法机关通过司法活动及时发现可能影响社会管理工作的倾向性、苗头性问题以及有关制度漏洞，积极主动向党委、政府提出加强和创新社会管理的对策建议，及时向发案单位及其主管部门提出司法建议，促使其堵塞漏洞、健全制度、加强监督，为社会管理政策与法

[①] 参见孙谦《发挥司法在社会管理中的职能作用》，《人民日报》2011年4月15日。

律的制定提供支持。通过典型案件的司法，引起社会各界对于重大社会问题的关注，推动完善相关领域立法，促使法律制度和行政组织的完善，催生新的社会制度。另一方面，进一步加强和改善党对司法工作的领导。司法是人民群众寻求公正最后的制度化途径，司法是通过法治途径实现社会管理的重要渠道，是维护社会秩序、实现有效管理的重要手段，是维护人民群众权益机制的重要组成部分，同时在社会管理中又是最具强制力的方式，具有其他行政机关、社会组织无法替代的独特作用。各级党委客观上要适应形势发展要求，不断加强和改善党对司法工作的领导，支持人民法院、人民检察院依法独立行使审判权、检察权，注重发挥专门法律监督机关的职能作用，使司法机关能够全面、充分、正确履职，既成为社会管理法治化的实践者，又成为社会管理法治化的保障者。

（六）注重强化法律监督，促进社会管理法治化的实现

作为国家监督机制的一部分，法律监督是权力监督的重要手段，在我国的国家治理结构中承担着法律保障功能。[①] 强化法律监督是社会管理法治化的应有之义和有力保障，在实践中主要是把握以下层次。其一，发挥人大及其常委会的法律监督作用。各级人大及其常委会加强对社会管理法律实施的监督检查，健全监督机制和程序，坚决纠正违宪违法行为，保证在本行政区域内得到遵守和执行。其二，发挥人民检察院作为国家专门法律监督机关的作用。人民检察院要忠实履行宪法法律赋予的职责，紧紧抓住社会建设和社会管理中人民群众反映强烈的突出问题，加大法律监督力度，依法监督纠正执法不严、司法不公问题，严肃查办相关职务犯罪，促进严格执法、公正司法，维护社会公平正义。其三，加强法律监督组织体系建设。总结、规范、发展各地开展乡镇检察室、检察联络站建设等做法，与基层公安派出

[①] 参见张朝霞、林晶晶《从依法治国看法律监督与社会管理创新》，《法学杂志》2012年第6期。

所、人民法庭、司法所设置相适应，加强人民检察院派驻基层检察室建设，坚持重心下移、检力下沉、触角下延，在有条件的乡镇、街道、社区设立基层检察室，明确派驻基层检察室的法律地位、职能定位和组织形式，健全基层社会管理和公共服务网络，实现管理力量大整合、社会服务大集中、化解矛盾大联动。

（七）发挥社会自治功能，放大社会管理法治化的功效

社会自治是一种建立在伦理基础上的治理，是人类社会治理方式发展的一个较高的历史阶段。[①] 在坚持党委领导、政府主导，发挥"中枢神经"功能的同时，特别注重发挥社会自治功能，健全"末梢神经"功能。社会管理创新的理论和实践都表明，社会自治的核心元素包括以下方面。首先，强化城乡社区自治组织体系建设。按照居民委员会组织法、村民委员会组织法的要求，完善居（村）民委员会的组织体系和运行机制，建立健全以城乡社区党组织为核心、以群众自治组织为主体、社会各方广泛参与的新型城乡社区管理服务机制，提高城乡基层社会管理服务能力，确保居（村）民委员会能够有效完成法律规定的办理社区公共事务和公益事业、调解民间纠纷等任务，确保居（村）民能够依法办理自己的事情，提升社区自治能力和水平。其次，鼓励社会组织发挥自治功能。社会组织的蓬勃兴起并非空穴来风，而是全球化背景下国家与社会界限模糊、交叉互渗，以及权力和权利良性互动、平衡合作的产物和结果。[②] 社会组织的发展水平，是衡量一个国家文明进程的尺度；社会问题社会化解决是加强和创新社会管理的必由之路。推动社会组织健康有序发展，坚持对社会组织分类管理，引导社会组织参与社会管理、提供公共服务，使社会组织成为社会融合的"黏合剂"和社会矛盾的"稀释剂"。明确非公有制经济组织、社会组织的社会责任，承担自治功能，管理服务职工，更好

---

① 参见张康之《论新型社会治理模式中的社会自治》，《南京社会科学》2003年第9期。
② 参见马长山《全球社团革命与当代法治秩序变革》，《法学研究》2003年第4期。

地发挥其积极作用。再次,依法推动社会规范建设。加强对社会规范建设的引导、指导,推进行业规范、社会组织章程、村规民约、社区公约等建设,充分发挥社会规范在调整成员关系、约束成员行为、保障成员利益等方面的作用,使之成为社会共同行为准则。要明确行业调解、专业调解、社区调解的效力,构建人民调解、行政调解、司法调解、行业调解、专业调解、社区调解相结合的多元化的社会矛盾调处体系。

(八) 深入推进全民守法,打牢社会管理法治化的根基

在法治社会的范畴内,法治意味着全体公民和法人学法、懂法、用法、守法、护法,树立社会主义民主法治、自由平等、公平正义理念。[①] 我国已经持续开展了多年法制宣传教育活动,取得了明显成效,但也还存在一些需要改进的地方,关键是以下方面。其一,改进方式。适应形势变化和公众需求,在普及法律知识的同时,树立社会主义法治理念,弘扬社会主义法治精神,建设社会主义法治文化,形成全社会自觉学法、尊法、守法的良好氛围。充分发挥广播、电视、报刊、互联网、移动媒体等新媒体的作用,扩大教育深度,通过释法说理、以案说法等方式增进群众对法治精神的理解把握。其二,完善内容。全面实施"六五"普法规划,组织全体公民深入学习宣传宪法、中国特色社会主义法律体系的基本法律和保障改善民生、加强社会管理等法律法规,打牢社会管理法治化的基础。始终坚持强化公民权利意识教育与义务意识教育并重,引导公民善于运用法律武器维护自身权利,同时严格依法履行法定义务。其三,突出重点。着重加强对领导干部、公务员、青少年的法制宣传教育,增强全民守法的自觉性。国家工作人员特别是领导干部要带头学法、信法、尊法、守法、用法、护法,自觉养成依法办事的习惯,提高领导干部运用法治思维和法治方式深化改革、推动发展、化解矛盾、维护稳定能力。强化中小学法

---

① 参见张文显《论中国特色社会主义法治道路》,《中国法学》2009 年第 6 期。

制课程教育，使法律观念和规则意识融入个人价值观、人生观。

四 社会管理法治化的实施机制

从法制度经济学角度看，制度约束一般分为正式约束、非正式约束及实施机制三个方面，[①] 制度变迁具有路径依赖性，各种约束、社会文化、行为规范导致制度变迁是渐进性的并且是经济依赖的。社会管理法治化的实现，是一个长期的历史过程，也是各种因素共同作用的过程，更是法律制度不断健全、有效实施的过程。在这一过程中，社会管理的经济水平、规章制度、历史传统、人文环境等正式、非正式因素都从不同侧面发挥着作用，辩证扬弃现有约束因素，重视实施机制建设，显得尤为必要。

（一）树立法治思维

一般而言，法治思维是指执政者在法治理念的基础上，运用法律规范、法律原则、法律精神和法律逻辑对所遇到或所要处理的问题进行判断、推理和形成结论、决定的思想认识活动与过程。[②] 当前，全面推进社会管理法治化，首先要高举中国特色社会主义伟大旗帜，以邓小平理论、"三个代表"重要思想、科学发展观为指导，始终把握社会建设、管理、服务的正确方向，强化以下意识。其一，强化以人为本、服务为先的意识。坚持把以人为本、执政为民的要求贯彻社会建设、管理和服务的始终，尊重人民主体地位，把保障民生和群众权益作为加强和创新社会管理的出发点和落脚点。其二，强化统筹兼顾、协调发展的意识。既要统筹经济、政治、文化、社会、生态文明建设，又要统筹城乡、区域、行业协调发展，更要统筹协调社会建设与社会管理、社会服务，以社会建设为重点，推动社会管理和服务，以加强和创新社会管理，推动和谐社会建设。统筹社会体制改革与社会管理

[①] 参见〔美〕道格拉斯·C. 诺思《经济史中的结构与变迁》，三联书店，2003，第19页。
[②] 参见姜明安《再论法治、法治思维与法律手段》，《湖南社会科学》2012年第4期。

创新，以适应经济结构调整转型的新形势、新机遇、新挑战，加快推进社会体制改革、优化社会结构步伐，以此带动社会管理体系的完善、社会管理体制的转型、社会管理机制的创新，最大限度地激发社会活力，最大限度地增加和谐因素，最大限度地减少不和谐因素，使社会建设与社会管理体现时代性、把握规律性、富于创造性。其三，强化依法治理、规范运行意识。自觉地以法治的眼光看待问题，以法治的方式治国理政、管理社会，确保社会建设、管理、服务活动体现法治精神，符合法治原理，努力推动形成办事依法、遇事找法、解决问题用法、化解矛盾靠法的良好法治环境，努力使社会管理工作在法治轨道上规范运行。

（二）健全制度体系

社会管理法制体系究竟应当包括哪些内容是一个需要深入研究的重大问题。有学者提出，现代社会管理法律制度体系应当包括 6 个方面，即民生民权服务保障法制、社会纠纷多元解决法制、安全稳定维护应对法制、公民社会培育发展法制、社会管理队伍建设法制、社会管理组织法制。[①] 笔者认为，健全中国特色社会管理法律体系应从宏观、中观、微观三个层面加以推进。宏观层面，国家要加强社会建设、社会管理与服务重点领域的立法，紧紧围绕逐步消除城乡二元结构，完善产权平等保护、公民身份平等待遇的法律制度；围绕实现城乡居民基本公共服务均等化，完善公共教育、劳动就业、医疗卫生、住房保障、社会救助等法律制度；围绕特殊人群权益保障、社会关爱，完善社区矫正、刑释解教人员回归社会、当事人和解的违法犯罪案件等法律制度；围绕培育和规范社会组织，完善社会组织管理、基金会管理、社会工作者管理等法律制度；围绕促进城乡、地区、行业收入分配公平、健全利益分配格局，完善城镇居民最低工资保障、农村居民最低收入保障、资源利用流转税征收管理等法律制度；围绕政府依法

---

① 参见刘旺洪《社会管理创新与社会治理法治化》，《法学》2011 年第 10 期。

行政、依法管理、依法服务、完善行政程序、政府服务、社会公众有序参与行政重大决策的法律制度；围绕社会诚信体系、信息网络管理，完善信用信息公开、互联网管理等法律制度；围绕加强公共安全体系建设，完善食品安全、环境保护等法律制度；围绕健全党和政府主导的维护群众权益机制，完善社会矛盾调处等法律制度；围绕保障法律统一正确实施，完善强化法律监督的法律制度，保障服务促进全面推进依法治国。中观层面，有立法权的地方可用足用活用好地方立法权，对贯彻上述国家已有法律法规的实施办法、条例，按照"立废改"的要求进行全面梳理，及时制订社会建设、社会管理和服务中长期立法规划与年度研究计划，并切实加以推进；敢于先行先试，为全国提供地方立法经验。微观层面，善于把各级党委的意志、政策转化为地方性法规等规范性文件，在不与宪法、法律和地方性法规冲突的情况下指导市、州、县建立健全社会建设、社会管理各项规章制度。市、州、县解放思想、敢于担当，善于运用法治思维和法治方式破解社会管理难题，适时总结基层企业、社会组织、社区民主决策、民主管理、民主监督、有效自治的经验，引导企业、社会组织、社区提高自我管理服务的水平。

（三）坚持项目推进

项目是实现创新的事业。[①] 推进社会管理法治化，只有坚持谋略方案化、方案项目化、项目具体化，才能使国家的宏观部署落实到基层。既要总结各地特别是35个社会管理创新综合试点城市的成功经验，填补立法空白，完善滞后规定，修改不合时宜的法律规定，又要鼓励一些地方先行先试，及时出台地方性法规，为制定全国统一的法律制度积累经验。通过科学制定项目规划，精心组织项目实施，大力强化项目保障，确保社会管理各项法治建设措施落到实处、见到实效。通过

---

① 参见张石森、欧阳云《哈佛模式管理全集·哈佛MBA项目管理全书》，远方出版社，2003，第20页。

不懈努力，力争从现在至 2020 年，基本健全社会管理领域的法律法规。

（四）建立评价体系

中央强调的社会管理创新的内容包括：社会公正、公共治安、社会稳定、社会诚信、利益协调、社会保障、社会服务、社会自治、公众参与、社会救助、食品安全、应急管理、城市管理、社会治理以及社会组织的培育与管理等方面。我们可以借鉴学者们构建的中国社会治理评价指标体系等有益成果，[①] 紧紧围绕上述内容，探索建立同经济社会发展评价指标体系相协调的社会建设、社会管理与服务的综合评价指标体系。坚持经济发展考核评价与社会建设、社会管理与服务考核评价并重，对地方各级政府和领导干部进行科学考核，形成既抓经济发展的"硬性"指标，又抓生态文明的"绿色"指标，还抓社会建设、社会管理与服务的"善治"指标的良好氛围，促进发展的平衡性、协调性和可持续性，发挥社会管理法治化对于实现全面建设小康社会和深化改革目标要求的动力之源、保障之效。

（五）注重政策导向

当前，中国正处于社会转型期，而且转型的速度、广度、深度、难度均前所未有，虽然已经进入了一个"社会立法"时代，[②] 但健全相关社会领域立法还有很长的路要走，用社会政策解决我国发展中出现的社会问题就显得极为紧迫和重要。一些地方加强和创新社会管理的实践证明，最好的利益分配政策就是最好的社会政策，也是国家治理、社会管理和实现富强、民主、文明、和谐奋斗目标的良策。在推进社会管理法治化进程中，既要重视发挥法律的保障作用，也要注重政策的导向作用，通过完善经济政策、文化政策、生态发展政策以及社会政策，弥补相关领域政策的空白，更好地调节和保护各方面的利益。

[①] 参见中国社会管理评价体系课题组《中国社会治理评价指标体系》，《中国治理评论》2012 年第 2 期。

[②] 参见刘继同《中国特色"社会政策框架"与"社会立法"时代的来临》，《社会科学研究》2011 年第 2 期。

（六）加强理论研究

加强和创新社会管理涉及法学、社会学、经济学、政治学、管理学等多方面的知识，需要多学科的交叉融合，多领域的广泛合作，多视角的集成创新。各级领导干部、各级机关的研究部门、高等院所、基层单位都要按照中央协同创新的指示精神，以社会管理法治化领域的问题为导向，深入开展对社会管理领域法治化建设重点、难点、热点以及薄弱环节的深入调查研究。对调查与研究成果的考核检验必须整合各方面的资源，即实行"三个打通"：打通学科壁垒，打通院系壁垒，打通科研院所与机关、社会壁垒，节省研究资源，提升科研质量和效率。要按"一拖三"的思路与模式对调查研究进行精细化的管理与绩效考核，即：每项有关社会管理法治化建设的科研课题需提供高质量的调查报告，回答是什么；提供基础理论报告，回答为什么；提出立法与公共政策专家建议稿，回答治国理政怎么办。只有创新科研与理论研究体制机制，探索求真问实的现代新型科研与调查研究管理模式，优化资源配置，以社会管理法治化领域的问题为导向，以社会需求和高端决策急需为第一信号，大力培养和使用专门人才，推动理论研究与具体实践的紧密结合，才能为社会管理法治化多出精品力作，才能发挥智库的参谋、助手作用，才能提升软科学的"硬实力"，发挥科研与理论研究的"巧实力"、功能与影响力。

（本文原载于《法学评论》2013 年第 6 期）

民事简易程序与法治社会的形成

章武生[*]

法治国家和法治社会是两个不同的概念。法治国家是指主要依靠正义之法来治理国家与管理社会从而使权力和权利得以合理配置的国家类型;[①] 而法治社会则是指以法律为至高权威和市民社会组织的内部规则而建立的并主要以法治来维系的现代社会。法治的原动力来自于社会,市民社会依照规则的自治是法治的重要组成部分,法治国家的更高层次是法治社会。[②] 在法治社会的形成中,以贴近市民社会为显明特征的民事简易程序(以下简称简易程序)扮演着重要的角色,发挥着重要的作用。可以毫不夸张地说,法治社会的形成离不开一个国民乐于接受的简易程序制度。而在我国,简易程序对于法治形成的功能却往往被人们忽视。因此,研究简易程序在法治社会形成中的地位和作用,探寻有助于法治社会形成的简易程序制度,对于推进我国的法治进程具有重要意义。

一 简易程序在法治社会形成中的作用

简易程序是司法程序的一种,要论证简易程序与法治社会形成的关系,笔者首先就司法与法治社会作些分析。美国著名学者博登海默指出,法律体系建立的全部意义不仅仅在于制定和颁布良好的科学的

---

[*] 章武生,复旦大学法学院教授、博士生导师。
[①] 参见孙笑侠《法治国家及其政治构造》,《法学研究》1998 年第 1 期。
[②] 参见刘瀚《我国法治社会形成的主要因素分析》,《中共天津市委党校学报》2002 年第 1 期。

法律，还在于被切实执行。① 所以，法治的基本含义在于良好的法律获得普遍遵守。司法之所以被认为是实现法治的关键，是因为法的实施是法律的生命，是公民权利保障体系中的重要一环，是法治社会实现的关键。公正的法律在制定以后，只是为规范人们的行为，而法律规则能否真正为人们所普遍遵守，能否真正地具有至高无上的权威，在很大程度上取决于由专门的司法机构所从事的适用法律的行为，取决于司法的权威。

在法治社会中，法治的实践状态在很大程度上体现于司法裁判的结果和实现的状况中。公民与法律的接触需要依靠司法部门的活动，因为大多数社会公众对法治的认识常常不是通过自身对法律条文的研究和学习而获得的，而是从司法的实际操作中获得的直接的感受。相当多的社会公众，甚至把司法理解为法治的全部内容。② 美国学者范德比特指出，"在法院而不是在立法部门，我们的公民最初接触到了冷峻的法律边缘，假如他们尊重法院的工作，他们对法律的尊重将可以克服其他政府部门的缺陷，但是如果他们失去了对法院工作的尊重，则他们对法律和秩序的尊重将会消失，从而会对社会构成极大的危害"③。公民对法律的公正的信任需要通过司法机关的公正裁判、平等保护诉讼当事人的权益、严格执行实体法和程序法的行为而得以建立，所以，阿伯拉汉姆指出，只有当法律完全被法院公正的做出解释并适用时，法律才会被社会的大多数成员所接受④，法律的至高无上性必须深深植根于人们的心中。严格守法成为社会成员生活的基本信念和准则，在很大程度上需要靠法律的执行。司法者真正作为法律的守护神，应当严格贯彻法律面前人人平等的原则，使法律平等的适用于一切人。司法者所从事的裁判活动要严格依循法律的一切规则。执

---

① 〔美〕E. 博登海默：《法理学—法哲学及其方法》，上海人民出版社，1992，第220页。
② 参见公丕祥主编《法治现代化研究》第2卷，南京师范大学出版社，1996，第30页。
③ Arthur T. Vanderbilt, *The Challenge of Law Reform*, Princeton University Press, 1955, pp. 4~5.
④ See Henry J. Abraham, *Judicial Process*, Oxford University Press, 1998, p. l.

法者良好的执法行为，才能为民众的普遍守法树立真正的榜样，并使人们真正相信只有依靠正当的法律途径才能寻求公平和正义并能获得可靠的安全的保障。[1]

在司法与法治的关系中，司法公正在法治社会形成中的作用是至关重要的。美国著名法官卡多佐曾指出，法律作为社会控制的一种工具，最重要的是司法作用。[2] 司法在法治社会中能否发挥作用，关键在于司法是否公正。正如培根所指出的，"一次不公的（司法）判决比多次不平的举动为祸尤烈，因为这些不平的举动不过弄脏了水流，而不公的判决则把水源败坏了"[3]。司法公正是我国法治建设最重要的内容。司法公正与法治的关系表现为：公正的司法要使公民、法人在其权利受到侵害以后，通过司法途径而获得充分的救济。正是由于司法的充分救济，而使权利得以实现，公正得以彰显；同时鼓励人们通过司法途径捍卫权利，使社会的权利观念也能得以加强。司法公正不仅仅是对民众遵纪守法的法治观念的教化，也是对从事民事、经济活动的当事人行为的规制。如果法院不能公正的执法，人们将会因失望而远离法律，使法律的实现仅仅停留在纸面。因为，公正的裁判实际上是向社会成员昭示着一种正义的行为规则，对社会成员的行为起着一种正确导向作用，例如，应当诚实守信、信守合同，不得欺诈他人，否则要承担责任，等等。社会成员正是从公正的裁判中吸取公正的意识、获得公正的力量，进而对良好的社会风气的形成能够产生重大影响。[4]

司法和司法公正在法治社会形成中的作用是众所周知的，但是作为民事司法程序重要组成部分的简易程序，在法治社会形成中的作用却很少有人注意。那么，为什么要将简易程序单列出来研究其与法治

---

[1] 参见王利明《司法改革研究》，法律出版社，2000，第18~19页。
[2] See Caims. H，"The Theory of Legal Science"，in the *American Jurisprudence Reader*，Cowan，p. 148.
[3] 《培根论说文集》，商务印书馆，1983，第193页。
[4] 参见王利明《司法改革研究》，法律出版社，2000，第20~23页。

社会形成的关系？简易程序对法治社会的形成有何独特价值呢？对此，我国台湾地区学者邱联恭曾有过精辟的论述。邱教授认为：小额、轻微事件的解决之所以成为目前及今后民事诉讼法学研究的一个基本课题，是因为在复杂的现代生活及民主法治社会中，数额不大的纷争和零星权利受侵害后需要得到救济的情况相当频繁；社会上每一个人均为消费者，其在消费过程中都可能因商品的品质或瑕疵之关系发生纷争。此种问题占整个社会纷争问题之绝大部分，因为一个人一辈子很难得有机会打几百万元之官司，但每个人每天都多少有可能遇到自己所买的东西或所交易的事物有无瑕疵之问题。对由此所引发的纠纷倘未能合理解决，想使法治在一个社会中生根是相当困难的，因为人民难以将诉讼制度、司法裁判或法律制度当成生活之一部分。亦即小额事件如何处理是直接决定人民信赖司法与否之关键。如果小额纷争没有处理，人民将会渐渐怀疑连生活上每天很需要的问题都无法解决，如此之司法、诉讼制度或法律又有多大益处？因此，人民基于与其生活有密切关系之认识，亦迫切需要设立小额诉讼制度，以便为其处理零星的权利救济问题，此乃牵涉如何防止、避免人民生活与司法制度发生疏离现象之大课题。于此问题认知之下，亦如一般所承认，向来我国（指我国台湾地区——作者）简易诉讼制度鲜少被使用，而小额轻微事件①更难有可资处理之诉讼制度。此正显示，在我国社会中，人民与司法制度已有相当严重之游离现象，这种现象在无形中已渐渐对全人民之守法观念或法意识之健全化造成负面影响。使人民往往认为生活与司法之步

---

① 按照邱联恭先生的解释，小额轻微事件可分为两大类。第一类是轻微事件，乃属案情轻微但其讼争标的未必为小金额的事件类型。此种事件系以一般简易事件为主，其特征是特别强烈需求为迅速之裁判，其金额虽不一定很小，但其案情往往比较轻微，如仍依通常诉讼程序之法理进行审理，将相当不经济，特需以简化之程序处理，以迅速实现权利。第二类是小额事件，其诉讼标的之金额特小，但不一定仅限于金钱请求，例如请求交付机车等特定动产情形，亦系小额事件。此种事件之权利主张者一般无法支付高金额的律师报酬，亦无法忍受因诉讼拖延而造成劳力、时间、费用之浪费。参见邱联恭《司法之现代化与程序法》，台湾三民书局，1992，第 277～278 页。

调不一定完全趋于一致，而难对法律制度认同或寄以信赖。[①] 邱教授这段话虽然主要针对的是我国台湾地区简易、小额纷争的司法救济，但其中的问题在我国大陆同样存在，甚至更为突出，值得我们深思。

二 我国现行简易程序对于法治社会形成之阻碍

简易程序是一个在多种意义上使用的概念，本文的简易程序是指解决数额不大的纷争和零星权利受侵害的案件所适用的简易、小额诉讼程序（小额诉讼程序是简易程序的一种）。小额纠纷与零星权利争议问题占整个社会纷争问题的绝大部分，涉及众多普通民众的权利救济问题。此类问题处理的好坏，直接关乎这一广泛群体对法律制度的认同和信赖。当然也对我国能否走向法治社会关系重大。

从中国大陆情况来看，简易程序的运作效果不容乐观。近年来，由于中国法治和信用制度发展的滞后，伴随着经济的高速发展，违法损害事件急剧增长，其数量之多、涉及范围之广、性质之恶劣，超过了以往任何时期。可以说，近年来我国普通民众权益受到侵害的情况呈大幅度上升趋势，而诸多权利受侵害者想使自己的权利得到救济则困难重重。正如"但愿维权不再难"一文中所说，对中国老百姓来说，打官司还是一件挺难的事儿。一方面，包括舆论在内的一些机构，时常在提醒人们当权益受到侵犯时，要敢于拿起法律武器保护自己；另一方面，当老百姓真的举起状纸的时候，发现打官司其实是一件千辛万苦的事，严重的甚至会倾家荡产。千辛万苦不仅包括时间上的折磨，也包括要碰无数的硬钉子软钉子，而所有这一切都在消磨你的意志和信念，使你在绝望中一次次想到放弃，想到自认倒霉。有时只有那些拼出性命准备牺牲一切的人，才有可能看到胜诉。[②] 上述对诉讼艰难程度的描述，虽然只是部分甚至小部分案件当事人诉讼的境况，

---

① 参见邱联恭《司法之现代化与程序法》，台湾三民书局，1992，第262~263页。
② 参见周折《但愿维权不再难》，《中国妇女报》2002年12月19日。

但是在我国，诉讼当事人难以接近法院也是客观的事实。由于诉讼的必要费用与诉讼标的金额的比例不均衡，数额不大的纷争和零星权利受侵害的当事人更难。[1] 而由于司法腐败和司法人员素质不高引起的司法不公、错判或诉讼拖延等情况，更使权利受侵害者雪上加霜。造成上述情况的原因很多，但从处理简易、小额纠纷的诉讼制度的角度看，主要可归结为两个方面：

（一）简易、小额诉讼程序的不完善，使得法院处理纠纷的能力存在巨大缺陷

主要表现在：首先，一些重要的简易程序没有规定。如小额诉讼程序。小额诉讼是一种廉价的司法救济程序，其设立一方面为普通人接近和使用诉讼制度提供了机会，减少了人们走向纷争解决机构的困难或障碍，使需要司法救济的人不至于因程序上花费过大，而不得不放弃诉讼权利和实体权利。另一方面，它又尽可能地使国家的司法资源得到合理应用，不致使社会因过多的诉讼消耗大量的资源，或导致司法资源投入的无限攀升。因为一般的简易程序只是简化了普通程序的某些方面，从诉讼理念、诉讼方式和诉讼费用等方面，与普通程序相比都没有明显的差别。而小额诉讼与普通程序则是在质上区别开来的一种程序。[2] 由于此类程序的缺乏，小权利救济中诉讼成本大于诉讼收益的情况非常普遍。在西方国家有些几分钟或者几十分钟就可得到解决的案件，在我国则可能动用所有诉讼程序。

---

[1] 笔者还无法得到中国这方面的数据，这里转引20世纪70年代初意大利相关的一组数据来说明上述问题。《密歇根法律评论》第69期的一篇文章报道："在意大利进行的小组研究所提供的信息甚至更令人触目惊心，在诉讼标的金额大的案件中，当事人承受的平均负担低至8.4%，对于诉讼标的金额为1600美元以下的案件，这一比例攀升到51%至60%；在诉讼标的金额少于160美元以下的案件，这一比例则飙升至170%。显而易见，当事人无法承受这种经济负担。这也可以说明在过去的七十年中意大利小额请求诉讼急剧下降之缘由。"转引自〔意〕莫诺·卡佩莱蒂等《当事人基本程序保障与未来的民事诉讼》，徐昕译，法律出版社，2000，第128页。

[2] 小额诉讼程序所追寻的理想是不需要法律技巧的简易和效率。其主要简化的地方是：起诉程序的表格化，调解审判的一体化，调查证据程序的简化或省略，一般不允许上诉，当事人通常不需律师即可操作。

其次，有些简易程序虽作了规定，但适用效果较差。这其中最突出的例子是督促程序。与其他形式的简易程序相比，督促程序这一特别程序中的简易程序对程序的简化更为彻底。其不需要当事人"对簿公堂"，债权人只需通过申请法院向债务人发出支付令的形式即有可能解决纠纷。在德国等大陆法系国家，已在督促程序中引进利用自动化程序，替代人工处理。通过这种形式，法院的案件一半以上被过滤掉。债务人对支付令提出异议的也只占少数。[1] 而我国则正好相反，不仅用督促程序处理的案件数量很少（适用率不到一审民事案件总数的1%），[2] 而且债务人通常都要对支付令提出异议。由此导致了许多地方的督促程序形同虚设，有些法院干脆停止了督促程序的适用。由于督促程序主要针对的是民事交往中权利义务关系明确，数额不大的债权债务纠纷。督促程序的难以利用就堵塞了上述当事人的一条最便捷、最经济的司法救济渠道。

最后，简易程序的诉讼成本过高也影响了当事人对权利的救济。诉讼收益是当事人决定诉讼时必须考虑的一个方面。所谓诉讼收益，是指主体通过诉讼活动获得的经济利益。如果当事人胜诉后所获得的经济利益不大，甚至诉讼成本高于所获得的经济利益，那么诉讼行为就缺乏经济方面的合理性，当事人便会放弃诉讼。正如美国学者贝勒所言，如果我们拥有一项合法的实体请求权或实体抗辩权，但由于程序的费用过高而使打官司得不偿失，或者由于程序或证据规则妨碍人们获得或提出证明其意见所必要的证据，而无法借助法律程序实现权利，那么该项权利并无多大价值。[3] 我国传统简易程序所需要的时间和费用不仅小额诉讼的当事人无法承受，即使是一般简易事件的当事

---

[1] 从20世纪80年代末、90年代初的统计数字来看，德国、法国、日本、奥地利四国对支付令的异议率分别为：11.2%、5%、8.1%、10%。转引自陈荣宗、林庆苗《民事诉讼法》，台湾三民书局，1996，第875~876页。

[2] 傅郁林：《繁简分流与程序保障》，载《人民法院报》2002年9月13日。

[3] 参见〔美〕迈克尔·T. 贝勒斯《法律的原则——一个规范的分析》，张文显等译，中国大百科全书出版社，1996，第44页。

人，所谓"赢了官司赔了钱"的情形也屡见不鲜。因为胜诉当事人不仅要承担自己因诉讼所支付的费用，如律师费、交通费、食宿费和向法院缴纳的部分诉讼费，甚至还可能要承担一笔隐性的费用。而且通过调解、执行等程序还往往对自己直接的权利做出让步。此外，法院裁判的赔偿数额不足也是"赢了官司赔了钱"的主要原因。对于这种情形，以下两个案件做出了最好的注解。

个案一：贵阳市花溪区的张女士因在泳池受到侮辱向法院提起诉讼，要求被告赔偿精神损失费5万元。花溪区法院民庭开庭审理后，认为原告诉讼请求过高，裁定被告赔偿1000元。张女士不服，遂上诉到贵阳市中级人民法院，该院经二审审理后以维持原判结案。虽然最终拿回了1000元的精神损失赔偿，但经过两次诉讼的折腾后，张女士在律师费和诉讼费上累计已花费了3000余元。姑且认为那1000元足以弥补张女士所遭受的精神损害，而诉讼当中耗费的人力、物力和财力，又相当于一次新的伤害。侮辱一案中的正义虽然得到了伸张，张女士却全然没有胜诉的喜悦。①

个案二：浙江某市个体户张某向河南某市个体户王某催要拖欠的货款5万元多次无果，遂向河南某市法院提起诉讼。案件经过两审，最后以原告让步7000元，被告支付4.3万元货款调解结案。双方各支付诉讼费一半。为要回这5万元，原告支付律师费4000元，诉讼费2000元，交通费、住宿费3000元，请客、送礼花费1500元。不包括利息和为索要该货款的误工损失、精神损失，原告胜诉后反而损失了17500元，被告败诉后反而少付7000元。被告支付的诉讼费基本上在延期2年付款的利息中得到了补偿。

简易程序的不完善导致诉讼维权渠道的不畅，而这又反过来导致了非诉讼维权数量的激增。既然受到法院不利判决制裁的威胁很小，那么侵权当事人就很容易对当事人的维权要求置之不理。北京零点调

---

① 参见王琳《赢了官司输了钱 正义的账单》，人民网，最后访问日期：2003年1月26日。

查公司对维权消费者所做的调查表明,获得满意结果的消费者占14.1%;费了很大周折但总算得到解决的消费者占23.0%。未获得积极的处理结果的消费者占54.3%(其中对方态度很好,但未采取实际补救措施的占21.6%;不仅未得到解决,自己还受气、吃亏的占17.9%;至今还没得到解决的占14.8%)。[①]

(二) 诉讼程序的难以利用,无形中助长了一些人不履行法律义务,甚至是故意侵权的心态及行为

目前我国各类经营者数量众多,整体素质相对较低,其经营素质与法律素质差异较大。相当一部分经营者特别是一些规模较小企业的经营者不学法、不懂法,更有一些经营者,唯利是图,不仅对其产品质量不重视,而且还将对消费者和其员工权益的侵害作为其经营目标或获利方法之一。当权益受侵害者找到他们时,他们找出各种"理由",百般地推诿、拖延。其深知被侵权者不到万不得已,不会因为这些小额权益轻易诉诸诉讼,即使有极少数人走向法庭,也还是有许多对付的办法。而与这些不法经营者打交道的主要是低收入群体。

2000年在中国人民大学举办的一次国际研讨会上,德国的汉斯教授了解到上述中德之间督促程序运作效果的巨大差别后,曾提出中国人是否更聪明,或者说是更狡猾的疑问。难道真是中国人更聪明,可以千方百计地逃脱法律义务,而德国人非常老实地对待支付命令、履行法律义务?结论当然是否定的。那么为什么两国督促程序的立法规定大体相同而在适用效果上却产生如此巨大的反差呢?除法律文化方面的原因外,对民事违法行为制裁力度的差别可以说是最主要的原因。德国当事人在接到支付令后大都马上履行债务,因为他们知道,假如他们不履行法律义务,随便找一个借口,使支付令失效,那么通过审判程序,他们将遭到更惨重的失败,付出更大的代价。我国债务人之所以敢于"顽抗到底",也是他们权衡利弊后所做出的"最佳选

[①] 参见桑司文《维权犹如蜀道难》,《中国消费者报》1997年4月20日。

择"。我国现行的司法制度整体上有利于债务人而不利于债权人，所谓债务人昂首阔步，债权人点头哈腰和小品中反映的黄世仁和杨白劳关系的错位，就是这种情况的真实写照。

上述现状如果不能从根本上得到扭转，将会给中国的法治建设带来灾难性后果。一方面从事不法活动的企业和个人会为其不法经营方针和侵权行为高奏凯歌，其他企业和个人也会仿效而加入其中，因为违法行为伴随而来的是经济利益。近年来我国出现的同类造假企业在一个村、一个乡，乃至一个县的权利得不到救济，其后果不单是个人的权利遭到践踏，法律和审判也会失信于民。

三 构建有助于法治社会形成的简易程序制度

美国著名学者伯尔曼说，"法律必须被信仰，否则它将形同虚设"①，我国学者谢晖也认为，"塑造全民的法律信仰是法治的必由之路"②。我国许多学者认为，法律信仰对于解说法治和中国实现法治的意义是不容置疑的，但中国实行法治的根本问题恰恰就在于缺乏法律信仰。怎样才能在当代中国树立法律信仰？许多学者认为法律信仰作为一种内在的价值取向和对法律的态度，是很难通过普法让人们掌握法律知识来塑造的，它更多的是通过人们在社会生活中对法律的体验而获得的。③ 伯尔曼说："除非人们觉得，那是他们的法律，否则，他们就不会尊重法律。"④ 蔡定剑先生亦指出，我们的司法制度不能改成少数有钱人才能打得起官司的制度，也不能改成民众见了头痛，纷纷加以规避的制度。笔者认为，欲使所有人能够接近司法制度、信赖司法制度，并使法治在社会中生根，需要从以下方面完善我们的简易程序制度。

---

① 〔美〕伯尔曼：《法律与宗教》，梁治平译，三联书店，1991，第28页。
② 谢晖：《法律信仰的理念与基础》，山东人民出版社，1997，第25页。
③ 参见程燎原《从法制到法治》，法律出版社，1999，第302、304页。
④ 〔美〕伯尔曼：《法律与宗教》，梁治平译，三联书店，1991，第60页。

（一）减少人们走向纷争解决机构特别是司法机构的困难或障碍

现代司法裁判制度的一个基本特征是，司法能有效地为所有人接近。正如杰诺维兹教授指出的，"如果只有富人才能付得起钱，利用这种制度，那么即使用公式精心保障的司法制度也基本上没有什么价值可言"[①]。北京大学陈瑞华教授指出，考察一个国家的法治状况，不仅要看法律在本本上规定了哪些东西，做出了哪些承诺，最关键的是要看法律在社会中的实施状况。衡量一个国家法治程度的最好指标就是公民的权利有没有得到保障，在个人的权利受到侵犯的时候，能否获得救济。[②] 因此，为了使人们能够接近纷争解决机构，国家有义务不断完善这些机构，特别是主要针对普通人以及经济上比较困难的人的简易、小额诉讼制度，使所有人，不论地位高低，不论贫富，均有平等接近、使用纷争解决机构的机会。在我国的现实生活中，一些权利受到侵害而有意请求救济的人，因其欠缺法律知识，或程序上花费过大，以至于不得不放弃主张权利的情形普遍存在，特别是在诉讼标的金额较小的情况下，此类情况表现得更为突出。这一方面需要国家进一步加强普法教育，健全法律援助及法律咨询等制度——比如安排专人负责对如何利用该程序进行咨询，事先准备并印制好指导适用该程序的通俗易懂的小册子供来访者自由取阅，设置按键式录音电话自动回答有关问询的服务，在法院放映指导诉讼的录像片等等。另一方面则要设立足以保护简易、小额事件权利人的纷争处理制度，降低诉讼成本。如制定一个合理的法院诉讼收费标准，增设假日和晚间法庭，为工作忙的当事人提供便利等等。

（二）按照案件的类型设置民事纷争的处理程序

不同类型的案件，应适用不同的程序。对于数额相对不大，案情

[①] 〔意〕莫诺·卡佩莱蒂等：《当事人基本程序保障与未来的民事诉讼》，徐昕译，法律出版社，2000，第40页。

[②] 参见郭国松《法治的梦想有多远》，《南方周末》2004年5月13日。

也并不复杂的案件,就没有必要适用非常复杂的程序来解决,而应代之以简便、节约的程序,避免不必要的资源浪费,从而使国民在一定的资源条件下获得更多的服务。正如日本学者棚濑孝雄所说,在讨论审判应有的作用时不能无视成本问题。因为,无论审判能够怎样完美地实现正义,如果付出的代价过于昂贵,则人们往往只能放弃通过审判来实现正义的希望。[①] 不仅如此,此种程序制度亦浪费了国家有限的司法资源,因此也损害了公众的利益。实际上,在许多国家,其民事诉讼法上的许多规定,可以说都体现了民事纷争的程序设置与案件类型相适应的原理。以德国为例,德国民事诉讼法规定,有关财产权的请求的诉讼,申明不服的标的的价额不超过1500马克者,不得上诉于第二审(《德国民事诉讼法》第511条之一);在地方法院原则上采合议制之情况下,如果法院认为系争事件并不繁杂而无特殊困难,可交由独任法官审判,以节省不必要的劳力、时间或费用(同法第348条第1款);诉讼标的金额在1500马克以下者,法官可考虑当事人到庭的困难,改采书面审理方式,而不必经过言词辩论审理(同法第128条第3款);在认为彻底或详细查明事实,将导致与争议财产不相当的浪费时,受诉法院可考虑全部情况,依自由心证确定损害赔偿之债权额,以节省劳费(同法第287条第1、2款)。我国应根据上述原则,借鉴国外的有益经验,重构我国的简易程序制度,使小额案件当事人不依靠律师的帮助也完全可以通过诉讼实现自己的权利等等。

(三)加大对违法行为的制裁力度,使诉讼各方的权益因司法的最终裁决而实现平衡

在现代社会中,司法是社会正义的最后一道防线。对司法机关来说,正义是整个司法活动的生命和灵魂。对寻求司法救济的当事人来说,正义则代表着受侵害人获得了应有的赔偿,侵害人受到了相应的

---

① 参见〔日〕棚濑孝雄《纠纷的解决与审判制度》,王亚新译,中国政法大学出版社,1994,第266页。

惩罚，诉讼各方的权益因司法的最终裁决而实现了平衡。要达到此效果，就我国现阶段情况来看，必须加大对违法行为的制裁力度，如果"制裁的力度"过小，违法活动所得到的利益超乎其上，就不能有效地抑制违法行为。这种制裁主要通过两个方面来实现：一是法院对当事人合理的赔偿要求应当满足。二是改革现行法确定的诉讼费用分担制度，即对故意侵权案件，由败诉方承担胜诉方因诉讼所支出的必要的、合理的费用，包括合理的律师费用。因为此类案件的发生完全是由于败诉当事人造成的，权利方因此支出的诉讼费用由自己负担是不合理的，由败诉方负担能够有效制裁民事违法行为，从而有助于提升全社会的守法意识，保证督促程序乃至整个法律制度的顺利运行。当然，这里面应分别不同情况处理。对有证据证明故意侵害他人权利的人，给以负担双重诉讼成本的制裁是必要的。但对双方权利义务不是非常明确，双方当事人都坚信自己主张正确的案件，特别是事实真伪不明，根据举证责任做出判决的案件，采取各自负担自己诉讼费用的政策可能更为妥当。

四 对健全小额诉讼制度可能引发讼源的思考

对于以上所强调的保护小权利的论旨，或许有人会提出疑问：小权利的司法救济比较容易之后，会不会过分增加法院的负担，或者引发多余的讼源？

对此，我国台湾地区的邱联恭教授认为，从长远来看，应该积极肯定健全小额诉讼制度来有效救济小权利，对于巩固法治的根基，是必要而有益的，因为小权利实占民众日常生活内容的绝大部分，保护小权利最有助于博得人民对法律及司法制度的认同，进而促使人民培育健全的法意识、法观念，养成守法的习惯，其后，不必要的纷争自会减少。纵然发生了纷争，在一个有健全的法意识的民主法治社会里，权利还是要保护的，因为每一个人都有其应受尊重的人的尊严与价值。由此看来，小额诉讼制度正是为了提升人民的生活品质，不能单以诉源会不会增加来衡量其制度功能；更何况法院是为人民而存在，等人民都习惯于过法治生活以后，案源及法院的负担将会维持在一个固定的水平上，此方为真正的全面性减轻法院的负担，为了建设一个能尊重人的尊严的现代国家，10年、20年算是短期间，值得尝试投资创设此制。①

就我国大陆情况来看，健全有效救济小权利的司法制度显得更为必要。众所周知，法律信仰在法治社会形成中具有重要的作用，而我国恰恰缺乏法律信仰方面的传统。为了实现党的十五大提出的依法治国的宏伟目标，提高法律的权威和人们对法律的信仰，近年来，党的政策，国家的宪法和法律均围绕这些问题做出了许多规定，新闻媒体也加大了这方面的宣传力度，并收到了一定的成效。但与此同时，影响依法治国、建设社会主义法治国家目标实现的问题还很多，特别是许多小权利得不到救济所导致的权利人忍气吞声，侵权者更加猖獗的现状，以及司法不公、司法腐败等问题又在严重影响着人们对法治的信心。② 那么，怎样才能在当代中国树立法律信仰？使中国走向法治之路呢？应当说，这方面需要做的工作还很多，比如解决权大于法、以权代法的问题，加强行政监管、消除地方保护主义等等，但保护小权利无疑是树立法律信仰一个重要的方面。毋庸讳言，小权利的司法救济比较容易之后，在一定时期内将会导致法院案件数量较大幅度的上升，增加法院投入。但其后，随着人们法律意识的普遍提高，不必要的纷争又会减少，法院的案件数量也会保持在一个正常的水平上。因为，权利的实现不只是权利者经济上和心理上的满足，而且还有更深刻的含义。权利实现的结果，一方面给予了加害者应有的惩罚，另

---

① 参见邱联恭《司法之现代化与程序法》，台湾三民书局，1992，第305~306页。
② 上述问题不仅影响着我国法治的进程，同时，产品质量问题也影响着我国产品的声誉和经济的发展。特别值得关注的问题是，近年来，国外对中国食品安全的担心不断地上升，并开始影响到中国在海外已经占领的市场。这种局面如果继续下去，将会给中国的经济发展带来灾难性的后果。

一方面可阻止将来再出现同样的违法行为，从而起到与被害者获得满足同等重要的社会作用。从这种意义上讲，民事审判和执行的作用不仅可以解决现实生活中发生的各种纠纷，而且对将来潜在性权利侵害的发生可以起到预防作用。应当说，为使中国早日步入法治社会，这样的投入是非常必要和有意义的。同时，建立一个独立、健全、在纠纷解决中拥有最高权威和能力的司法审判机关既是法治社会的一个象征，又是中国进入法治社会的一个必不可少的前提条件。

此外，随着法律秩序的确立，越来越多的纠纷还可以通过审判外的途径得以解决，社会也会更加借重其他纠纷解决方式。就纠纷的解决而言，社会上无时不生、无处不在的纠纷不可能也没有必要都通过"诉讼"这一高成本的救济渠道解决。从国外来看，法院外的各种形形色色的非诉讼纠纷解决方式的利用和发展已经成为一种方兴未艾的时代潮流，他们不仅发挥着重要的社会功能，而且已经或日益成为当代社会中与民事诉讼制度并行不悖、相互补充的重要社会机制。我国拥有悠久的以调解制度为代表的非诉讼纠纷解决方式的实践传统，但是，由于种种原因，我国原有的各类替代性纠纷解决方式面临社会转型时期的混乱和困惑。如何借鉴国际上先进经验对其进行完善，以适应社会发展的需要是一个重要的课题。但是，在现阶段，法律秩序尚未确立的情况下，建立现代司法裁判制度的作用显得更为重要。由于法院和诉讼的纠纷解决程序拥有最高的权威性和既判力，对于处理典型的利益纠纷、通过法律解释明确法律规范的含义具有重要的示范和规则确认作用。所以，在一段时期内通过诉讼解决的纠纷较多是正常的。然而，一旦法律秩序已经确立，法律上的权利义务已为社会主体所了解熟知，社会主体就可能根据自己的利益和偏好选择行为方式和纠纷解决方案。[1]

（本文原载于《法学家》2006年第5期）

---

[1] 参见范愉《非诉讼纠纷解决机制研究》，中国人民大学出版社，2000，第42页。

丛书后记

受社会科学文献出版社谢寿光社长、恽薇分社长、芮素平主任的信任和邀请，我担任了本丛书的执行主编，统筹了本丛书的出版工作。

本丛书各卷的主编都是我非常尊重的前辈。事实上，就我这一辈法科学生来说，完全是在阅读他们和他们那一辈学者主编的教材中接受法学基础教育的。之后，又因阅读他们的著作而得以窥法学殿堂之妙。不知不觉，时光已将我推到不惑之年。我以为，孔子所讲的"而立""不惑""知天命""耳顺""从心所欲不逾矩"，都是针对求学而言。而立，是确立了自己的方向；不惑，是无悔当下的选择；知天命，是意识到自己只能完成这些使命；耳顺，是指以春风般的笑容迎接批评；从心所欲不逾矩，指的是学术生命的通达状态。像王弼这样的天才，二十来岁就写下了不可磨灭的杰作，但是，大多数人还是循着孔子所说的这个步骤来的。有意思的是，在像我这样的"70后"步入"不惑"的同时，中国的法律发展，也开始步入它的"不惑"之年。法治仍在路上，"不惑"非常重要。另一方面，法律发展却与人生截然不同。人生是向死而生，法律发展却会越来越好。尤其是法治度过瓶颈期后，更会越走越顺。尽管改革不易，但中国法治必胜。

当代中国的法治建设是一颗浓缩丸，我们确实是用几十年走过了别的国家一百年的路。但是，不管是法学研究还是法律实践，盲目自信，以为目前已步入经济发展的"天朝大国"，进而也步入法学和法律实践的"天朝大国"，这都是非常不可取的态度。如果说，改革开放以来的法律发展步入了"不惑"，这个"不惑"，除了坚信法治信念之外，另一个含义就应该是有继续做学生的谦逊态度。"认识你自己"和"认识他者"同等重要，由于学养仍然不足，当代人可能尚未参透中国的史与今，更没有充分认识世界的法学和法律实践。中国的法律人、法学家、法律实践的操盘手，面对世界法学，必须有足够的做学生的谦逊之心。

除了郑重感谢各位主编，丛书的两位特约编辑张文静女士和徐志敏女士，老朋友、丛书责编之一李晨女士也是我必须郑重致谢的。

董彦斌

2016 年早春

图书在版编目(CIP)数据

法治社会/何勤华主编.—北京：社会科学文献出版社，2016.3

（依法治国研究系列）

ISBN 978-7-5097-8963-6

Ⅰ.①法… Ⅱ.①何… Ⅲ.①社会主义法制-建设-研究-中国 Ⅳ.①D920.0

中国版本图书馆 CIP 数据核字（2016）第 059790 号

·依法治国研究系列·

法治社会

主　编／何勤华

出 版 人／谢寿光
项目统筹／芮素平
特约编辑／张文静　徐志敏
责任编辑／李　晨　关晶焱

出　版／社会科学文献出版社·社会政法分社（010）59367156
　　　　　地址：北京市北三环中路甲29号院华龙大厦　邮编：100029
　　　　　网址：www.ssap.com.cn
发　行／市场营销中心（010）59367081　59367018
印　装／北京季蜂印刷有限公司
规　格／开　本：787mm×1092mm　1/16
　　　　　印　张：19.25　字　数：251千字
版　次／2016年3月第1版　2016年3月第1次印刷
书　号／ISBN 978-7-5097-8963-6
定　价／79.00元

本书如有印装质量问题，请与读者服务中心（010-59367028）联系

▲ 版权所有 翻印必究